DICIONÁRIO DE ENSINO DE HISTÓRIA

DICIONÁRIO DE ENSINO DE HISTÓRIA

Marieta de Moraes Ferreira
Margarida Maria Dias de Oliveira
[coordenação]

FGV EDITORA

Copyright © 2019 Marieta de Moraes Ferreira e Margarida Maria Dias de Oliveira

Direitos desta edição reservados à
FGV editora
Rua Jornalista Orlando Dantas, 9
22231-010 | Rio de Janeiro, RJ | Brasil
Tels.: 21-3799-4427
editora@fgv.br | pedidoseditora@fgv.br
www.fgv.br/editora

Impresso no Brasil | Printed in Brazil

Todos os direitos reservados. A reprodução não autorizada desta publicação, no todo ou em parte, constitui violação do copyright (Lei nº 9.610/98).

Os conceitos emitidos neste livro são de inteira responsabilidade do(s) autor(es).

1ª edição — 2019; 1ª reimpressão — 2019; 2ª e 3ª reimpressões — 2021; 4ª e 5ª reimpressões — 2023.

Preparação de originais: Ronald Polito
Revisão: Aleidis de Beltran
Projeto gráfico e diagramação do miolo: Mari Taboada
Capa: André de Castro

Ficha catalográfica elaborada pela Biblioteca Mario Henrique Simonsen/FGV

> Dicionário de ensino de história / Coordenação: Marieta de Moraes Ferreira, Margarida Maria Dias de Oliveira. – Rio de Janeiro : FGV Editora, 2019.
> 248 p.
>
> ISBN: 978-85-225-2117-3
>
> 1. História – Estudo e ensino – Dicionários. I. Ferreira, Marieta de Moraes. II. Oliveira, Margarida Maria Dias de. III. Fundação Getulio Vargas.
>
> CDD – 907

SUMÁRIO

APRESENTAÇÃO 9
As coordenadoras

ACONTECIMENTO 13
Luís César Castrillon Mendes e Renilson Rosa Ribeiro

ANACRONISMO 19
Sandra Regina Ferreira de Oliveira

APRENDIZAGEM 24
Marta Lima

APROPRIAÇÕES 30
Nathalia Helena Alem

CAUSA E CONSEQUÊNCIA 34
Wesley Garcia Ribeiro Silva

CÍRCULOS CONCÊNTRICOS 39
Nilton Mullet Pereira

CÓDIGO DISCIPLINAR 44
Luis Fernando Cerri

CONHECIMENTO HISTÓRICO ACADÊMICO 47
Paulo Knauss

CONHECIMENTO HISTÓRICO ESCOLAR 50
Cristiani Bereta da Silva

CONSCIÊNCIA HISTÓRICA 55
Estevão de Rezende Martins

CONTINUIDADE E RUPTURA 59
Cristina Meneguello

CULTURA HISTÓRICA 66
Rebeca Gontijo

CURRÍCULO DE HISTÓRIA 72
Carmen Gabriel

DIDÁTICA DA HISTÓRIA 79
Oldimar Cardoso

DIFERENÇA E SEMELHANÇA 85
Mauro Coelho

DIRETRIZES CURRICULARES 91
Marcus Dezemone

EDUCAÇÃO PATRIMONIAL 98
Almir Oliveira

ESTEREÓTIPO 102
Carla Meinerz

FONTES 107
Verena Alberti

HISTÓRIA 113
Temístocles Cezar

HISTÓRIA CRONOLÓGICA 121
Juliana Teixeira

HISTÓRIA INTEGRADA 128
Mariana Guglielmo

HISTÓRIA LOCAL 132
Aryana Costa

HISTÓRIA TEMÁTICA 137
Helenice Rocha

LIVRO DIDÁTICO 143
Itamar Freitas

LIVRO DIDÁTICO REGIONAL 149
Maria Telvira da Conceição

MEMÓRIA **155**
Carmem Zeli de Vargas Gil

MÉTODO DE ENSINO **162**
Circe Bittencourt

MUDANÇA E PERMANÊNCIA **168**
Fernando Seffner

NARRATIVA HISTÓRICA **173**
Itamar Freitas

NOVAS TECNOLOGIAS **179**
Anita Lucchesi e Dilton C. S. Maynard

PERIODIZAÇÃO **185**
Márcia de Almeida Gonçalves

POLÍTICA CURRICULAR **191**
Cláudia Sapag Ricci

PROBLEMATIZAÇÃO **199**
Anita Correia Lima de Almeida e Keila Grinberg

PROGRAMA NACIONAL DO LIVRO DIDÁTICO (PNLD) **202**
Jandson Soares e Margarida Dias

PROGRESSÃO DO CONHECIMENTO HISTÓRICO **209**
Flávia Caimi

TESTEMUNHOS **214**
Marieta de Moraes Ferreira

TRANSPOSIÇÃO DIDÁTICA **220**
Ana Maria Monteiro

Referências **227**
Sobre as coordenadoras **241**
Sobre as autoras e os autores **242**

APRESENTAÇÃO

O projeto de produzir um *Dicionário de ensino de história* (DEH) surgiu da convivência das coordenadoras, Margarida Dias e Marieta Moraes, no âmbito do Mestrado Profissional de Ensino de História (ProfHistória). A implementação desse mestrado voltado para a formação de professores da educação básica indicou a importância de disponibilizar um conjunto de saberes que pudessem funcionar como suporte para os mestrandos.

Partindo dessa demanda, mas também visando atender a um público mais amplo, o DEH foi concebido com a finalidade de oferecer aos interessados e praticantes do ensino de história informações organizadas e sistematizadas que outros trabalhos não oferecem.

Dicionários, obras de referência de grande utilidade, apresentam um conjunto de dados que se encontram dispersos em inúmeras obras, e por isso os dicionários de áreas específicas do saber têm se multiplicado nos últimos anos como uma ferramenta para pesquisa de grande utilidade.

Cristophe Prochasson e Vincent Duclert, coordenadores do *Dictionnaire critique de la République*, chamam a atenção para o fato de que de um dicionário normalmente se espera que seja uma obra exaustiva e que essa é a característica maior desse gênero. Mas a exaustividade, segundo Lucien Febvre, pertence ao repertório de palavras infantis, e por isso mesmo nós nos propomos a trabalhar mais no sentido de fornecer possibilidades de compreensão do que na extensão. Nós preferimos optar por colocar em evidência os temas, conceitos e debates que nos pareceram mais relevantes e inovadores e que estivessem sintonizados com as necessidades dos professores. Assim, esta obra não está vinculada a uma orientação teórica específica, mas ela pretende adotar uma visão plural, em que nossos leitores poderão perceber diferentes clivagens que marcam a produção dos verbetes.

Nos últimos anos, os debates em torno de ensino de história ganharam grande relevância em virtude da discussão da elaboração de uma Base

Nacional Curricular. O que ensinar? Como ensinar? O ensino de história pode ser neutro? Essas perguntas têm mobilizado enormemente toda a nossa comunidade de professores e historiadores, e as respostas apresentadas expressam significativas divergências. Um elemento adicional para o exercício da prática docente são as críticas de alguns setores que problematizam as margens de liberdade para ensinar, e que impactavam especialmente o ensino de história.

O ensino de história institucionalizado no Brasil no século XIX se tornou objeto de pesquisa acadêmica, nos moldes atuais, a partir da criação dos Programas de Pós-Graduação na década de 1970.

Acomodado nos Programas de Educação e, em menor proporção, nos de história, aos poucos foi se conformando um campo de pesquisa que, atualmente, se encontra diversificado em seus objetos, problemáticas e fontes.

Este dicionário, em grande medida, foi pautado pelas marcas historiográficas do campo. Elaborado visando subsidiar pesquisadores e professores nas suas variadas atuações de construção do conhecimento histórico. Mas, também, objetiva chamar a atenção de pesquisadores de outros campos para as especificidades da historiografia, teóricos e áreas de diálogos do ensino de história.

Os verbetes foram selecionados a partir de três dimensões da produção do conhecimento histórico sobre o ensino de história: suas relações com a teoria, métodos e historiografia; o diálogo e a produção relativa ao currículo; e, por fim, as ações, atividades e conhecimentos relativos à aprendizagem.

Na composição dessas três dimensões, criamos grupos que diziam respeito às finalidades, objetos e métodos. Isso nos ajudou a construir critérios para selecionar os verbetes a escrever, mas para a organização da publicação seguimos a ordem alfabética sem obedecer a essa construção.

Solicitamos aos colaboradores que evitassem, ao máximo, as referências a autores com o intuito de dar maior fluidez aos textos, embora – por definição – uma obra desse tipo sintetize, na medida do possível, o desenvolvimento e as contribuições dos pesquisadores do campo e das suas interlocuções com outros campos, teorias e metodologias. Ao fim da obra há indicações de trabalhos que foram fundamentais para a escrita dos verbetes e são imprescindíveis para o conhecimento do tema.

O DEH incluiu 38 verbetes temáticos referentes a temas, debates e conceitos importantes, e foi atribuído a todos um número equivalente de laudas, independentemente da relevância e complexidade de cada um, o que nem sempre foi seguido pelos autores.

Uma obra dessa natureza, para ser realizada, contou com a participação de 39 colaboradores, muitos dos quais docentes do ProfHistória, que dedicados à oferta de cursos sobre o ensino de história puderam perceber as demandas e as dificuldades existentes entre os nossos alunos.

Agradecemos a todos e todas a colaboração para que esta obra pudesse se tornar realidade.

As coordenadoras

ACONTECIMENTO

Luís César Castrillon Mendes
Renilson Rosa Ribeiro

AO SE REFERIR AO EPISÓDIO ocorrido em maio de 1968 em Paris, Michel de Certeau (2002) afirmou que "o acontecimento é o que ele se torna", ou seja, aquilo que provoca uma ruptura na abordagem do antes dele em direção ao seu depois, de suas causas aos seus vestígios. O acontecimento é a tradução da mudança, da fratura do real.

Edward Carr, em *Que é história* (1982), afirmou que a primeira resposta a essa questão é de que ela se constitui de um processo contínuo de interação entre o historiador e seus fatos, ou seja, um diálogo interminável entre presente e passado. Dessa forma, pode-se aferir que a operação historiográfica empreendida pelo pesquisador envolve seleção e interpretação dos fatos, que são construídos a partir de seus indícios. Assim, a interpretação assume maior grau de importância do que propriamente o fato em si, pois ele nos chega de forma "impura", já que é refratado por meio da subjetividade do registrador.

Nem todos os eventos do passado obtêm um "patrocínio" por parte do historiador, que os retira da fila de espera e os insere em uma narrativa. Os acontecimentos não existem até que eles sejam criados pelo historiador. Eles são ordenados, contextualizados e dotados de sentido. Para Paul Veyne (1998), somente assim ele deixará seu *status* de não factual, ou seja, os eventos ainda não consagrados como tais. Um fato vai se constituir como o resultado de um raciocínio a partir de vestígios, segundo um método, fundamentado em regras da crítica previamente estabelecidas entre os pares.

Mas, afinal, o que é um acontecimento? Pode-se tomar como sinônimo dos termos fato e evento? Essa acontecimentalização sempre esteve na ordem do dia entre os historiadores, tal qual como está nos dias atuais, marcados pelo regime de historicidade presentista?

Se se considerar que o não factual para Veyne é aquilo ainda não considerado digno de figurar na narrativa histórica e que a história factual *événementielle* baseia-se nos acontecimentos, pode-se aferir que esses termos são geralmente empregados como sinônimos. Segundo François Dosse, evento se constitui em tudo o que acontece, uma espécie de saída, obtenção de um resultado e quebra de uma rotina. Da mesma forma, acontecimento é uma singularidade que quebra a rotina normal temporal. Consta em alguns dicionários atuais, tais como o *Aurélio*, que fato pode ser um resultado acabado ou que está prestes a ocorrer, ou seja, o fato é algo que está prestes a ser consumado. A transformação de um fato em acontecimento, de acordo com Dosse, dependerá do interesse do historiador, que detém o poder simbólico de torná-lo histórico, por meio de uma seleção/construção.

Para Michel de Certeau, acontecimento é aquele que *recorta* para que haja inteligibilidade; ao passo que fato histórico é aquele que *preenche* para que haja enunciados de sentido. Segundo o historiador francês, o primeiro condiciona a organização do discurso; o segundo fornece os significantes, destinados a formar, de maneira narrativa, uma série de elementos significativos. Em suma, acontecimento articula e fato soletra. O acontecimento se torna a possibilidade para que a organização dos documentos seja possível, pelo qual se passa da desordem à ordem, permitindo uma inteligibilidade. Algumas vezes denomina-se acontecimento o que não se compreende. Ao concluir, o autor aponta para a possibilidade, nos seus termos, de uma semantização plena e saturante: os fatos enunciam a história, fornecendo uma linguagem referencial; o acontecimento lhe oculta as falhas mediante uma palavra própria, que se acrescenta ao relato contínuo e lhe mascara os recortes.

O primeiro volume da coleção *Faire de l'histoire* (original de 1974, publicado no Brasil em 1976) apresenta, entre outros temas, "O retorno do fato". Trata-se de um novo título atribuído por Pierre Nora ao texto "O evento monstro", publicado anteriormente. Nele há uma análise acerca do contexto de uma apropriação do acontecimento pelos meios midiáticos, no qual se verifica que houve uma mudança significativa na maneira de atribuir o caráter histórico a um determinado período, que, no caso do presente, já emerge sendo possuidor de um sentido histórico em função dos eventos que protagonizou.

As primeiras gerações do movimento dos Annales procuraram eclipsar o evento, buscando integrá-lo à longa duração. Nessa nova configuração teórico-historiográfica, segundo a metáfora braudeliana, o acontecimento não seria mais do que apenas a espuma nas ondas do mar da história. Assim, a narrativa dos acontecimentos praticada pelos historicistas prussianos começou a disputar espaço com a análise das estruturas dos analistas. O historiador gradativamente retomaria seu *status* como produtor dos acontecimentos – o elemento que organizaria a forma de ver e fazer a história no presente. O evento ressurge também devido à comunicação de massa. É a mídia, em seus diferentes suportes, que ao publicizar o acontecimento atribui forma a sua produção e torna-o histórico.

A mídia elabora discursos que, articulados entre si, constituem o acontecimento. Seja o rádio que, nas palavras de Nora, era a voz dos próprios atores que autorizados a falar transformam em atos aquilo que não teria sido senão palavras dispersas no ar, ou a televisão que nos ensina a perceber a imagem veiculada inseparável do evento. Ela nos força em nossos domicílios, sem qualquer esforço, à mais intensa participação – sem participação. Por meio de uma mistura de distância e intimidade, as mídias de massas conseguem vivenciar o acontecimento *monstro* que se apresenta mais vantajoso ao profissional da história.

O acontecimento aproximou-se do fato cotidiano que, por ocupar um lugar simetricamente inverso a ele, remete a um conteúdo estranho que beira o não classificável. Visto que o imaginário de massa quer poder enxergar qualquer coisa do fato cotidiano no acontecimento, em certa medida a mesma audiência fabrica esse evento culturalmente, ao menos atribui o significado pela dimensão que o divulga. E indivíduos ou grupos encontram nessa operação afetiva o único meio de participar da vida pública.

Perturbador, incontrolável, resultado, começo, desfecho e abertura, o acontecimento, seja ele mundo/monstro ou micro/localizado, torna-se um construto simbólico, ressignificado, repercutido, às vezes mitificado, a partir da memória coletiva.

Para acontecer, o evento/fato deve se tornar conhecido, e as mídias, a internet e as redes sociais têm papel preponderante nesse processo de tomada de consciência. Isso fez com que a história do tempo presente, em uma sociedade cada vez mais midiática, se aproximasse e se articulasse com o jornalismo. A narrativa de um passado que "ainda vive" tende a se tornar mais provisória, pois à medida que novos fatos vão surgindo e repercutindo, o sentido tem de ser revisto de imediato.

É esse estado de superinformação constante e subinformação crônica que, segundo Nora, caracteriza nossas sociedades contemporâneas, algo extremamente potencializado em tempos de redes sociais interconectando diferentes partes do globo.

Dosse destaca que é passando pelo crivo do olho televisual que se qualifica ou não o acontecimento-mundo. Essa hiperinflação acontecimental tem um caráter paradoxal, pois embora potencialize a tomada de conhecimento do acontecimento, torna a adoção de sentido mais complexa. Isso ocorre porque a imediaticidade permite mais facilmente a decifração de um acontecimento por seu alcance ser imediato, mas, também, mais difícil porque comunica tudo de uma só vez, de forma muito rápida, fluida e efêmera.

Dentro desse contexto, de megaprodução quase midiática do acontecimento, de um espetáculo, o historiador encontra-se investido de uma nova função, a de decifrar a construção do sentido da mensagem sob a dupla relação entre sua própria fatualidade e o suporte que evidencia. Além disso, há a inversão da própria noção de acontecimento, que outrora era espaço restrito ao historiador, e hoje é pré-construída antes de qualquer decantação temporal.

Edgar Morin, nos anos 1970, abordou o imediatismo da comunicação moderna e seus efeitos sobre o acontecimento, atribuindo ao evento a noção de "caráter esfíngico" ou enigmático. Na interface entre o determinismo e a indeterminação, o sociólogo propõe uma terceira perspectiva em que o acontecimento é articulado com seu sistema de referências, ou seja, para compreender o acontecimento não se poderia dissociá-lo das estruturas ou sistemas de referência.

No limiar do novo milênio, Jacques Derrida retoma a pauta do retorno do acontecimento-monstro em seu caráter enigmático, transformando o atentado terrorista de "11 de setembro de 2001", nos Estados Unidos, em um conceito que estabelece um diálogo entre o espaço-temporal do acontecimento e a impressão que ele proporciona como acontecimento. Derrida destaca a necessidade de se suspeitar da falsa cronologia que conecta o acontecimento única e exclusivamente ao passado, uma vez que o trauma é criado pelo futuro, pela expectativa do fim do mundo, ao invés da agressão produzida pelo passado.

Por sua vez, Louis Quéré persiste na indissociabilidade entre acontecimento e mídias na contemporaneidade. Nesse sentido, a recepção pública do acontecimento não é compreendida como um processo exterior de atribuição de sentido, e sim como um processo coletivo de sua individualização e sociabilização.

Segundo Dosse, é a tensão entre unicidade e pluralidade que se dá no momento de reintrodução, feita por Michel de Fornel e Merleau-Ponty, da percepção do acontecimento no espaço público a partir da perspectiva do agente-observador. O problema, para o autor, é saber por qual meio podemos perceber um acontecimento quando sabemos que ele foi único e, contudo, é entendido de maneira tão distinta entre seus agentes que parecem ser acontecimentos diferentes, sem qualquer correlação. A opção proposta é combinar as três abordagens da teoria de semântica situacional: a situação em pauta, o estado das coisas e a perspectiva do autor.

Restrito ao domínio do agir, a propagação do acontecimento no espaço público tem um poder hermenêutico fundamentalmente aberto ao seu devir. Ele elabora seu próprio passado e se abre para um futuro inédito. Principalmente, porque a busca pelo sentido do acontecimento demanda a reconstituição de outro passado, inédito, revisitado por um futuro. É o acontecimento quem lhe restitui um significado diferente.

George Mead entende que o acontecimento é uma quebra do fluxo temporal que provoca a nossa consciência do tempo. Essa proposição assenta-se em uma filosofia do presente que refuta as teorias das sequências de efeitos mecânicos. Não se trata de recusar que o acontecimento ocorra a partir de determinadas condições que se formaram no passado, e sim assumir que a reconstituição desse passado emerge com base nesse novo acontecimento. Assim, a história é dada a ver como indefinida, incompleta, em constante metamorfose, uma vez que sempre está aberta a acontecimentos posteriores que modificarão o passado em decorrência de um futuro diferente e imprevisível.

O acontecimento proporciona, por intermédio das redes sociais, o sentimento de participação da comunidade virtual. Esse veículo tende a assumir um poder infinitamente maior do que qualquer outro suporte comunicacional até então assistido, lido e ouvido no mundo contemporâneo. Capaz de aglutinar todas as dimensões em um só meio, acrescido do aspecto interacional entre os diferentes sujeitos que leem e compartilham o acontecimento, a internet foge dos quadros referenciais que até então se tinha sobre o poder da mídia e a participação dos leitores. Longe de ser moldado pelas redes da mídia, hoje cada vez mais, a exemplo da leitura como operação de caça, o internauta, como caçador na floresta digital, possui o mundo ao seu alcance, descobre pistas, ri, dá golpes ou deixa-se prender. São viajantes das redes, circulam nas terras alheias, caçadores que ressignificam as informações. As massas já estão circulando pelos jardins da arte.

Os acontecimentos, nos dias atuais, potencializam a participação desses sujeitos que compartilham em rede a informação, tornando-a ainda maior. O que se tem para agora é vida compartilhada em rede, captada para dentro das telas dos computadores. Nesse espaço virtual, os indivíduos passam a ser protagonistas da história virtualizada. Cabe à professora e ao professor, pesquisador(a) de sua ação docente, inserir as diversas reverberações do acontecimento ambientadas virtualmente na difícil realidade escolar brasileira.

O domínio das noções de fatos históricos, assim como de sujeitos históricos e tempos históricos, é fundamental para que o(a) professor(a) desenvolva a competência de fazer uma contextualização sociocultural dos variados temas abordados pela disciplina na sala de aula. Isso implica adotar algumas preocupações no processo de abordagem dos conteúdos de história na escola. Nesse sentido, é importante perceber as diversas produções do mundo da cultura – esse conceito plural, como sugere Certeau (1995), nos contextos históricos de sua constituição e seus significados, pois a relação da cultura com a sociedade modificou-se. Ela não está mais reservada a um grupo social; ela não mais constitui uma propriedade particular de certas especialidades profissionais (docentes, profissionais liberais); ela não é mais estável e definida por um código aceito por todos.

ANACRONISMO

Sandra Regina Ferreira de Oliveira

A DEFINIÇÃO DA PALAVRA anacronismo nos dicionários é clara: trata-se de um erro de cronologia. Tal erro ocorre quando se descrevem, se explicam, se justificam personagens e/ou ações de um tempo utilizando elementos e argumentos de outras épocas que não aquela à qual o personagem e/ou ação em foco se situa. É uma atitude ou fato que não está de acordo com sua época e que resulta em um desalinhamento, em uma dissonância entre um período de tempo e uma época. O anacronismo acontece quando se estabelece relação entre dois tempos.

Identifica-se anacronismo quando se trata do uso de objetos da cultura material, como a utilização de um telefone celular em uma cena na qual d. Pedro entra em contato com d. João para comunicar sobre a independência do Brasil, ou quando se refere a costumes, valores, como questionar por que as filhas dos senhores de engenho aceitavam casar com homens que não amavam ou sequer conheciam.

O primeiro exemplo chama a atenção porque, geralmente, é vinculado em cenas utilizadas com finalidades específicas, na maioria das vezes, em narrativas ficcionais cujo argumento passa por tornar exacerbada essa relação temporal provocando o estranhamento, o riso ou o susto no leitor. Podemos encontrar esse tipo de recurso em desenhos animados, o mais famoso deles talvez seria *Os Flintstones*, e em vários quadros de programas televisivos ou filmes. O segundo exemplo remete a questões mais complexas e para ser compreendido é preciso ampliar as relações com o contexto e com o conceito da época para casamento, amor, submissão, conceitos esses que não são os mesmos para homens e mulheres do século XVII e do século XXI. Esse tipo de anacronismo não opera somente com questões pontuais, como no caso da cena na qual o telefone celular é implantado no século XIX, mas sim com construções conceituais de longa duração que situam o sujeito no mundo e a partir das quais ele explica sua existência, como com relação ao conceito e a formas de amar. Pensar que houve um tempo, uma época na qual os seres humanos não concebiam a ideia de amar como se concebe hoje, para muitas pessoas, beira o incompreensível. Aqui entra a importância do conhecimento histórico, do pensar historicamente e do ensinar história na escola.

Na pesquisa em história e na escrita da história, denominada historiografia, o anacronismo é apontado como o maior erro que um historiador ou historiadora pode cometer. Pesquisadores que se dedicam a compreender historicamente o conceito de anacronismo destacam a importância da tese de Lucien Febvre (2009), que aponta o anacronismo como o pior dos pecados do historiador. Febvre discorre a respeito do conceito, demonstrando como e por que determinadas análises realizadas por outros historiadores sobre o homem e a sociedade do século XVI apresentam anacronismos ao construir explicações para o século XVI a partir de princípios da sociedade do século XX. Febvre elabora sua tese, respeitada até hoje, nos embates das transformações que a história, como ciência, vivencia em meio às alterações advindas com a Escola dos Annales e que ampliará consideravelmente o conceito de história no decorrer dos séculos XX e XXI.

Outros historiadores, e também pensadores ligados a outras áreas do conhecimento, corroboram e ampliam as ideias postuladas por Febvre ao indagar os desafios impostos ao historiador ao estabelecer relações entre diferentes tempos, característica básica da história, pois o historiador será sempre um sujeito situado em um tempo, seu presente, a investigar sociedades e sujeitos de outros tempos. Para Burke (1992), a escrita da história se dá no espaço de mediação entre duas culturas, dois tempos, dois sistemas de conceitos, e a relação entre esses tempos será sempre tensionada. Ricoeur (1968), entre outros, destaca a dificuldade advinda da linguagem utilizada em diferentes tempos que conferem diferentes significados para as mesmas palavras atribuindo um sentido polissêmico às mesmas. Essas diferenças é que compõem o que se define por tempo histórico e que impõem barreiras interpretativas que precisam ser transpostas na construção da narrativa histórica. Chartier (1989) aponta para a necessidade de o historiador encontrar as especificidades das representações em outros tempos sem atrelá-las aos padrões do tempo presente. No campo da filosofia há ainda os que, ao incitarem novas concepções sobre o tempo, questionam as razões que levaram os historiadores a compreenderem o anacronismo como "pecado", como o faz Rancière (2011), lançando o argumento de que o anacronismo altera uma ordem do tempo e a hierarquia dos seres, ordem e hierarquia essas, para o autor, inexistentes e que só são concebidas por pessoas que estão fora desses tempos.

A definição de anacronismo e sua relação com o ensino de história passam por compreender como ele foi construído historicamente e atentar para o fato de que, embora seja um conceito muito caro para os historiadores, há debates em torno de sua amplitude e limites na construção das narrativas históricas, o que aumenta ainda mais o trabalho do historiador e do professor no ofício de ensinar história.

Em sala de aula, a preocupação com o anacronismo acentua-se progressivamente na esteira das transformações pela qual passou o ensino de história quanto ao que e como ensinar e quanto ao papel do aluno no processo de construção desse conhecimento. Um ensino pautado em conteúdos no qual o passado era apresentado de forma estática para o aprendiz, aliado a uma concepção de aluno receptor de informações, não remetia a problemas quanto à ocorrência de anacronismos. Não há, nesse tipo de abordagem, relação entre diferentes tempos históricos, quer seja no trato com os textos, quer seja na interação dos alunos com os conteúdos.

O desenvolvimento das pesquisas no campo do ensino de história apontou para uma didática na qual a relação entre diferentes temporalidades é um dos esteios a partir do qual o sujeito aprende história. Tal fato estabelece uma relação direta, de mão dupla, com o campo da produção historiográfica, na qual o presente assume o lugar de ponto de partida para as interrogações a serem realizadas para o passado. O futuro, temporalidade silenciada no ensino de história sedimentado nos fatos do passado, passa a compor a trilogia de tempo a partir da qual o homem compreende o mundo. Passado, presente e a expectativa de futuro são entendidos como inter-relacionados e cabe ao historiador estudar essa relação (Rüsen, 2001). Cada vez mais os historiadores assumem os riscos e os desafios de escrever a história equilibrando-se nos entremeios dos diferentes tempos históricos.

Paralelamente, ampliou-se a participação dos alunos que atuam como protagonistas no processo de construção do conhecimento trazendo para a sala de aula questionamentos que põem em movimento os saberes históricos apreendidos, relacionando-os com as vivências que elaboram sobre o tempo presente. Tais alunos lançam-se em direção à compreensão do passado, em direção a outras épocas, carregados de impressões e compreensões que são elaboradas a partir da leitura que têm do mundo.

Quando essas relações entre os diferentes tempos se situam no campo das comparações entre objetos que expressam o desenvolvimento tecnológico da humanidade, como no exemplo do uso de telefone celular por d. Pedro, é mais fácil, ainda que se possa aventar outras tantas decorrências de tal exemplo, para o professor apontar o anacronismo e convidar os alunos a pensar sobre ele. Nesse exemplo, a comunicação é a categoria que une os homens no tempo e forma de comunicar-se que os diferencia. Por isso, o conceito de comunicação também é alterado no decorrer dos períodos que compõem o tempo histórico.

Quando o anacronismo não é facilmente perceptível, como no exemplo das mulheres do século XVII que casavam a mando de seus pais, adentra-se em um campo dificultoso para o professor pois remete às concepções, aos valores a partir dos quais os alunos, no presente, leem o mundo. Ainda que complexo, é a partir dessas situações que o professor tem um ambiente propício para promover questionamentos que põem em evidência que a compreensão da história requer um deslocamento temporal e uma empatia histórica que exige, dentro do possível, despir a veste do seu tempo e vestir-se com as vestes de outro tempo, ainda que o corpo permaneça no mesmo tempo-espaço. Trata-se sempre de um movimento parcial pois é impossível a qualquer ser vivente existir em outro tempo que não o seu.

Nas últimas décadas, tanto no que se relaciona à escrita da história pelos historiadores, ao ensino de história pelos professores e à aprendizagem de história pelos alunos, o que se identifica é a ampliação do movimento na abordagem do passado. Não se trata mais de estudos estáticos que colocam o passado em um tempo-espaço de imobilidade. Tudo se relaciona o tempo todo. Esse é um cenário propício para que o anacronismo se institua. Erro gravíssimo na escrita da história, presença constante nas aulas de história, desafio posto para qualquer um que se proponha a pensar sobre o passado, o anacronismo pode ser compreendido como um fardo a ser carregado nessa viagem entre os tempos. Carregar esse fardo, ainda que sobrecarregue os ombros do historiador, do professor, do aluno, é a credencial para estabelecer as diferenciações entre os tempos. Sem ele não teríamos a base de onde se situar para pensar sobre os tempos. O importante é compreender o que é e por que se carrega tal fardo. Essa compreensão é propiciada quando se colocam as ideias em um movimento de questionamento que entrelaça os tempos: por que, hoje, se consideram esses conceitos, esses valores, essa forma de explicar o mundo e não outras? Em tempos anteriores, o que se considerava? Qual a expectativa de que essas considerações venham a se alterar no futuro?

Ao professor que ensina história na escola para crianças, adolescentes e jovens, a complexidade quanto ao tratamento do conceito anacronismo assume contornos mais amplos, e complexos, do que o posto para o historiador na escrita da história. A contrapelo da historiografia, o anacronismo possibilita o exercício da criatividade, da ficção, que potencializa o processo de aprendizagem. Como o apresentado por uma professora em um evento sobre o ensino de história em que, imbuída de fazer um excelente trabalho com seus alunos, propõe que eles elaborem um diálogo fictício entre Pedro Álvares Cabral e Neil Armstrong sobre o conhecer o desconhecido. Pode-se concluir que essa proposta não cabe em uma aula de história pois é ancorada em anacronismo em seu mais puro grau. Mas cabe no campo das construções das narrativas literárias ficcionais que encantam os seres humanos mundo afora. Cabe na possibilidade de identificar permanências quanto às ambições humanas, quanto ao poder que acompanham a história do ser humano.

O que se entende por anacronismo e a forma de tratá-lo, quer na escrita da história, quer no ato de ensinar história na escola, em última instância, vincula-se à ideia que se tem de história e à que se tem de escola. Ainda que o mesmo seja um erro e, quanto a isso, há certo consenso entre os historiadores, no processo de construção de conhecimento do mundo, do qual o conhecimento histórico é uma das partes, há que se pensar como preencher os tempos-espaços que ultrapassam o tempo ordenado em períodos.

APRENDIZAGEM

Marta Lima

TERMO UTILIZADO, de forma geral, para se referir aos processos de transformação do comportamento e capacidades humanas, que ampliam suas possibilidades de atuação e produção. Fenômeno, que comporta múltiplos aspectos, ligado diretamente ao ato de conhecer e à relação do sujeito do conhecimento com o objeto/problema/situação a ser conhecido, de acordo com determinadas condições externas, situadas historicamente, a *aprendizagem* é objeto de problematização de diferentes áreas do conhecimento e abordada a partir de variadas perspectivas teóricas. Os estudos mais divulgados sobre *aprendizagem* e apropriados pela pedagogia são resultantes de investigações do campo da psicologia do desenvolvimento humano, que ao longo do século XX problematizaram a construção do conhecimento, as diferentes formas de aprender e a elaboração do pensamento em sua relação com a linguagem. Entre os representantes mais expressivos do *cognitivismo* encontram-se Jean Piaget (1988), Jerome S. Bruner (1978), David Ausubel (1980) e Lev Vygotsky (1998).

Jean Piaget (1896-1980), epistemólogo suíço com formação acadêmica em biologia, desenvolveu seus estudos a partir do método clínico de investigação sobre os elementos constitutivos do pensamento infantil e as operações realizadas na construção do conhecimento. Ao investigar a gênese desta construção, Piaget funda a epistemologia genética propondo explicar cientificamente o desenvolvimento cognitivo com foco na mobilização do sujeito epistêmico no ato de aprender. Considerando o papel ativo do sujeito no processo de construir conhecimento, propõe como pressuposto a interação entre suas estruturas mentais e as condições do meio para que a aprendizagem ocorra e, consequentemente, possibilite seu desenvolvimento. Nesse enfoque, Piaget apresenta uma proposição inovadora nos estudos sobre o desenvolvimento humano que busca superar a dicotomia entre o físico e o psíquico, o objetivismo e o subjetivismo, pautando-se na ideia de que não há um organismo com condições inatas capaz de dar conta do desenvolvimento da inteligência, tampouco uma experiência/objeto que determine externamente toda aprendizagem construída pelo sujeito. Ao tornarem o sujeito protagonista do seu desenvolvimento, os estudos piagetianos colocam no *interacionismo* entre o organismo biológico e as condições externas ofertadas pelo ambiente a estruturação do desenvolvimento cognitivo humano, atentando, em especial, para as condições biológicas e o processo interno dessa construção. No conjunto das suas elaborações, os conceitos tomados da biologia de *esquema*, *adaptação*, *assimilação*, *acomodação* e *equilibração*, além da explicitação do significado de *conflitos cognitivos* e a caracterização dos *estágios de desenvolvimento*, são considerados estruturadores para a compreensão do processo de desenvolvimento humano, relacionado a como as pessoas aprendem. Embora Piaget não tenha construído uma teoria da aprendizagem, sobretudo, escolar, suas formulações influenciaram fortemente a elaboração de diretrizes para o campo educacional, uma vez que apontam elementos importantes sobre como as crianças, a depender do estágio de maturação das suas estruturas biológicas, expostas a situações-problemas em contextos de interação social, mobilizam operações mentais capazes de responder aos desafios propostos. Assim, quando ocorrem as dificuldades de assimilação de novos conhecimentos às estruturas mentais existentes, criam-se estados de desequilíbrios, constituindo os conflitos cognitivos que são resolvidos quando ocorre a equilibração. Para Piaget, os conflitos cognitivos vivenciados pelos sujeitos em cada etapa do seu desenvolvimento biopsicológico produzem resultados de equilíbrio possível de acordo com os mecanismos de interação entre os esquemas e os contextos sociais, na perspectiva de uma autorregulação, com predominância dos elementos internos das estruturas mentais que sucessivamente progridem em função dos resultados alcançados. Tal predominância é apontada como uma crítica ao interacionismo piagetiano, tendo em vista a diminuta atenção atribuída aos processos de mediação e interação social nos processos de construção do conhecimento.

Lev Semynovitch Vygotsky (1896-1934), estudioso russo formado em direito, literatura e medicina, dedicou-se a diferentes campos do conhecimento e construiu uma intensa e multidisciplinar produção, apesar da morte precoce aos 37 anos, vítima da tuberculose. Seus estudos sofreram diferentes censuras no governo Stálin e foram divulgados tardiamente no Ocidente por seus seguidores Luria e Leontiev. Interessado nas formas de construção do pensamento humano, Vygotsky considera que o desenvolvimento cognitivo ocorre unicamente através da relação do homem com o meio social, situado histórica e culturalmente, constituído na e pela linguagem. Baseado nos postulados marxistas do materialismo histórico que compreende a constituição humana a partir da produção do mundo pelo trabalho, numa relação dialética entre sujeito e natureza, Vygotsky propõe a análise dos processos psíquicos superiores através de *ferramentas* que mediatizam a interação com o meio, numa constituição de predominância cultural. Essas ferramentas são os *instrumentos* e *signos* criados pelo ser humano e transformados ao longo do tempo de forma a responder às demandas sócio-históricas. Desse modo, suas proposições são reconhecidas na linha do *interacionismo*, com a diferença fundamental em relação à teoria de Piaget no que concerne a atribuir papel estruturante à produção cultural humana, inserida no conjunto das relações sociais, no desenvolvimento do pensamento. A *plasticidade cerebral* é apresentada nos postulados vygotskyanos como contraposição à ideia de um cérebro imutável, tendo em vista sua capacidade de sofrer ajustes e transformações diante das diferentes experiências dos sujeitos, mediatizadas pela linguagem, possibilitando operações psíquicas mais complexas. A *linguagem* é, por sua vez, o signo mais importante para o desenvolvimento do pensamento humano, pois ela nomeia objetos e fenômenos e, além de operar como elemento de intercâmbio social, organiza e dá funcionalidade ao pensamento. Desse modo, ao considerar a ação dos sistemas simbólicos sob a ocorrência de processamentos mentais mais complexos, Vygotsky se debruça sobre a operação de *formulação de conceitos espontâneos e científicos* pela criança, numa investigação experimental sistemática para explicar os processos de elaboração, do pensamento mais elementar ao mais sofisticado, que alcançam a abstração e a generalização. Um conceito bastante conhecido dos postulados vygotskyanos é *zona de desenvolvimento proximal* que tem como foco a relação entre ensino e desenvolvimento. Amplamente mobilizado pelo campo educacional e mais especificamente associado a explicações sobre formas e métodos de aprendizagem em situação de ensino formal, a zona de desenvolvimento proximal é observada numa situação de interação entre uma pessoa mais competente em relação a outra menos competente, de modo que a assistência efetivada concorra para quem está aprendendo alcance um nível de proficiência autônoma em relação ao que está sendo aprendido, possibilitando assim seu desenvolvimento. Para Vygotsky, nessa situação não está em jogo o aprendizado de habilidades técnicas específicas, mas o desenvolvimento integral de quem aprende a depender também da relação de colaboração no momento do auxílio e do pressuposto potencial do aprendiz, enquanto disposições para novas aprendizagens. Desse modo, a aprendizagem para Vygotsky deve ser pensada em relação ao desenvolvimento integral da criança, pautada não nas estruturas mentais existentes, mas naquelas em maturação que serão acessadas e comportam as possibilidades para o desenvolvimento cognitivo de etapas etárias subsequentes.

Para o psicólogo americano Jerome Bruner (1915-2016), toda aprendizagem deve pautar-se pela intenção de levar o homem a ir além do que espera de modo mais fácil e eficiente, devido ao aprendizado anterior. Essa proposição guarda dois entendimentos sobre como a aprendizagem pode ser útil para o futuro: o primeiro, que o aprendizado de habilidades específicas torne o sujeito mais apto a aplicá-las em situações semelhantes; o segundo, que a aprendizagem alcançada possibilite seu desempenho posterior para além dessas situações, no que se entende como *transferência não específica* quanto à capacidade de compreensão de ideias gerais, princípios e atitudes. Para que essa aprendizagem possa ser transferida a novos problemas, Bruner propõe como primeira exigência o conhecimento geral ou ideia básica da matéria em estudo. Conhecer seus elementos estruturadores possibilita o reconhecimento de como as coisas se relacionam umas com as outras e sua aplicabilidade. Tomado pelas preocupações da sociedade americana, na metade do século XX, como a eficiência do ensino e a organização dos currículos escolares, sobretudo no que diz respeito ao estudo da matemática e das ciências naturais no contexto da conquista espacial russa e da disputa pelo domínio científico e tecnológico, Bruner exerceu forte influência nas reformas educacionais do período. Suas proposições teórico-metodológicas sobre aprendizagem dizem respeito ao significado e às formas de aprender em ambiente institucionalizado, ou seja, no espaço da escola. Aprender ocorre na relação direta com o conhecimento dos fundamentos da matéria, que, por sua vez, pode ser ensinada com eficiência e honestidade para crianças de qualquer idade, com a perspectiva de que um ensino em espiral tenha seus conhecimentos aprofundados de forma progressiva. Para que esse aprendizado tenha sido adequado é preciso garantir que a criança ultrapasse progressivamente o pensamento concreto. Ensinar a fazer conjecturas e usar o pensamento intuitivo podem munir a realização de análises e busca de provas de maior interesse. Assim, aprender constitui-se em três momentos: aquisição de uma nova informação; transformação da informação após a sua manipulação; e avaliação do que foi aprendido. Aprendizagem, nesse sentido, requer o conhecimento dos modos de pensar e fazer sobre determinado assunto em suas especificidades, capaz de qualificar progressivamente o reconhecimento das suas ligações, ampliar sua aplicação, motivar novas descobertas a partir de intuições e proposições plausíveis de verificação e utilização posterior.

Na metade do século XX, David Ausubel (1918-2008), filho de judeus, formado em medicina, dedicou-se aos estudos da psicologia cognitiva alinhado, sobretudo, aos postulados piagetianos sobre a importância das estruturas mentais no desenvolvimento da aprendizagem humana. Em sua teoria da aprendizagem significativa propunha que para uma aprendizagem acontecer é necessário que ela tivesse sentido para quem aprende. As novas informações só adquirem significados quando relacionadas com algum elemento preexistente na estrutura cognitiva do aprendiz, ou seja, a ideia do conhecimento prévio como parte fundamental para novas aprendizagens é central na teoria de Ausubel. Os conceitos, símbolos, imagens, ideias que já fazem parte da estrutura mental do sujeito são chamados de subsunçores, e adquirem novos significados ou se tornam mais consistentes quando servem de ancoragem para uma nova informação, em um processo de interação, diferenciação e assimilação. Desse modo, a partir das relações de interação que são estabelecidas entre um conhecimento prévio e um conhecimento novo, ocorre a produção e assimilação de novos conhecimentos, mais significativos, tendo em vista a reelaboração e ampliação do conhecimento anterior. De acordo com sucessivas interações com novas informações que acontecem no contato diário ou em situações específicas de aprendizagem escolar, os subsunçores são fortalecidos como ideias-âncora para outras aprendizagens serem assimiladas. Para Ausubel, a estrutura cognitiva humana é constituída por um complexo hierárquico e dinâmico de subsunçores disponíveis para interagirem ou não com novas informações, havendo, portanto, a possibilidade de parte deles não entrar no processo de *diferenciação progressiva* quando deixam de ser mobilizados na ancoragem de novos conhecimentos. Por *diferenciação progressiva* Ausubel considerava o processo de múltiplas ancoragens que podiam ser realizadas pelo mesmo subsunçor na construção de variadas aprendizagens significativas, tornando-o hierarquicamente mais relevante na estrutura cognitiva. Em paralelo, ocorre a *reconciliação integradora* ou *integrativa* quando conhecimentos passam por diferentes formas de reordenação, eliminação ou integração no movimento dinâmico da estrutura cognitiva. Para que esses processos de aprendizagens significativas ocorram, são necessários um material potencialmente significativo e uma predisposição do aprendiz. A predisposição para aprender transforma o material em significativo na interação contínua entre conhecimentos prévios e novos conhecimentos na realização de uma aprendizagem significativa.

Verifica-se, assim, que ao longo do tempo o significado do termo *aprendizagem* esteve associado à capacidade humana de adquirir, atribuir sentidos e transformar os conhecimentos existentes em novas e diferentes formas de pensar, comunicar, aprender e viver. Para isso concorreu a multiplicidade de olhares e compreensões sobre o termo, dada, especialmente, pela complexidade das situações que lhe são constituintes. Ideias e práticas de investigação atribuíram ênfases diferenciadas aos aspectos constitutivos das condições humanas de aprender.

APROPRIAÇÕES

Nathalia Helena Alem

NO PROCESSO DE INSTITUCIONALIZAÇÃO do saber histórico e na busca pelo reconhecimento de sua cientificidade ao longo dos séculos XIX e XX, o ensino da história tornou-se um apêndice desse saber. Nesse contexto, a produção do conhecimento nos marcos da ciência seria o foco privilegiado do trabalho dos historiadores, especialistas treinados. Por outro lado, a didática ou ensino da história deveria ser um campo destinado a outros profissionais; assim, uns deveriam produzir esse conhecimento e a outros caberia pensar ou realizar sua transmissão. Isso estabelece uma perspectiva de que o ensino é uma atividade que não envolve criação, e a construção de uma imagem passiva do professor ante o conhecimento de referência, bem como de todo o processo que envolve o ensino/aprendizagem.

Esses discursos que dicotomizaram as atividades de produzir e ensinar passam a ser alvo de críticas mais sistemáticas na Europa durante as décadas de 1960 e 1970, em virtude das novas perspectivas políticas e das finalidades postas para o estudo da disciplina. O entendimento do que é a didática da história, ou de como o conhecimento histórico deve ser divulgado nos espaços não acadêmicos, voltou a figurar entre as preocupações daqueles que se dedicavam à produção do conhecimento, os historiadores. No Brasil, ocorre um processo similar, em que o ensino da história tem se tornado um objeto de pesquisa crescente, desde a década de 1980, em um movimento que tenta romper essa visão que separa, e mesmo antagoniza, a produção e o ensino. O que ainda não colocou efetivamente um fim à polarização entre a construção desse conhecimento e a compreensão dos seus processos de ensino/aprendizagem, mas tem levado a consideráveis avanços.

Na tentativa de superar essa perspectiva que compreendia o ensino da disciplina como mera simplificação e o papel do professor como de reprodutor do conhecimento, as discussões acerca do ensino se ampliaram, incorporaram novos objetos e buscaram redimensionar o papel dos diferentes sujeitos, inclusive do professor, para o entendimento desse processo. Para além dos currículos formais, amplamente discutidos e reorganizados, as práticas e toda a cultura que envolve o universo escolar transformam-se em objetos de debates e pesquisas importantes. O saber escolar passa a ser compreendido não como uma transposição direta, ou simplificação, do saber da ciência de referência, mas como um saber produzido e construído em uma relação dialógica e com características singulares.

Nesse contexto, o livro didático apresentou-se como um elemento importante para compreensão do ensino da disciplina de história, bem como sua utilização, e a relação estabelecida entre o sujeito/professor e esse objeto passa a ser repensada. Apesar de o livro didático atrair muitos defensores e críticos no Brasil, sua importância nas práticas e no cotidiano da sala de aula é um dos poucos consensos que existem em torno das análises desse "aparato didático", "suporte", "tecnologia pedagógica".

Com o Programa Nacional do Livro Didático (PNLD), criado em 1985, a distribuição dessas obras alcança números que tornam indiscutível seu peso no processo de ensino/aprendizagem dessa e de outras disciplinas no Brasil. Há um reconhecimento de que em muitas salas de aula, de todas as regiões do país, ele se constitui em um dos únicos, e em alguns casos o único, apoios e instrumentos pedagógicos de alunos e de professores.

Aparato didático, suporte, tecnologia educacional, a própria conceituação do que significa e significou o livro didático passa por uma necessária discussão. A estrutura e os objetivos variaram dentro das organizações escolares que se constituíram ao longo da história. Suas finalidades e usos não podem ser cristalizados. Como um instrumento didático, ele serviu e serve a diferentes formas de educação que se constituíram em tempos e lugares diversos. A organização e os conhecimentos que carregam são componentes necessários a qualquer análise. No entanto, como se dão os usos e as apropriações realizadas pelos professores e alunos desse aparato didático, no interior das salas de aula, consensualmente importante no processo da aprendizagem histórica, são aspectos que vêm sendo discutidos cada vez mais nos trabalhos sobre o ensino da disciplina.

As pesquisas vêm demonstrando que a relação entre o sujeito/professor/aluno e o objeto/livro didático não se dá de forma mecânica e simétrica. E apontam que, para compreender melhor essa relação, precisamos ter no horizonte que ela envolve a apropriação do sujeito/professor/leitor de um objeto/livro didático.

Apropriação não é uma palavra desprovida ou com um único sentido. É um conceito que não possui apenas uma definição, menos ainda é consensual. No entanto, envolve a compreensão das relações possíveis que os homens travam com os objetos, com o mundo e com os outros homens. O entendimento dessa relação entre o sujeito/professor/aluno e o objeto/livro didático deve envolver questionamentos para, dessa forma, despertar a consciência das possibilidades sobre seus usos e da potência desse aparato didático no processo de ensino/aprendizagem.

A relação entre sujeitos professores/livros didáticos e sujeitos alunos/livros didáticos não se dá de forma cartesiana e direta. A seleção, a leitura, a realização das atividades envolvem um processo/relação de apropriação dos sujeitos envolvidos com esse objeto. Essa é uma relação marcada pela produção de significados. Nesse processo, o leitor tem o papel de protagonista. Ele subverte, inverte, reinventa, cria. Em última instância, essa relação é marcada pela liberdade que o leitor tem diante do objeto da leitura, no caso, o livro didático.

Para pensar a apropriação dos livros didáticos pelos sujeitos professores/alunos dessa forma, temos que aceitar que as relações estabelecidas entre esses sujeitos, os objetos e o mundo não se dão de forma especular. Não há um processo necessariamente simétrico e reflexivo nessa relação entre os objetos, práticas culturais e os diferentes grupos sociais. No entanto, ainda persiste uma visão segundo a qual se acredita que os livros didáticos teriam o poder em si de inculcar um saber, promover uma aprendizagem histórica na cabeça dos leitores/professores/estudantes. Em geral, essa visão minimiza o protagonismo dos leitores, especialmente dos professores, na relação com esse objeto.

Quando aceitarmos o protagonismo do leitor, rejeitamos a ideia de uma relação de subordinação e/ou de recusa desse instrumento. Uma vez que compreendamos que as relações estabelecidas entre os homens, o mundo, os objetos, práticas culturais e os diferentes grupos sociais e, assim, inclusive com os livros didáticos, não se dão de forma mecânica de subordinação dos sujeitos aos objetos. Pelo contrário, essa relação entre os sujeitos e objetos, no caso, o material didático, se constitui por meio de uma apropriação dos primeiros, que imprimem um sentido, que não preexiste à sua leitura. Ultrapassando, dessa forma, a ideia de que o uso do material didático produziria um sentido para o ensino da disciplina em si.

Em se tratando de uma relação entre sujeitos e objetos, é necessário definir bem o lugar dos primeiros. Os sujeitos que selecionam, leem, organizam, dão sentido a um objeto, que não é neutro, mas que não possui uma capacidade de inculcar sozinho um ensino, menos ainda uma aprendizagem. Os sujeitos professores sempre se apropriam desse objeto, mesmo quando se orientam pelo livro didático, mesmo quando não o discutem e o utilizam como seu horizonte curricular. Quando assim o fazem, se apropriam de suas orientações como guias, e nem mesmo nesse momento deixam de ser os sujeitos dessa relação.

As narrativas contidas nos livros didáticos não são portadoras de verdades absolutas e inquestionáveis, são socialmente produzidas, datadas, engendram as disputas de sua produção, escolha e aceitação. Ao ler, o sujeito/professor, que é sempre protagonista nessa relação com o livro didático, apropria-se desse objeto e o coloca a serviço de uma proposta de ensino/aprendizagem. Dessa forma, o aluno também deve ser compreendido como um sujeito/leitor e deve ser estimulado no seu protagonismo, tanto na sua relação de leitura com o livro quanto com o mundo.

CAUSA E CONSEQUÊNCIA

Wesley Garcia Ribeiro Silva

TALVEZ A MELHOR ANTEVISÃO sobre causa e consequência venha da terceira lei de Newton, que implica que toda ação resulte numa reação. Pois há uma relação de contiguidade entre os dois termos. Ao pensarmos em um, somos levados a refletir ou questionar sobre o outro. Mesmo em suas definições específicas, há pontos de interseção entre eles. Nos dicionários de língua portuguesa, facilmente acessados por meios físicos ou virtuais, temos que CAUSA é o "agente eficaz que dá existência ao que não existia (fonte, motivo, origem, razão); o que antecede um fenômeno; fato ou acontecimento", e CONSEQUÊNCIA, o "resultado natural, provável ou forçoso, de um fato; dedução tirada por meio de raciocínio de um princípio ou de um fato". Nessas definições, retiradas do *Dicionário Priberam da língua portuguesa*, percebemos que um é resultado do outro, o motivo, o agente de algo que não existia (causa) faz gerar um fato, um resultado (consequência).

O ato de tornar inteligível aquilo que é próprio do mundo é algo que está na base das condições de existência do saber científico. No caso da ciência da história, parte-se da premissa de que o passado é possível de ser conhecido a partir de uma temporalidade que lhe é outra, do presente, utilizando-se de estratégias investigativas, entre as quais as relações de causalidade e efeito, indo além da mera descrição de eventos e processos históricos que se sucederiam para, então, analisar as razões que estiveram na base de suas ocorrências. Por que um dado fenômeno, ação ou evento ocorreu em tal momento e lugar específicos, sob tais circunstâncias? É a pergunta que, de uma forma ou outra, está presente no início da perscrutação da noite escura do passado, como construída a partir da conceituação moderna de história.

Em grande medida, tal postura se realiza epistemologicamente pela recusa da concepção de que a fortuna, o acaso, rege as coisas do mundo, de que este é um todo incoerente, impossível de ser discernível. Assim, o historiador seria aquele que investiga, debruçando-se nas temporalidades, decifrando-o, organizando-o, tornando-o compreensível em última instância, podendo conferir racionalidade aos processos, ações e eventos historicamente situados.

No limite, tal postura levou filósofos e historiadores a flertarem com posições nomotéticas, de que a partir da investigação das causas e consequências de um dado fato seria possível conceber padrões observáveis em diferentes contextos, identificando a operação de leis gerais. Assim, a ciência da história serviria para a descoberta de leis que explicariam as continuidades e as mudanças dos eventos históricos. Seria possível encontrar padrões, regularidades sobre os processos temporais, identificando relações de causalidades sobre os eventos em sua ligação passado e presente, à semelhança de procedimentos das ciências naturais? A prática historiográfica contemporânea se situa a partir da recusa de tal operação, denunciando o teor de determinismo histórico que a busca por leis explicativas acabaria por incorporar.

Não obstante, mesmo recusando a premissa de que a análise das imputações causais serviria para a identificação de leis regulares na história, a tarefa de caracterizar o que são causas e consequências para o saber histórico ainda se interpõe. Aqui, a questão se torna ainda mais complexa.

Retomando nossa já conhecida definição do dicionário, o que se encontra como precondição para a existência de algo, como elemento explicativo para os desdobramentos posteriores? Devemos buscar as causas e os efeitos a partir de desencadeamentos sucessórios? Causas e consequências remetem especificamente a eventos ou são também instrumentos compreensivos de processos e contextos gerais? Um evento não poderia ter ocorrido tal como ocorreu se não fosse pela presença ou ação provocada por alguém ou por tal processo? Existem causas contingentes e causas necessárias, fundamentais e acessórias, como que numa hierarquia causal? Necessitamos procurar as razões dos fatos a partir da vontade e disposições dos sujeitos envolvidos? Aliás, é nos indivíduos e grupos ou nos processos conjunturais e estruturais que devemos procurar as imputações causais? As esferas políticas, econômicas, sociais e culturais possuem a mesma densidade na explicação dos porquês das mudanças e permanências? Em outros termos: o que causou a Revolução Francesa? A influência das ideias iluministas, a crise econômica que grassou pela França no final do século XVIII? O que ocasionou a II Guerra Mundial? Também devemos procurar explicações na crise do capitalismo pós-1929, no fracasso da República de Weimar? São algumas das questões que a comunidade de historiadores, explícita ou implicitamente, vem se defrontando desde a emergência disciplinar, sem que se chegue a um consenso sobre regras que normatizem o estabelecimento de causalidades e consequências *per se*.

De todo modo, a partir de abordagens historiográficas é possível observar alguns elementos que propiciam a operacionalidade de imputações causais, como a que diz respeito à conveniência de não submeter as noções de causas e efeitos necessariamente às dimensões de tempo físico, linear, imediato e homogêneo. É o que faz, por exemplo, Georges Duby, em *O domingo de Bouvines*, quando problematiza não só o porquê e como se deu a conflagração de 27 de julho de 1214, mas também as razões que fazem com a sociedade francesa do século XX ainda relembre e celebre tal data. Chama a atenção para o fato de que não são apenas eventos singulares, como uma batalha, que são elementos de questionamento por parte dos historiadores, mas os processos e contextos de média e longa duração que precisam ser articulados como em uma rede compreensiva. Em *Origens culturais da Revolução Francesa*, Roger Chartier faz a proposição de não buscar as causas do processo revolucionário, mas sim de investigar suas condições de possibilidade. É assim que se insurgem postulados que não seguem uma lógica linear e progressiva. Tal autor se questiona se, ao invés de o iluminismo ter gerado a Revolução, não teria sido esta última que dotou de unidade e sentidos um movimento que teria sido disperso e contraditório. Ou seja, uma inversão em que um fato posterior explicaria um anterior.

Nesse sentido, é preciso relativizar as ideias de que, quanto mais distante um evento estiver de outro, menor sua relevância causal, bem como a de que um evento anterior é a causa de um evento posterior. Tal posição contribui para nos afastarmos do terreno das implicações teleológicas, em que causas e consequências se revestem nos termos de único futuro possível para um dado passado, de uma ilusão retrospectiva, pensando que o "ponto de chegada" talvez não seja necessariamente gerado pelo "ponto de partida". Seria possível o nazismo sem a figura de Adolf Hitler ou a Revolução Francesa sem a queda da Bastilha? São alguns dos questionamentos que surgem com posições contrafactuais que vêm provocando polêmicas entre a comunidade de historiadores. Desvencilhar-se de uma visão fatalista dos processos históricos não significaria, contudo, perder-se na indeterminação e indistinções da temporalidade. Ao contrário, ao invés de contínuas linearidades, permitiria perceber emergências, coerências, contemporaneidades, abrindo a história para a pluralidade dos possíveis.

Porém, ainda se mantêm anseios de ligar determinados momentos históricos a uma totalidade de sentidos, o que possibilitaria encontrar os significados de uma determinada época. Por outro lado, cada vez mais se duvida de que o devir histórico esteja ligado a uma continuidade infindável, com eventos correlacionados, numa linha inseparável de causas e efeitos. Os questionamentos partem, em grande medida, da premissa de que, mais do que uma imputação causal, o que estaria posto em tal dimensão seria uma simples e infrutífera acumulação de fatos, uma sucessão linear cronológica do transcorrer temporal. Pois, dado evidente, para existirmos no hoje foi necessário que houvesse um ontem. Assim, a constatação de que o instante em que estamos só foi possível devido ao fato do momento anterior não resultaria necessariamente em um nexo explicativo da ocorrência de eventos, mas sim em um mero encadeamento deles, de situações que vão se sucedendo, numa infinita cadeia de acontecimentos.

Talvez por isso, vários historiadores vêm se mantendo reticentes diante das noções de causas e consequências como algo epistemologicamente viável para fundar o saber histórico, pontuando a impossibilidade de se perceber, no devir, um fio discernível que ligaria o ontem ao hoje, um fato que decorreria em outro. De forma reivindicadamente irônica, Keith Jenkins questiona o momento em que se devem cessar as perguntas sobre as causas de um determinado evento, tentando demonstrar a impossibilidade de situar elementos "definidos para uma explicação suficiente e necessária". Michael Oakeshott argumenta que a palavra "causa" não passa de um chavão utilizado pelo discurso histórico, um elemento retórico de que, em grande medida, se lança mão para definir tudo o que veio antes de um determinado evento, seus antecedentes. Mesmo admitindo que a imputação causal possa ser empregada nos processos investigativos da história, o mesmo autor explicita que isso se faz a partir de construções arbitrárias, ligadas, inclusive, a uma "retórica da persuasão". Críticos de tais posturas apontam que, mais do que o descarte pelo estabelecimento convicto de causas e consequências, no limite, seria a própria condição da história como operação legítima de compreender e explicar o mundo que estaria em xeque, recaindo num extremo relativismo.

De qualquer forma, a prática historiográfica contemporânea vem apontando como um de seus elementos fundantes sua própria dimensão narrativa. Sem recusar seu estatuto científico, evidencia-se que é na dimensão textual que a história se concretiza. Nessa operação, ao dispor dois eventos ou mais, de uma forma ou de outra, numa intriga (texto), os historiadores acabariam por suscitar a construção de sentidos, de conexões, de implicações de causalidades e consequências. Seria a emergência, portanto, do tempo da narrativa. Ao analisar as características da história ensinada, Ana Maria Monteiro destaca que, na construção de seu trabalho didático e pedagógico, os professores de história também se utilizam dessas mesmas ferramentas narrativas, na busca por fomentar em seus alunos a compreensão e atribuição de sentidos às ações humanas.

A explicação e a compreensão das causas e consequências são importantes e amplamente utilizadas nos processos de construção do saber histórico escolar. É interessante observar que os questionamentos que se fazem para a historiografia profissional acerca da dimensão da imputação causal também se apresentam para a história escolar. São recorrentes as análises que verificam no ensino de história da Escola Básica a permanência de certos procedimentos, incorporados nos livros didáticos ou na prática didático-pedagógica, que privilegiam a aquisição cumulativa de informações, em que a ordenação mecânica de fatos em causas e consequências seria um dos elementos centrais, denotando a visão de que o devir histórico seria resultante de um processo "natural". Assim, a ideia de causalidade mais básica e simples se colocaria como empecilho e desafio a ser superado pela história ensinada.

Elementos normativos do ensino de história nos ajudam a refletir sobre as dimensões das causas e consequências para o saber histórico, com implicações seja para o âmbito acadêmico ou escolar. Assim, os livros didáticos de história distribuídos pelo Estado brasileiro às escolas públicas devem fomentar as noções de causalidade sem incorrer em simplificações explicativas, estereotipadas e caricatas, suscitando a compreensão da ação de múltiplas temporalidades em um dado evento, furtando-se de ensinamentos históricos como verdades absolutas ou relativismos extremos.

Na seara dos profissionais de história, as complexas noções de causas e consequências surgem como algo inerente às suas problemáticas, porém sempre relativas aos procedimentos investigativos do professor-pesquisador, e não imanentes a si mesmas, como algo *a priori*. Estão situadas em redes multicausais, articuladas e interdependentes, passíveis de crítica e de constantes reconstruções do conhecimento, situando a história no campo dos possíveis.

CÍRCULOS CONCÊNTRICOS

Nilton Mullet Pereira

A INSTITUIÇÃO DO CURRÍCULO dos anos iniciais do ensino fundamental, por meio de círculos concêntricos, foi uma estratégia que se baseava numa escala de organização espacial, partindo do mais específico para o mais geral, de espaços menores e menos inclusivos para espaços maiores e mais inclusivos, e, sobretudo, no que se refere ao ensino, do plano concreto ao plano abstrato. A noção central que sustentou a tese dos círculos concêntricos no ensino foi a psicologia cognitiva de Jean Piaget, que parte da suposição de que os estudantes passam por estágios de desenvolvimento que vão do mais concreto ao mais abstrato, do sensório-motor ao operatório-formal.

Essa estratégia de organização curricular está relacionada com a instituição dos estudos sociais como área de conhecimento, em substituição à história e à geografia, mediante a Lei nº 5.692/71, quando a Ditadura Civil-Militar constituiu de modo mais significativo um arsenal ideológico a fim de construir a hegemonia e o consenso em relação ao estado ditatorial. O Brasil viveu no período pós-1968 exatamente o momento mais duro do regime. Por um lado, convivia-se com o desaparecimento, a tortura e a morte daqueles que se opunham e lutavam contra a ditadura. Os instrumentos de vigilância e inteligência atuavam de modo intensivo para auxiliar estrategicamente os mecanismos de repressão da polícia e do exército. Por outro lado, o regime também intensificou suas estratégias de controle da sociedade por meio de propaganda e do próprio campo educacional. Nesse sentido, as aulas de história e de geografia foram visadas como espaços de crítica e de reflexão que precisavam ser vigiados e controlados. Assim, essas disciplinas foram substituídas, nos anos iniciais do ensino fundamental, pelos estudos sociais. Ao mesmo tempo, já desde 1969, as cadeiras de moral e cívica e de OSPB completaram o arsenal ideológico do regime no sentido de diminuir o potencial crítico da história e criar consenso em favor do regime, constituindo uma ideologia ufanista e nacionalista.

O objetivo dos estudos sociais, organizado por círculos concêntricos no lugar da história e da geografia, indicava, ao mesmo tempo, uma abordagem compartimentada da realidade espacial e temporal, uma vez que cada círculo era um dado estanque que não revelava relações necessárias com as outras dimensões. O estudo de cada dimensão do círculo se dava de modo separado, não permitindo ao aluno acessar a dimensão relacional da realidade, diminuindo, assim, o potencial crítico do ensino.

No caso específico da história, a adoção da organização pelos círculos concêntricos, em primeiro lugar, submete a dimensão temporal à dimensão espacial, uma vez que o próximo acabou por ser definido pelo que é perto espacialmente; em segundo lugar, deixa de levar o estudante a reconhecer elementos de estranhamento e de alteridade na história. Isso ocorre porque um dos princípios centrais dessa forma de organizar o currículo é a centralidade do aluno, fato que obriga o professor a trabalhar com elementos da realidade próxima, sempre vinculando o estudo ao que é familiar e reconhecível pelo estudante. Daí decorreu a ideia de que o estudo da história sempre deve ter início pelo familiar, corroborando o argumento de que o estudante não teria condições intelectuais de estudar sociedades e culturas distantes no tempo ou mesmo no espaço. Essa insistência no estudo do que é próximo, por muito tempo, excluiu dos currículos dos anos iniciais o estudo de outras culturas e outros povos, centrando a atenção na história da cidade e na história do estado. Do mesmo modo, no início dos anos finais do ensino fundamental – 6º ano –, partia-se da história do Brasil sob a mesma argumentação de que o aluno deveria continuar sempre a regular a aprendizagem histórica pelos espaços e tempos próximos para, depois, estudar os espaços e tempos mais distantes. Esse clichê de que o ensino de história deve considerar a realidade do aluno, na verdade, ainda é muito usado. Trata-se do mesmo princípio que sustenta a ideia dos círculos concêntricos.

Enfatizamos aqui ao menos dois efeitos desse modo de organizar o currículo para a aprendizagem histórica e para o pensar historicamente. O primeiro efeito a se destacar diz respeito a uma lógica linear de pensar o tempo histórico, uma vez que cada elemento do círculo não se comunica com o seguinte. Desse modo, se desconhecem as possibilidades de incidência do global no local. A linearidade da proposta dificulta, à criança, perceber a sincronia de acontecimentos, bem como as relações entre diversas dimensões temporais. Além do mais, trilha-se uma temporalidade nitidamente eurocêntrica, construída sobre um tempo cronológico, numa relação de sucessão em que um objeto ou acontecimento substitui o outro, construindo um ciclo evolutivo que estabelece graus de importância ao tempo histórico. Notadamente, há uma atenção maior ao familiar do que ao estranho, ao próximo do que ao distante, de forma que sempre há uma tendência a prender este àquele, uma vez que o próximo é a base de julgamento do valor do mais distante. Assim, a aprendizagem limita-se à acumulação de informações cuja referência sempre é o que é próximo do aluno, tanto do ponto de vista espacial quanto do cultural. É assim que a linearidade se consolida como forma de pensar o tempo e o espaço, desconsiderando as novas configurações espaciais percebidas com o mundo virtual e o desenvolvimento tecnológico, que aproximam espaços diferentes, e desconsiderando também, do ponto de vista cultural, os novos modos de acessar o outro e a informação por meio da internet e das redes sociais. Isto é, não há um reconhecimento da pluralidade cultural na qual as crianças estão inseridas desde cedo, das diferentes formas de viver e experienciar o tempo que convivem num mesmo lugar.

O segundo efeito é decorrência do primeiro e diz respeito ao tema da alteridade no ensino de história. Na medida em que o aluno é o centro a partir de onde se pensa o tempo e o espaço, tudo o que se estuda está necessariamente relacionado com sua experiência pessoal e limitado por ela. Ao tornar familiar o que é estranho – a experiência alheia –, a aprendizagem através dos círculos concêntricos cria uma identidade entre o que é ensinado e o contexto do aluno. Desse modo, a criança deixa de aprender com o outro, pois o reduz à sua própria experiência. O elemento surpreendente do conhecimento histórico-cultural é esvaziado em razão dessa vista que se inicia sempre no si mesmo e, então, se alonga para o estranho, fazendo com que o si mesmo sempre seja a referência a partir de onde se olha para o outro e, portanto, que o tempo desse outro seja sempre julgado pelo seu próprio tempo.

Esses dois efeitos estão relacionados também com o fato de que a organização curricular dos estudos sociais por meio dos círculos concêntricos está diretamente ligada à teoria dos estágios de desenvolvimento dos estudantes. A partir dessa concepção, toda aprendizagem deveria iniciar pelo concreto, pois, nos primeiros anos de vida, a criança encontra-se na fase concreta de desenvolvimento. Assim, chega-se novamente à ideia de que é preciso estudar locais próximos e tempos familiares. É por essa razão que o primeiro tema a ser estudado pelo aluno é ele mesmo e, depois, sua história local, até galgar escalas mais avançadas de abstração, que lhe permitirão estudar experiências e tempos distantes.

Tal concepção, em nosso entendimento, é demasiado classificatória e supõe um modo estanque, linear e determinado do desenvolvimento da aprendizagem. Acreditamos que a aprendizagem histórica e o pensar historicamente devem se propor a romper com a cronologia e a temporalidade linear, que são precisamente o que a estratégia dos círculos concêntricos reforça, com sua divisão por períodos ou eras e seu modo eurocêntrico de conceber a temporalidade.

Os estudantes, assim, perdem a oportunidade de ter novas experiências com outras temporalidades e deixam de fazer relações interculturais. São colocados no interior de uma maneira de organizar o tempo que parece universal e natural, mas que é específica e que silencia e inviabiliza uma série de outras formas de pensar o tempo e a experiência de povos que habitam, inclusive, o território brasileiro.

A história local, pensada e ensinada com base nessa forma de organizar o currículo, estaria fadada a ser um objeto de aprendizagem apenas dos anos iniciais do ensino fundamental, o que tem efetivamente se apresentado ainda hoje nos currículos de história. Desse modo, na organização do currículo por círculos concêntricos, a história local acabou por ser reduzida a um conjunto de dados informativos possíveis de serem transmitidos a estudantes ainda em fase concreta de desenvolvimento, sem nenhuma pretensão de estudo dos elementos sociais e culturais de um lugar, de uma comunidade, mas com o propósito de criar uma história linear, descritiva e cronológica do local. Isso implica perder uma compreensão do local como *locus* de contradições e de movimento histórico. A história das comunidades ficou desligada da história das estruturas da nação ou dos grandes sistemas econômicos – destituída, portanto, de história.

Trata-se, desse modo, de uma história não problematizadora, que mira as comunidades e os lugares de inserção cotidiana dos estudantes como espaços livres de conflitos ou lutas e de produção de vida e resistência. A história local não passa, nessa perspectiva, de um conjunto de referências informativas sobre a cidade (fundação, primeiros habitantes, emancipação...), que não possui outra função senão a de adequar as novas gerações aos espaços nos quais vivem.

A partir dos Parâmetros Curriculares Nacionais (PCNs), a história local se torna eixo temático do primeiro ciclo, incorporando a necessidade de pensar o pertencimento e a comparação com outros espaços e lugares. Gostaríamos de agregar, ainda, que os estudos da história local, atualmente, poderiam buscar uma problematização do lugar, das complexidades da vida cotidiana, consideradas como lugares de história e, sobretudo, de resistência aos poderes que impõem modos de ser e de viver às comunidades por meio das mídias e das instituições. A comunidade é o lugar de luta e de produção de vidas singulares, de maneiras de viver que combatem o poder e exigem dos poderes públicos respeito e atenção. Tal compreensão implica a superação da organização curricular dos anos iniciais por círculos concêntricos, na direção de um currículo que inclua a aprendizagem histórica do eu e do outro, permitindo o pertencimento e o estranhamento, mas que reconheça o valor e a potência criativa do local, do lugar e da comunidade.

Trata-se, portanto, de considerar o local no diálogo e nas inter-relações com outras dimensões da vida social: o regional, o nacional e o estrutural. Isso deve permitir um movimento que leva o aluno a conhecer sua realidade próxima e pensar seu pertencimento, por meio de uma criticidade que se dá pela relação e pelo conhecimento do outro.

CÓDIGO DISCIPLINAR

Luis Fernando Cerri

CÓDIGO DISCIPLINAR É um conceito que se refere à história das disciplinas escolares, ou mais especificamente à história social do currículo, surgido no contexto dos estudos dessa área, no contexto acadêmico espanhol do final dos anos 1990. Deve-se o conceito ao professor Raimundo Cuesta Fernández, que o elaborou em sua tese de doutoramento de 1997. A função desse conceito é a descoberta e a investigação dos fatos ligados ao objeto de estudo do qual emerge, no caso a história da disciplina de história na escola, que envolve o balanço entre suas características originais, transformações e permanências ao longo do tempo, enquadrada no currículo e em relação com as demandas sociais para a escola. Código disciplinar é definido pelo autor como uma tradição social referenciada na escola, composta por um conjunto de ideias, valores, pressupostos e rotinas, conjunto esse que dá legitimidade à função educativa da história, ao mesmo tempo que regulamenta a prática de seu ensino (Cuesta Fernández, 1997a:17). Em outras palavras, código disciplinar é o conceito que permite analisar a concepção de história escolar dominante em um dado momento (Pagès e Santisteban, 2014:147).

O conceito de código disciplinar busca abarcar tanto os aspectos declarativos (os textos, discursos na formação de professores, programas, livros didáticos) quanto os aspectos práticos da história escolar (a efetiva prática dos professores, o conteúdo realmente posto em prática do ensino, as liberdades, as vigilâncias e as limitações ao aprender e ensinar na sala de aula e fora dela). Inclui, portanto, as discussões sobre seu valor educativo, sobre os conteúdos de ensino e sobre o que se considera, em cada tempo, modelos legítimos e valorizados de prática docente.

Para além do interesse histórico sobre a formação da disciplina escolar, o conceito de código disciplinar busca fornecer uma perspectiva de reflexão que permita compreender, equacionar e enfrentar os problemas do ensino de história no presente. Neste sentido, a ideia é favorecer um enfoque "genealógico" da história da disciplina, em vez de uma abordagem "arqueológica": com isso, se afirma que, para os fins de enfrentamento dos problemas de ensino hoje, faz mais sentido averiguar as relações entre a situação atual com suas origens e seus desdobramentos, identificando as forças motrizes das mudanças e permanências, do que contemplar o passado da disciplina como fragmentos ilhados no tempo. Essa perspectiva genealógica, de inspiração foucaultiana, pretende investigar o quadro de valores que compuseram e seguem compondo a disciplina, desnaturalizando-os. O código disciplinar aporta uma percepção da disciplina na qual as suas origens e suas "marcas de nascença", mesmo distanciadas no tempo e relativizadas pelas mudanças das escolas e das sociedades por mais de um século, ainda podem ser vistas como presentes e condicionantes da realidade atual do currículo e da prática de ensino.

O enfoque da disciplina por meio do conceito de código disciplinar implica, antes de qualquer outra coisa, compreender que uma disciplina se insere em um contexto de produção que se aplica a todas as disciplinas, que é o processo de escolarização dos saberes. Nesse contexto, ocorre um processo de seleção cultural dos saberes que serão escolarizados, isso é, que integrarão o currículo. Esse processo responde necessariamente às características da cultura e do poder no espaço e no tempo em que ocorreram, onde e quando se originam os debates sobre as concepções de ordem social que, uma vez definida a visão dominante, definem os padrões de pensamento e funcionamento do sistema escolar, do currículo e das disciplinas. O parcelamento do currículo em disciplinas, por exemplo, decorre da visão sobre sociedade e saberes dominantes quando do surgimento da escola moderna, em diversos países, entre o século XVIII e principalmente o XIX. O estabelecimento e a legitimação social de um nicho na escola para a disciplina de história correspondem à criação do seu código disciplinar.

Para Cuesta Fernández, o código disciplinar da história é caracterizado pelos elementos a seguir, que marcaram seu surgimento e seguem reconhecíveis na atualidade. No que tange ao aspecto pedagógico, práticas baseadas na memorização. No que tange aos aspectos sociais, elitismo. No que tange à forma e ao conteúdo do conhecimento histórico envolvido, história factual, distanciada do contemporâneo (ou arcaísta) e história vista a partir "de cima", de caráter nacionalista.

As práticas de memorização se caracterizam pelo verbalismo (o que torna a aula expositiva o mecanismo básico e tradicional de funcionamento original da disciplina) e por quadros espaço-temporais férreos (como a divisão quadripartite da história geral).

O elitismo de origem da disciplina escolar explica-se pelo fato de que a educação secundária no século XIX estava destinada à formação de quadros políticos e administrativos do Estado, assim como profissionais liberais, que compunham a elite, e com isso os objetivos e as características da disciplina também ficaram condicionadas por essa marca de origem. O advento da educação de massas levou efetivamente a uma tensão persistente com esse modelo.

Repercutindo as concepções da época, a história escolar constituiu-se em bases nacionais, tanto em termos de recorte dos conteúdos quanto de lógica da narrativa. O distanciamento quanto aos assuntos contemporâneos está ligado aos critérios de seleção de conteúdo passível de estudo na época, que excluíam a história recente, considerada muito próxima dos sujeitos para garantir sua isenção, bem como a uma tradição clássica nos campos das humanidades de então. O mesmo motivo do estado da reflexão histórica no período explica a perspectiva de uma abordagem factual e política da história.

CONHECIMENTO HISTÓRICO ACADÊMICO

Paulo Knauss

A NOÇÃO DE CONHECIMENTO (ou saber) histórico acadêmico se refere genericamente aos processos de construção de conhecimento definidos pelos padrões da ciência moderna que têm a universidade como instituição de referência para sua afirmação. Assim, a universidade se constitui como lugar social de enunciação do conhecimento histórico acadêmico.

Contemporaneamente, as universidades se constituem como centros de formação superior e pesquisa inovadora, mas tiveram como inspiração as antigas academias que se caracterizavam pela reunião de pares iniciados em matérias de conhecimento movidos pela intenção de participar do diálogo desinteressado e dedicado ao cultivo do saber. A essa inspiração histórica se deve o adjetivo de acadêmico para o mundo universitário, cujas práticas institucionalizadas servem também de padrão para diferentes modelos de centros de pesquisa científica não universitária.

Pressupostos da ciência moderna forneceram os parâmetros para o estabelecimento das práticas acadêmicas universitárias. O compromisso com a objetividade do conhecimento científico conduziu à especialização do conhecimento por meio da delimitação de objetos de estudo, cuja singularidade se caracteriza pelas condições peculiares do desenvolvimento da pesquisa de cada objeto, conforme regras e padrões próprios ou referências teóricas e metodológicas. Disso decorre a organização do trabalho acadêmico por disciplinas. A história demarcada como conhecimento disciplinar com base científica e com a marca da objetividade do conhecimento se desenvolveu a partir do legado do movimento cultural do Renascimento que na passagem do século XV para o XVI afirmou a tradição de interrogar a condição humana a partir da pesquisa sobre as expressões humanas, valorizando os mais antigos bens culturais, especialmente textos e obras de sentido artístico. Como marca da objetividade do conhecimento histórico, a afirmação da categoria de documento histórico se constituiu essencialmente em torno de seu valor de prova, atribuído por meio da construção do método crítico que se baseia na competência de identificar nos registros do passado marcas de autenticidade, por suas características materiais, data e autoria, bem como de veracidade, submetendo à análise sistematicamente conduzida do seu conteúdo e mensagem. No século XV, o discurso de Lorenzo Valla (1407-1457) sobre a falsidade do diploma formal da Doação de Constantino, assim como a publicação, no século XVII, do livro *De re diplomatica*, de Jean Mabillon (1632-1707), consagraram-se como marcos orientadores da crítica documental, afirmando o caráter científico da história como disciplina no século XIX.

O exercício da pesquisa científica, por seu turno, nutriu-se em grande medida da inspiração do laboratório experimental como espaço ideal que recria as condições dos fatos investigados num ambiente artificial para obter o controle absoluto de variáveis. Esse modelo transposto para o campo do conhecimento histórico se traduz no ideal de que a pesquisa de história se desenvolve no ambiente de isolamento da biblioteca de obras raras ou dos arquivos de documentos de escritas antigas ou línguas mortas. Esse modelo afasta a pesquisa científica dos contextos de inserção social do conhecimento e sustenta o pressuposto da separação entre as instâncias de produção e aplicação do conhecimento. Nessa ordem, fica implícita certa hierarquia entre os universos disciplinares. Em relação à docência, esse pressuposto se desdobra no ponto de vista de que o conhecimento acadêmico sempre antecede o conhecimento ensinado.

Por outro lado, também é preciso considerar que as práticas acadêmicas regem também um padrão de divisão social do trabalho no universo científico, que tem por base o sistema de reconhecimento de graus e títulos acadêmicos que organiza o princípio de autoridade acadêmica, hierarquizando a relação social entre os profissionais da pesquisa e do ensino ou entre pesquisadores e professores. O universo disciplinar da história está marcado por essa clivagem que se tornou uma questão central no debate sobre a renovação do perfil dos profissionais contemporâneos de história, defendendo a perspectiva de que pesquisa e docência não podem ser apartadas.

A historiografia, entendida como escrita da história, é a expressão típica do domínio do conhecimento histórico acadêmico. Nesse sentido, a produção acadêmica de conhecimento histórico por excelência é definida como a produção historiográfica. Outras formas de expressão não escritas são colocadas em segundo plano ou desprestigiadas. Isso justifica que a ação docente em sala de aula seja caracterizada como subsidiária da produção historiográfica ou fixada na tarefa da transposição didática, constituindo-se como ponte entre o conhecimento (ou saber) da disciplina de referência e o conhecimento (ou saber) escolar.

Cabe registrar ainda que ao longo da história da ciência os modelos científicos se multiplicaram. É comum mencionar-se ao menos o fato de que a lógica indutiva da ciência experimental dos tempos de Isaac Newton (1643-1727) que buscava leis gerais universais, característica do século XVII, difere da lógica dedutiva dos tempos da teoria da relatividade de Albert Einstein (1879-1955), no século XX, que traçou teorias probabilísticas. Por sua vez, a afirmação da possibilidade de abordar a ação humana independente do alcance da intervenção divina foi uma condição decisiva para a construção do estudo da história em perspectiva científica e teve na publicação em 1744 do livro *A ciência nova*, do pensador napolitano Giambattista Vico (1668-1744), um ponto de inflexão importante. Por outro lado, a afirmação do ponto de vista laico abriu a interrogação teórica sobre qual seria o agente histórico fundamental, distinguindo teorias sociais e definindo a preferência por fontes históricas. Ao menos o debate sobre o papel do Estado, a nação, as classes sociais e os grupos sociais definiu abordagens variadas da história. Outra questão decisiva na construção da análise histórica é o tratamento da ordem temporal que encontra diferentes soluções, que podem se apoiar em lógicas cronológicas lineares ou teleológicas universais, assim como em lógicas cíclicas, frequentemente de base mais factual, do mesmo modo que podem tender ao reconhecimento de múltiplas dimensões do tempo histórico, percebendo que há uma ordem de acontecimentos que se definem no plano da curta, média ou longa duração, salientado a dialética entre continuidade e descontinuidade nos processos históricos. Fundamentalmente, o mais importante é que não se pode considerar o universo do conhecimento (saber) histórico acadêmico como território de afirmação da unanimidade, do mesmo modo que é recomendável evitar a naturalização de seus resultados de pesquisa. A pluralidade de interpretações é uma característica do conhecimento (saber) histórico acadêmico, sendo o debate sua motivação fundamental, tendo a inovação sempre como meta e horizonte aberto.

CONHECIMENTO HISTÓRICO ESCOLAR

Cristiani Bereta da Silva

DURANTE MUITO TEMPO a especificidade da história que ensinamos e aprendemos na escola ou mesmo suas relações de aproximação e distanciamento com a história, como conhecimento acadêmico (ou "ciência de referência", como preferem alguns), não fizeram parte das preocupações de professores e pesquisadores da área. Pode-se dizer que, até pelo menos a década de 1960, dominava a ideia de que os historiadores produziam conhecimento por meio de pesquisas e que, didatizado, esse conhecimento seria transmitido, formalmente, nas escolas. A escola seria, então, lugar de recepção de um conhecimento externo, produzido nas universidades, e o professor ocuparia posição intermediária nesse processo, atuando na reprodução do conhecimento, cuja eficiência variaria "pela capacidade de gerenciamento das condições de adaptação do conhecimento científico ao meio escolar" (Bittencourt, 2004:37). Tais proposições evidenciam a instauração de hierarquias entre os espaços da escola e da universidade e entre os profissionais da área, professores do ensino superior e professores da educação básica.

Essa forma de compreender o conhecimento, sua produção e divulgação apenas deixaria de ser hegemônica com a emergência de pesquisas sobre a didática da história, especialmente em suas vertentes alemã e francesa, mas também de questionamentos sobre a própria natureza da história como conhecimento. Na Alemanha, por exemplo, foi nas décadas de 1960 e 1970 que uma nova geração de pesquisadores passou a questionar o conceito tradicional de estudos históricos e, ao fazê-lo, "levantaram importantes questões sobre a tarefa básica da cognição histórica e da função política dos estudos históricos" (Rüsen, 2006:10). As mudanças também atingiram a didática da história, que deixaria de ser uma forma de traduzir o conhecimento histórico para ser ensinado nas escolas e assumiria cada vez mais o papel de compreender as formas, as funções e os usos da história na vida pública. Confrontados com o desafio do papel legitimador da história na vida cultural e na educação, os historiadores passaram a se comprometer com "uma reflexão mais profunda e ampla sobre os fundamentos dos estudos históricos e sua inter-relação com a vida prática em geral e com a educação em particular" (Rüsen, 2006:11).

Nicole Tutiaux-Guillon (2011), tratando do contexto francês, indica que as pesquisas sobre a didática da história ali desenvolvidas se diferenciam daquelas realizadas na Alemanha, principalmente porque não se ancoram na filosofia da história, mas sim em referências da epistemologia, das ciências educacionais e da história da educação, entre outras, na construção de suas próprias abordagens teóricas. A didática da história nessa perspectiva estaria mais voltada para as especificidades de ensinar e aprender história. E, se no início as pesquisas baseavam-se na relação entre história acadêmica e história ensinada nas escolas, outras passariam a analisar a distância e até mesmo a distorção entre elas, o que possibilitou afirmar "a existência de um conhecimento sobre o passado e de um como-fazer sobre história criada *pela* escola e *para* a escola" (Tutiaux-Guillon, 2011:17, *grifos do original*).

Mesmo em suas diferenças, as perspectivas teóricas alemã e francesa sobre a didática da história contribuíram significativamente para a consolidação de uma ideia de história escolar qualitativamente (e não hierarquicamente) diferente da história acadêmica. No Brasil, Elza Nadai (USP), Circe Bittencourt (USP/PUC-SP), Katia Abud (USP), Ernesta Zamboni (Unicamp), Selva Guimarães (UFU), Maria Auxiliadora Schmidt (UFPR) e Lana Mara de Castro Siman (UFMG/Uemg), pesquisadoras que concluíram doutorado entre as décadas de 1980 e 1990, iriam contribuir (por meio da divulgação de seus estudos e também orientações na pós-graduação) de modo importante para a conformação do ensino de história como objeto e campo de pesquisa. Também a partir desse período, conceitos como didática da história, transposição didática, mediação didática e interpelação didática, pautados em estudos de pesquisadores alemães, ingleses, franceses, portugueses e brasileiros, somaram-se ao desafio de se enfrentar a complexidade do conhecimento escolar.

Nos debates que se seguiram, o espaço escolar foi reconstruído como um espaço político de construção do conhecimento e não apenas de sua reprodução. Nesse mesmo movimento, o lugar do professor da educação básica foi reconfigurado, passando a ser percebido e a se perceber como sujeito que produz, domina e mobiliza saberes plurais e heterogêneos para ensinar o que ensina (Monteiro, 2007). Importante lembrar que os professores se constituem como profissionais tanto por meio de programas curriculares específicos quanto também pela adesão, parcial ou total, a um conjunto de práticas e códigos que circulam em seu cotidiano e constituem sua própria cultura como docentes. Não existe uma "correia transmissora" capaz de levar conhecimentos de um local para outro sem que haja interferências nesse percurso (Monteiro, 2007). É nesse reposicionamento da escola e do professor que se observa o conhecimento histórico escolar como aquele que possui uma natureza própria e um *status* específico. Aceito o argumento de que a escola é lugar de produção de conhecimento, fica o desafio de identificar "qual conhecimento histórico a escola produz" (Bittencourt, 2004:34).

O enfrentamento desse desafio implica observar a singularidade de cada escola, sala de aula, professor e estudantes. É uma observação situada no tempo e com muitas variáveis. Isso porque a história escolar é uma construção social produzida por elaborações e reelaborações constantes de conhecimentos produzidos a partir das relações e interações entre as culturas escolar, política e histórica; com os livros didáticos; com outros saberes que não apenas os históricos e muito menos circunscritos aos formais; com as ideias sobre a história que circulam em novelas, filmes, jogos etc.; e, não menos importante, com a história pública (história de grande circulação, ou de massa).

Reinventado em cada aula, no contexto de situações de ensino específicas, em que interagem professor, estudantes e escola, o conhecimento histórico escolar possui objetivos próprios e muitas vezes irredutíveis aos da história acadêmica. Importante pensar também que a natureza específica do conhecimento histórico escolar se constrói por meio de relações de aproximações e distanciamentos com a história acadêmica, "há um intercâmbio de legitimações entre as duas entidades" (Bittencourt, 2004:49). Ou seja, apesar de sua natureza complexa e específica, o conhecimento histórico escolar não abdica de aproximações, diálogos e tensões com a historiografia, com a teoria da história etc. Outro ponto de inflexão importante é a compreensão de que esse processo possui dinâmicas que situam o ensino de história como uma área de fronteira entre os campos da história e da educação (Monteiro, 2007).

Destaca-se também que a especificidade do conhecimento histórico escolar precisa considerar as diferentes etapas que constituem a educação básica. As interlocuções e desafios relativos à história ensinada não se restringem às relações estabelecidas entre os anos finais do ensino fundamental e do ensino médio. Os primeiros contatos com histórias, com passados, no âmbito da escola, acontecem já nos anos iniciais, com professores que, em sua grande maioria, não têm formação na área de história e sim em pedagogia. Os professores dos anos iniciais ensinam história mesmo quando pensam não ensinar. O conhecimento histórico que emerge nessa fase da escolarização está, de forma mais acentuada, imbricado à cultura histórica na qual se inserem a escola, o professor e os estudantes. Esse conhecimento congrega de modo mais significativo, além das prescrições curriculares, dos livros didáticos, entre outros materiais de apoio, os saberes e fazeres oriundos do legado cultural do grupo social do qual fazem parte professor e estudantes. Esse processo de mediação e interação é sutilmente demarcado por experiências singulares que fornecem ao presente o sentido prático do passado. O conhecimento histórico privilegiado tem muito do local, das narrativas que permeiam a vida cotidiana, da história, experiência que se dá a ver e a ler por meio de representações que reacendem rastros do passado em meio à temporalidade presente, tanto de estudantes quanto de professores.

A partir dos conhecimentos históricos que apreende, o estudante tem oportunidade de estabelecer relações entre distintas temporalidades e experiências, desenvolvendo habilidades de articular e estabelecer conexões entre os acontecimentos históricos (locais, regionais e nacionais) e a história vivida no tempo presente. Essas conexões interligam uma história articulada e narrada conforme a vida prática para a história que vem, conscientemente, pela aprendizagem e produz narrativas plausíveis a uma realidade preexistente e distante temporalmente (Rüsen, 2006). Essa forma mais abrangente de compreender o percurso formador da história ancora-se, sobretudo, nos sentidos que ela adquiriu nos últimos anos por meio da expansão do leque de temas abordados pela historiografia, na educação e pela forte influência midiática, dando nova configuração à cultura histórica e à cultura escolar.

Assumir que a escola, o professor e o estudante são sujeitos centrais na construção de um conhecimento histórico específico ampliou o próprio campo do ensino de história, que passou a se preocupar também com as potencialidades da formação do pensamento histórico de crianças e jovens.

Não apenas conhecer os acontecimentos passados, mas privilegiar o investimento em dotar os estudantes de instrumentos para a análise e interpretação desses processos que lhes permitam construir sua própria representação do passado. Conhecimento histórico que seja capaz de possibilitar aos estudantes lidar com versões contraditórias, com conflitos, que consigam contextualizá-los, conscientes da distância que os separa do presente, de suas crenças, de suas perspectivas do lugar que ocupam no mundo. Afinal, estranhar as temporalidades passadas e também as do presente fornece as condições para que possamos nos conhecer, conhecer o outro e o "nós" (Lee, 2012). Exercício irrenunciável para a construção de alternativas para o futuro que sejam democráticas, de respeito às pluralidades e, quiçá, com mais condições de igualdade.

CONSCIÊNCIA HISTÓRICA

Estevão de Rezende Martins

CONSCIÊNCIA HISTÓRICA é a expressão utilizada contemporaneamente para designar a consciência que todo agente racional humano adquire e constrói, ao refletir sobre sua vida concreta e sobre sua posição no processo temporal da existência. Ela inclui dois elementos constitutivos: o da identidade pessoal e o da compreensão do conjunto social a que pertence, situados no tempo. A constituição da CH é um momento lógico da operação do pensamento histórico e está imersa no ambiente abrangente da cultura histórica. Cultura histórica é o "acervo" dos sentidos constituídos pela consciência histórica humana ao longo do tempo. A consciência histórica precisa da memória – individual e coletiva – como referência dos conteúdos.

A CH inclui a consciência da historicidade intrínseca a toda existência humana, inserida no conjunto da cultura, das instituições e das ações das pessoas. A historicidade é um pressuposto fundamental da condição existencial de todo ser humano. Refletir sobre essa condição é um procedimento de pensamento histórico, necessário a todos e a cada um, a que se procede sempre e, a todo momento, em toda e qualquer circunstância, ao longo de toda a vida. Historicidade e temporalidade coincidem. O pensamento histórico se assenhoreia delas e as elabora reflexivamente na consciência histórica. As expressões dessa reflexão, na forma de narrativa (formais ou informais), se inserem no contexto do agente, no quadro abrangente da cultura histórica.

Toda ação humana requer a reflexão histórica (mesmo se não historiográfica) do agente. A habilitação ao agir decorre da aprendizagem. Essa se dá pela apropriação dos dados concretos da história empírica em que se situa o agente, sobre a qual se debruça a reflexão, produzindo compreensão e interpretação do meio histórico em que o agente se encontra, de que é tanto produto quanto produtor. A consciência história tem presente que a cultura histórica envolvente precede e envolve cada existência concreta assim como dela decorre. A aprendizagem (conhecer os dados empíricos concretos do passado) é requisito básico das operações do pensamento histórico (que preenchem a memória com informação refletida). Essas operações conduzem à constituição da CH e são responsáveis pelos conteúdos que se encontram na cultura histórica.

A diversidade dos agentes racionais humanos se exprime na multiperspectividade da cultura histórica própria a cada um e faz compreender tanto a multiplicidade de culturas históricas, para além da que se reconhece como própria, quanto os elementos comuns a todas as culturas, enquanto humanas. A ideia da igualdade dos seres humanos e de sua dignidade comum tornou-se patrimônio histórico da CH, conhecido sob a denominação de "dignidade da pessoa humana" e "direitos humanos fundamentais". A CH se constitui também pela consolidação desse saber.

O pensamento histórico inscreve na CH o conhecimento do sentido aprendido na cultura histórica envolvente e opera a interpretação compreensiva que reelabora esse sentido como resultado da atuação consciente e intencional do agente. A aprendizagem histórica é informal (no ambiente usual da vida prática) e formal (no sistema escolar). Todo processo de aprendizado supõe a CH (como inicialmente presente, ainda não tematizada, em todo agente), contribui para sua constituição e consolidação, precisa dela para firmar-se e desenvolver-se. Para Jörn Rüsen (2015), o aprendizado histórico contribui para o desenvolvimento do sujeito e resulta do sujeito em desenvolvimento. A CH contribui para o desenvolvimento do sujeito e fortalece sua capacidade de aprendizagem.

Hans-Jürgen Pandel (1987) propôs sete "dimensões" da categoria de consciência da história: (a) consciência do tempo (distinção entre passado, presente e futuro) e a "densidade" histórica (saturação de eventos) de um determinado tempo (por exemplo, 1964-1985); (b) sensibilidade para com a realidade (sensação de real e ficcional); (c) consciência da historicidade (duração e mudança da existência concreta no tempo); (d) identidade (consciência de pertencer a um grupo e capacidade de levar isso em consideração); (e) consciência política (visão das estruturas e interesses dominantes na cultura); (f) consciência econômico-social (conhecimento da desigualdade social e econômica); (g) consciência moral (capacidade de reconstruir valores e normas da época, sem cair em relativismo alienante nem abrir mão do próprio juízo).

Podem-se agregar outras dimensões, como a consciência das diferenças entre indivíduos e grupos, a consciência da comunidade absoluta da humanidade como valor cultural preeminente (dignidade e direitos da pessoa humana), e assim por diante.

No processo formal de aprendizagem escolar, a CH de docentes e discentes interagem numa comunicação intergeneracional substantiva da convivência cultural e da produção de conhecimento histórico, mediante apropriação individual por todo aprendiz, em ambas as relações: a da interação intergeneracional e a subsistente entre docentes e discentes. Há efeito reflexo desse aprendizado sobre o docente, para quem o aprendizado continua no exercício profissional e na vida sociocultural.

A cultura histórica forma uma prática social e dela resulta: toda forma de pensamento histórico está inserida na cultura histórica e na memória, em cujo contexto se produzem e devem ser interpretadas as narrativas históricas. Esse processo tem a identidade histórica como objetivo, pois toda forma de pensamento e narrativa histórica inclui ofertas educacionais históricas para o presente e futuro, como projetos de identidade. As competências do pensamento histórico habilitam o agente a orientar-se no presente e para o futuro, pela apropriação reflexiva do passado e de seu contexto cultural. A CH permite ao sujeito exprimir-se ou reconhecer-se em etapas lógicas sucessivas: narrativa prévia difusa, narrativa histórica refletida, narrativa historiográfica crítica. A ciência da história recolhe e elabora metodicamente, em suas práticas, a CH. O pensamento histórico – e seus conteúdos cognitivos obtidos por experiência e pesquisa –, em sua historicidade comum a todos e em sua especificidade científica, opera, pois, em dois patamares interdependentes, mas logicamente distintos: o da CH de todos e de qualquer um, e o da CH crítica, alcançada e consolidada na historiografia.

Rüsen (2015) aponta cinco procedimentos que são próprios à versão científica da CH: (1) o desenvolvimento e o refinamento da cultura histórica, mediante os métodos de pesquisa e as estratégias discursivas da historiografia; (2) a transposição do passado de sua presença eventual na memória para os acontecimentos distantes no tempo: o passado é objetivado, tal como está no conteúdo informativo das fontes e como pode ser apreendido metodicamente delas e nelas; (3) essa forma objetivada do passado é o conteúdo de processo de conhecimento metodizado; (4) os acervos cognitivos tornam-se disponíveis para fins de orientação e de profissionalização da produção histórica de conhecimento e de sua transmissão (ensino e aprendizagem); (5) essa conformação do saber histórico gera teor sempre renovado de sentido – que parte dos conteúdos prévios e evolui para a interpretação reflexiva.

CH é, por conseguinte, uma categoria básica da didática da história, abrangendo suas cinco operações básicas de constituição histórica de sentido: perguntar, experimentar ou perceber, interpretar, orientar, motivar. No espaço social amplo e no especializado, a aprendizagem histórica é um processo da CH em seus dois patamares. Todo sujeito reflexivo agente passa por processos de aprendizado, informais e formais, nos quais se dá a constituição histórica de sentido. Estar consciente da CH como interconexão entre indivíduos e sociedades, entre ontem, hoje e amanhã, entre experiências e expectativas é um fator indispensável da existência humana, a ser levado em conta em todos os processos de ensino e aprendizagem (na escolha de conteúdos como nas táticas de informação, apropriação e utilização de conteúdos e narrativas).

CONTINUIDADE E RUPTURA

Cristina Meneguello

QUANDO ASSISTIMOS a um filme, muitas vezes ficamos atentos aos "erros de continuidade" e nos surpreendemos com a desatenção do continuísta, que permitiu uma personagem com uma camisa de mangas dobradas em uma cena e com as mangas esticadas na cena seguinte, ou a aparição de uma fruta em cima de um móvel onde ela não estava antes. Quando o filme falha em manter nossa ilusão de que estávamos testemunhando um processo sem interrupções, traídos em nosso desejo pelo verossímil, percebemos que naquele contínuo aparente haviam sido introduzidos cortes e edições que o tornaram diferente do que era no momento imediatamente anterior. Vamos guardar essa "metáfora" em mente para pensarmos, para a história, o par continuidade/ruptura.

A aparente antinomia entre os conceitos de continuidade e ruptura implica conceber como se desenrola o processo histórico no tempo e quais seus elementos estáveis e de transformação. Mais importante, nos mostra como, na busca pela construção da explicação, o historiador opera cortes, cria ciclos e estabelece periodizações de forma a tornar o passado inteligível. Pode-se entender esse par como categorias analíticas ou como dimensões constitutivas do processo histórico.

A continuidade em história, *grosso modo*, indica a permanência de estruturas e de relações, e a manutenção de um quadro de referências e ações históricas que garantem a sobrevivência e perpetuação dos tempos anteriores dentro do tempo presente. Já a ruptura introduz uma cisão nesse processo, trazendo uma alteração de forças e cenários que impede que os momentos do futuro sejam iguais aos do presente. Em sua versão radical, a ruptura transforma-se em revolução e ganha, a partir de 1789, um caráter político: se o futuro pode ser melhor, é possível romper com o presente a partir de um esforço coletivo, organizado e consciente.

Conforme observou K. Pomian em "Tempo/temporalidade", o ofício do historiador, ao estudar os tempos passados, leva-o a organizar os acontecimentos em sua duração temporal e a dividir o passado em fases que guardam unidade entre si. Por essa razão, no início do século XX, a história dos Annales – notadamente Braudel – estabeleceu a divisão entre estrutura, conjuntura e acontecimento. Nessa compreensão, as estruturas são fenômenos geográficos, culturais, econômicos e políticos que só se transformam de modo quase imperceptível ao longo do tempo; seu tempo é lento, ainda que irreversível. A conjuntura, por sua vez, explica as circunstâncias em que ocorre dado fenômeno, em um tempo determinado; ligadas a um conjunto de acontecimentos; as conjunturas são como flutuações dentro das estruturas. Por fim, os acontecimentos (eventos) permitiriam, como acreditaram os historiadores do século XIX, encontrar um caráter único, individual e irrepetível dentro da história – sua personalidade. A opção pelas estruturas e tempos longos dos Annales almeja superar as limitações da velha história política e diplomática, despersonalizando-a e abrindo-se para as contribuições da sociologia, da antropologia e da economia.

A ideia de continuidade nos remete à ausência de mudança ou ainda à estabilidade: "a Áustria conheceu séculos de estabilidade sob a Casa de Habsburgo", "Veneza viveu sob o poder dos doges de 697 a 1797". A continuidade funciona como uma abstração em que fenômenos são unidos uns aos outros criando períodos ou ciclos. Tais ciclos, por sua vez, remetem à previsibilidade da história. Desse modo, a continuidade dá inteligibilidade à explicação histórica porque a instala dentro de uma cadeia de causalidades. Ao explicar a II Guerra Mundial, o historiador pode se referir ao conflito mundial anterior, pois as condições humilhantes impostas à Alemanha pelo tratado de Versalhes teriam originado as tensões que levaram à II Grande Guerra. Ao explicar a Revolução Russa de 1917, o historiador também pode recuar aos efeitos da I Grande Guerra. Ou seja, não importa a distância em anos medida pelo tempo cronológico formal, mas até onde o historiador acredita poder retroceder no tempo em busca de causas. Isso não ocorre arbitrariamente, mas pela criação de laços de explicação entre os fenômenos, processo durante o qual se criam continuidades e descontinuidades.

Por sua vez, a ruptura pressupõe irreversibilidade e conduz, como mencionado, ao conceito de revolução, ressignificado a partir da Revolução

Francesa. Na Renascença, "revolução" referia-se ao lento, regular e cíclico movimento dos planetas em torno do Sol (próximo ao que hoje denominamos "translação" dos astros). Implicava voltar ao mesmo ponto, em algum momento. No século XVII a palavra ganhou conotação política – mas não de novidade – ao indicar o retorno a um estado anterior de coisas, a uma ordem preestabelecida que foi perturbada. Por exemplo, a Revolução Inglesa de 1688-1689 representou o fim de um longo período marcado pela guerra civil e a restauração da monarquia; ou a Revolução Americana, que foi compreendida por seus contemporâneos não como original ou inédita, mas como o retorno a um estado de coisas justo e ordenado que havia sido perturbado pelos excessos do governo colonial inglês. Entretanto, durante a Revolução Francesa verifica-se uma mudança decisiva no significado do conceito de revolução, mudança aliás já implícita nas formulações teóricas dos iluministas, que inspiraram muitos de seus líderes: não mais a restauração de uma ordem perturbada, mas a crença no estabelecimento de uma nova ordem. A razão ergue-se contra a tradição e legisla para assegurar não apenas a liberdade, mas a felicidade do povo.

Desse modo, o conceito moderno de revolução está vinculado à instauração de uma nova realidade social, com a introdução de profundas mudanças nos sistemas político, social e econômico. Assim o definiu Hannah Arendt:

> somente onde ocorrer mudança, no sentido de um novo princípio onde a violência for utilizada para constituir uma forma de governo completamente diferente, para dar origem à formação de um novo corpo político, onde a libertação da opressão almeje, pelo menos, a constituição da liberdade, é que podemos falar de revolução [Arendt, 1990:28].

A descontinuidade também está presente no entendimento da ciência como dada a partir de rupturas do conhecimento, trazendo alterações não evolutivas permanentes na forma de compreender o mundo a partir de novos paradigmas científicos. Thomas Kuhn observou que a ciência não é o acúmulo gradual de conhecimentos, mas uma complexa relação entre teorias, num quadro em que a ciência não é neutra. Ou seja, quando as formas tradicionais de pesquisa já não respondem às necessidades que novos dados ou fatos impõem, a comunidade científica pratica a ciência de formas inéditas e, assim, abre espaço para o novo. Copérnico é apontado como originador de uma ruptura astronômica, ao afirmar que a Terra não é o centro do universo; muitos anos depois, porém, essa ainda era uma afirmação controversa que levou Galileu Galilei a abjurar. Durante o fim do século XV e início do XVI, a era das grandes navegações ultramarinas europeias desafiou a ideia de que a Terra era plana e Charles Darwin introduziu no século XIX uma ruptura biológica ao observar que o homem era fruto de um longo processo evolutivo, com ancestralidade comum aos demais seres vivos. Nesses processos, as rupturas configuram mudanças irreversíveis que transformam uma estrutura em uma estrutura outra.

Pode-se afirmar que a revolução é a ruptura radical, que implica descontinuidade do momento anterior. Como mencionado, o exemplo clássico é a Revolução Francesa. E a invenção do calendário revolucionário francês (ou calendário republicano), baseado nos ciclos da natureza, interrompendo a contagem do tempo a partir do nascimento de Cristo (ou seja, anticlerical), é talvez uma de suas expressões mais cotidianas e mais poderosas. Ao criá-lo em 1792, a Convenção Nacional expressa o desejo de romper com a ordem anterior dando início a uma nova era na história da humanidade. A ruptura permite, assim, a aparição do "novo" na história. Também Arendt menciona a emergência, no século XX, de uma forma completamente inédita de governo, que não se confunde nem com a ditadura nem com a tirania – o totalitarismo. Baseado na ideologia e no terror, o totalitarismo implicou a dissolução de todos os pontos de referência tradicionais: Estado, família, associações sociais e políticas, rumo à aniquilação total dos indivíduos. A obra de Arendt foi pioneira ao mostrar que os campos de concentração e o Holocausto não eram fatos colaterais do regime totalitário, mas sua mais completa consumação, a expressão limite do desenraizamento e destruição sistemáticos do homem.

Mais uma vez, é a explicação agenciada pelo historiador que possibilita proclamar a existência ou não da ruptura. Tomemos como exemplo a Revolução de 1930, tema que, na historiografia nacional, oscilou entre ser entendido como ruptura ou como uma continuidade que não alterara os padrões econômicos e políticos da velha ordem. Ora, a Revolução de 1930 é o movimento político e militar que determina o fim da Primeira República (1889-1930) ou é a divisão de tempo introduzida pelos historiadores que cria uma "Primeira República" que finda em 1930? Em obra já clássica, o historiador Edgar de Decca indicou que a periodização de 1930 como um marco divisor entre atraso e modernidade criou uma polarização que serviu somente para silenciar as classes subalternas – os vencidos (Decca, 2004:110). Chamar 1930 de revolução seria assumir o ponto de vista dos vencedores e os discursos políticos que buscam legitimá-la como ruptura destruidora das velhas estruturas, olvidando a luta entre símbolos e representações.

As interpretações oferecidas pela história sempre geram escolhas e esquecimentos e são, por sua vez, instrumentos de identidade, legitimidade e poder. Essas unidades tendem, além disso, a naturalizar-se, a adquirir existência própria, como se fossem partes da "descrição" do tecido da história, em vez de a forma como o historiador divide e explica o tempo histórico.

Um breve parêntese sobre a ideia de repetição faz-se necessário, já que tocamos a ideia de novidade em história. Por mais que o par continuidade/ruptura tenha se estabelecido como um modo explicativo dos processos históricos, não raro reaparecem explicações baseadas numa concepção cíclica de tempo, que concebe a possibilidade da repetição dos eventos em história, ainda que não plenamente iguais a si mesmos. Marx cunhou essa imagem ao comentar, em *O 18 Brumário de Luís Bonaparte*, que "Hegel observa em uma de suas obras que todos os fatos e personagens de grande importância na história do mundo ocorrem, por assim dizer, duas vezes. E esqueceu-se de acrescentar: a primeira vez como tragédia, a segunda como farsa" (Marx, 2011:1). Em seu libelo para que as gerações no presente não parodiassem os tempos passados, Marx defende que

> a revolução social do século XIX não pode tirar sua poesia do passado, e sim do futuro. Não pode iniciar sua tarefa enquanto não se despojar de toda veneração supersticiosa do passado. As revoluções anteriores tiveram que lançar mão de recordações da história antiga para se iludirem quanto ao próprio conteúdo. A fim de alcançar seu próprio conteúdo, a revolução do século XIX deve deixar que os mortos enterrem seus mortos.

Assim, nesse ensaio em que compara o golpe de 1851 de Luís Napoleão Bonaparte com a tomada de poder por Napoleão Bonaparte em 9 de novembro de 1799 (18 Brumário do ano VIII segundo o calendário republicano da Revolução Francesa), Marx não está advogando a repetibilidade dos acontecimentos em história, mas a necessidade da irrupção do novo a partir da superação do passado.

O que desfaz a antinomia continuidade/ruptura é perceber que, em história, o que torna os acontecimentos inteligíveis – ou ao menos "pensáveis", nas palavras de Pomian (1993:102) – é a periodização agenciada pelo historiador.

De forma prudente, grande quantidade de estudos recentes em história evita se posicionar e determinar se os eventos que descreve são rupturas ou continuidades, optando por identificar ambos os movimentos. Por essa razão, subtítulos de livros, teses e artigos valem-se da fórmula simultânea "tradição e ruptura" ou "ruptura e continuidade" – independentemente do tema pesquisado. Esse olhar permite que se afirme, sem maiores comprometimentos, que em cada evento histórico estudado é possível localizar acontecimentos que resultam de circunstâncias inéditas ou da combinação de circunstâncias conhecidas, e estruturas que se mantêm como força explicativa. Em outras palavras, as rupturas no processo histórico estariam sempre baseadas em acúmulos estruturais. Essa solução, ainda que bastante apaziguadora, não raro reafirma a impossibilidade do novo, do acaso e a vitória constante do estrutural. Como tal, é uma escolha, entre muitas, ao tornar o passado inteligível. O historiador, ao preparar seu "filme", pode optar por uma ilusão de continuidade inalterada ou por deixar claros os cortes, trucagens e montagens que efetua em busca da explicação mais verossímil.

Por fim, o par continuidade/ruptura tem por consequências imediatas, no ensino de história, a periodização em fases e ciclos, que permite dar um caráter lógico e mensurável ao que ocorreu ao passado. Assim, divide-se a história ocidental em antiga, medieval, moderna e contemporânea, e diferentes capítulos de um livro didático ou apostila escolar veem os períodos históricos como unidades de sentido. Nesse processo, reaparecem conceitos agora utilizados de forma livre, como "revoluções" para definir transformações estruturais de grande duração, como a Revolução Industrial a partir do século XVIII, a Revolução Urbana do século XI, a Revolução Comercial do século XIII ou a Revolução Científica dos séculos XVI e XVII, não raro estudadas como se tivessem um caráter linear e cumulativo. Nesses recortes propostos à história, o limite da história do tempo presente apresenta-se como sempre mutável. Se há alguns anos o capítulo final das obras didáticas escolares era iniciado pela Queda do Muro de Berlim em 1989, entendida como uma inflexão da política de Guerra Fria na separação do mundo em blocos capitalista e socialista, recentemente esse marco passou a ser o ataque às Torres Gêmeas de Nova York (11 de setembro de 2001), marcando os acontecimentos experenciados pelos espectadores em tempo real, a alteração do equilíbrio geopolítico ou a espetacularização da história pelos meios de comunicação de massa. Independentemente das escolhas, é a narrativa histórica quem organiza unidades de sentido dentro do tempo e confere inteligibilidade aos acontecimentos, propondo relações de duração e mudança, entre o contínuo e o descontínuo.

CULTURA HISTÓRICA

Rebeca Gontijo

O CONCEITO DE CULTURA histórica (*historical culture, culture historique, Geschichtskultur*) refere-se ao modo como as pessoas ou os grupos humanos se relacionam com o passado. Em outras palavras, corresponde às formas pelas quais elaboramos experiências situando-as no tempo e no espaço. Uma das características principais da cultura histórica é ser um conceito englobante, pois envolve variados processos por meio dos quais interpretamos, atribuímos sentido e transmitimos experiências ocorridas em tempo próximo ou distante, direta ou indiretamente, visto que acontecimentos vividos pelos outros também nos ajudam a compor as representações que alimentam a cultura e permitem defini-la como "histórica". O trabalho de interpretar, atribuir sentido e transmitir experiências envolve múltiplos agentes – entre os quais estão os historiadores de ofício, os jornalistas, os cineastas, os literatos, os artistas etc. – e meios – a historiografia, a imprensa, o cinema, a literatura, as artes plásticas etc.

A base necessária para a constituição da cultura histórica reside no dado antropológico de que as ações humanas necessárias à vida são dotadas de sentidos e finalidades. Toda ação é situada no tempo e no espaço e pressupõe uma interpretação da experiência vivida no passado, além de uma vontade norteada por intenções, metas, objetivos e projetos. A cultura histórica é constituída pelos modos de interpretar essa experiência, situando-a no tempo e no espaço, o que resulta em representações com conteúdos empíricos, que podem ser articuladas de diferentes maneiras e submetidas a usos variados. Ao mesmo tempo, as interpretações e os significados atribuídos às experiências são constantemente colocados em risco mediante novas experiências ou ações. Daí ser possível supor que "ordens culturais diversas tenham modos próprios de produção histórica". Ou ainda, "culturas diferentes, historicidades diferentes", como observou Marshall Sahlins (2003:11).

Trata-se, portanto, de um conceito holístico, meta-histórico e instrumental (heurístico), que começou a ser utilizado de forma mais sistemática por estudiosos da didática da história na Alemanha, durante a década de 1970, quando investigavam as fontes extracurriculares do conhecimento histórico e suas relações com o pensamento das crianças em idade escolar. A tarefa era compreender a (re)construção das concepções de história, considerando o contexto educacional para além da sala de aula. Paralelamente, entre os anos 1960 e 1970, estudiosos franceses, anglo-saxões e italianos investigavam a atitude dominante de algumas sociedades europeias perante a história, considerando não apenas a produção dos historiadores profissionais, mas todo o conjunto de produtos e fenômenos que constitui a "mentalidade histórica" (*mentalité historique, historical mindedness*) – compreendida como sinônimo de cultura histórica –, incluindo os manuais escolares, a literatura, a arte, o teatro, as inscrições, os monumentos etc.

Por exemplo, Santo Mazzarino, em *Il pensiero storico classico* (3 v., 1965--66), propôs uma noção ampla de historiografia próxima daquilo que posteriormente faria parte do universo da cultura histórica. Para esse autor, toda evocação poética, mítica, utópica ou fantástica do passado deveria ser considerada na história da historiografia, levando em conta que o historiador não é essencialmente um profissional dedicado à busca da verdade sobre o passado, mas um intérprete condicionado por suas opiniões políticas, por sua fé religiosa, por suas características étnicas e por sua situação social. Outro investimento ambicioso foi feito por Bernard Guenée, em *Histoire et culture historique dans l'Occident médiéval* (1980), ao analisar a cultura histórica no Ocidente em período anterior ao moderno. Compreendendo que a cultura histórica corresponde ao modo como uma sociedade lida com seu passado, o autor construiu um mapa das práticas dos historiadores, das bibliotecas de obras históricas e do público leitor, considerando um espaço amplo e as possibilidades de acesso aos escritos no período medieval (Le Goff, 1990:47-49). Em língua inglesa, temos outro exemplo nos estudos de Stephen Bann, publicados na década de 1980 e 1990, que investigaram "o prodigioso desenvolvimento da mentalidade histórica" (*historical mindedness*) na França e na Inglaterra dos séculos XVIII e XIX, focalizando casos individuais e, ao mesmo tempo, procurando delinear um "regime integrado de representação histórica", ou ainda, realizar uma "arqueologia da história".

As referências de cada um desses autores são diversas, mas é possível relacionar seus campos de interesse à virada cultural e às perspectivas abertas pelos estudos – estruturalistas e pós-estruturalistas – sobre a linguagem, os discursos e os textos, que foram de fundamental importância para o alargamento das noções de história e de historiografia, permitindo incluir outras formas de representação sobre o passado e outros agentes, para além dos historiadores profissionais, no plano de investigação. Nesse sentido, o conceito de cultura histórica aproxima-se de outro: o de memória cultural, ou ainda, o de memória histórica. É possível, também, aproximá-lo tangencialmente das ideias de história pública e de passado prático, cada uma das quais com fortunas críticas específicas.

Na década de 1980, em meio à virada cultural, que estimulou estudos sobre as representações e os discursos, a noção de cultura histórica passou a ser utilizada para designar um dos componentes da cultura política. A crise do estruturalismo e o pós-modernismo também contribuíram para criar um ambiente favorável à desconstrução dos mitos nacionais e, consequentemente, para a crise da historiografia disciplinada e do ensino escolar de história. A demanda por atenção aos grupos até então excluídos das narrativas históricas cresceu em um contexto marcado por processos de descolonização e pelos movimentos em prol de direitos civis e políticos. Tudo isso estimulou a ampliação do campo de investigação sobre o universo mnemônico que sustenta o Estado-nação. A publicação da coleção *Les lieux de mémoire* (1984-1992), organizada por Pierre Nora, é um bom exemplo que explora as diferenças entre a historiografia acadêmica e a história popular. Posteriormente, essas diferenças foram relativizadas mediante a compreensão de que a historiografia tanto contribui para moldar a imaginação histórica da sociedade como é moldada por ela. A escrita da história e outras formas da memória passaram a ser vistas como partes constitutivas da cultura histórica.

Desde os anos 1980 e 1990, a reflexão teórico-metodológica sobre o conceito de cultura histórica ganhou força, por vezes focalizando termos relacionados como memória cultural, memória histórica e consciência histórica. Entre os autores que se dedicaram ao estudo de tais conceitos no plano internacional, estão Jörn Rüsen, Aleida e Jan Assmann, Hans-Jürgen Pandel, Peter Seixas, Maria Grever e Isabel Barca. No Brasil, destacam-se os estudos sobre educação histórica e consciência histórica desenvolvidos por Maria

Auxiliadora Schmidt e Luis Fernando Cerri, por exemplo. No campo da antropologia, é importante considerar os estudos que analisam a experiência do tempo ou a historicidade dos fenômenos culturais em sociedades não ocidentais e não modernas, sobretudo a partir dos anos 1970, a exemplo de Johanes Fabian e Marshall Sahlins.

A história deixou de ser compreendida apenas como resultado de uma atividade intelectual, passando a ser investigada como prática social, cujo principal componente seria a consciência histórica. Esta seria dotada de um lado "interno", individual e cognitivo, e de uma dimensão "externa", que corresponderia à cultura histórica, incluindo a infraestrutura do aprendizado histórico e as precondições para a aquisição de conhecimentos históricos gerais e especializados. Isso abrangeria as escolas, os livros didáticos, os museus, as comemorações, toda história produzida pela indústria cultural etc.

Como conceito guarda-chuva (*umbrella concept*) (Grever, 2017:73), cultura histórica tornou-se útil na delimitação dos processos de criação, difusão e transformação das relações humanas com o tempo histórico. A noção tem sido utilizada quando queremos nos referir às formas e dinâmicas da recordação coletiva (da memória histórica) e ao seu papel na vida em sociedade. Isso envolve a percepção da permanência e da mudança no tempo, assim como os modos de atribuir sentido e de narrar as experiências tidas como relevantes em determinado momento e lugar.

Sendo impossível acessar o passado enquanto tal, aproximações podem ser feitas por meio de elaborações sintéticas, produzidas por diferentes sujeitos, grupos e instituições, que utilizam meios e enfoques diversos, visando produzir múltiplas narrativas. O resultado não é um sistema rígido de representações sobre o passado, mas um processo dinâmico por meio do qual as experiências vividas são interpretadas, discutidas, negociadas e difundidas. Neste caso, o que está em jogo não é o conhecimento erudito, mas as relações cognitivas e afetivas com o passado, a autocompreensão das comunidades no presente e suas projeções sobre o futuro. A cultura histórica fornece, portanto, uma espécie de substrato para a orientação no tempo, para o fortalecimento de identidades coletivas, para a coesão de grupos e a legitimação de domínios.

Na área de história, um dos principais expoentes dessa reflexão é Jörn Rüsen, que elaborou uma teoria da cultura histórica. Segundo esse autor, existem cinco grandes fases de historicização do tempo e do espaço humano: a experiência, a reflexão sobre a experiência, o pensamento histórico, a consciência histórica e a cultura histórica. Em suas palavras, "a cultura histórica pode ser definida como a articulação prática e operante da consciência histórica na vida em sociedade", ou ainda, a cultura histórica é a memória histórica exercida em e pela consciência histórica, que fornece uma orientação temporal à práxis vital dos sujeitos, necessária à compreensão de si mesmos e do mundo (Rüsen, 2009:4 e 12).

Para o teórico alemão, a cultura histórica possui três dimensões, que se interpenetram mutuamente: a estética, a política e a cognitiva. A dimensão estética da cultura histórica está presente nas produções que guardam relação com a percepção, o gosto, o estilo e a interpretação dos autores, ou seja, nas manifestações da sensibilidade humana, a exemplo da literatura, do teatro, do cinema, da pintura e da arquitetura. Também está presente na historiografia e nas tradições populares. Compreende-se que a força sensível e imaginativa é o que torna o passado vivo (operativo) na recordação, e a dimensão estética é histórica na medida em que trabalha com a experiência do passado e não o é quando mobiliza uma criação esvaziada de experiência.

A dimensão política está relacionada com o pressuposto de que toda forma de domínio, de organização política e institucional da sociedade depende do consentimento dos sujeitos envolvidos na relação. A memória histórica tem um papel importante na construção desse consentimento na medida em que fornece os fundamentos para a legitimação do domínio, o que depende em grande parte de elementos materiais e imateriais associados à experiência histórica compartilhada.

A dimensão cognitiva é responsável pela estruturação do processo histórico de acordo com princípios de pertinência e verdade. Nas sociedades modernas, essa dimensão se realiza por meio da história como disciplina, que opera a regulação metodológica da atividade de perceber, interpretar e orientar. A consciência histórica é submetida ao crivo metódico da ciência, que lhe assegura coerência, plausibilidade e fiabilidade. As regras do método histórico são convenções que ajudam a controlar o subjetivismo, assim como limitar a ilusão de uma objetividade absoluta.

Rüsen considera que essas três dimensões da cultura histórica são constantes antropológicas comuns a todos os agentes humanos. Haveria nelas uma espécie de universalismo formal; contudo, a teoria da cultura histórica por ele proposta parte da observação, sobretudo, das sociedades europeias modernas. Restaria investigar como tais categorias, supostamente universais, podem ser mobilizadas em outros contextos, não ocidentais e não modernos.

Para Rüsen, "a cultura histórica contempla as diferentes estratégias da investigação científico-acadêmica, da criação artística, da luta política pelo poder, da educação escolar e extraescolar, do ócio e de outros procedimentos da memória histórica pública, como construções e expressões de uma única potência mental" (Rüsen, 2009:2). Está relacionada com diferentes lugares de produção cultural, tais como as universidades, as escolas, os museus e as mídias, e integra diferentes funções, como de ensino, de entretenimento, de legitimação e de crítica, em uma unidade global compreendida como a memória histórica de uma coletividade. Trata-se, portanto, de um conceito síntese de fenômenos distintos, cuja função é a produção de sentido para a experiência humana compreendida como situada no tempo e no espaço.

No diálogo com essas proposições, Maria Grever propõe três níveis de análise da cultura histórica, o que é útil à compreensão do conceito. São eles: 1) as narrativas históricas e performances do passado; 2) as infraestruturas mnemônicas; e 3) as concepções de história. O primeiro nível focaliza o ato de contar histórias, descrevendo experiências e (re)criando aquilo que aconteceu, o que equivale a narrar e realizar o passado, no sentido performático. Isso inclui a produção, mediação, apropriação e transmissão de estruturas interpretativas por pessoas que compartilham, no presente, as experiências do passado. Tal processo permite engendrar identidades, compreendidas como constantes reconfigurações narrativas. O segundo nível focaliza aquilo que possibilita contar histórias sobre o passado, que são as infraestruturas mnemônicas, materiais e imateriais, situadas no tempo e no espaço. Por exemplo: museus, arquivos, cerimônias periódicas, calendários nacionais etc., que permitem uma mediação entre passado e presente, entre memória individual e coletiva. Por fim, as concepções de história constituem o objeto do terceiro nível de análise. São elas que constituem os dois primeiros níveis, pois toda cultura histórica pressupõe uma ideia acerca do que a história é, mesmo que de forma implícita. Em resumo, a concepção de história equivale a uma interpretação da relação entre passado, presente e futuro. Tais níveis são mutuamente dependentes e interativos e sua investigação contribui para a compreensão e a construção de um conhecimento histórico dentro e fora da disciplina acadêmica/escolar, ampliando seu papel e funções em um mundo conectado e pluralista.

CURRÍCULO DE HISTÓRIA

Carmem Gabriel

QUALQUER TENTATIVA de definição de *currículo de história* pressupõe a compreensão de movimentos teóricos internos a dois campos de estudos e de pesquisa: o *do currículo* e o *do ensino de história*. Resultante da interlocução e da articulação de elementos que participam da definição de ambos, a expressão *currículo de história* traz as marcas e singularidades de suas potencialidades e tensões respectivas. Antes de ser significado como "campo de investigação", o significante *currículo* foi e continua sendo mobilizado em diferentes contextos discursivos. Etimologicamente, *currículo* vem do latim *curriculum* (corrida) que, por sua vez, tem origem no verbo *currere* (correr), podendo ser significado simultaneamente como o "ato de correr"/"percorrer" e o "percurso" realizado ou a ser realizado nesse ato.

Assim, o significante *currículo* faz referência tanto ao percurso/caminho (substantivo) como ao ato de percorrer (um verbo). Seu significado oscila, pois, entre a ideia de um objeto material e uma experiência pessoal. Essa ambivalência de sentidos tem sido explorada, radicalizada e tensionada pelo campo do currículo ao longo de sua trajetória, inaugurada no início do século XX com a publicação nos Estados Unidos da obra *The curriculum*, de Frankin Bobbitt (1918). Desde então, o campo do currículo tem se consolidado em meio às disputas internas, explicitando suas problematizações, produzindo teorizações, delineando seus objetos de estudos. Nesse movimento em função dos interesses políticos em jogo, das perspectivas teóricas privilegiadas e dos contextos socioculturais e disciplinares nos quais os debates curriculares se inscrevem, esse campo opera com múltiplos entendimentos particulares do termo currículo. Quando substantivado, a noção de currículo-percurso tende a ser associada à relação de matérias/disciplinas com seu corpo de conhecimento organizado numa sequência lógica e temporal que se materializa na ideia de um "plano de estudos" elaborado no âmbito de cada disciplina, curso ou série. O currículo tende a ser definido, assim, como a listagem de conteúdos legitimados como objeto de ensino ou como a programação de um curso ou de matéria a ser examinada. Quando entendido como verbo – o "ato de percorrer" –, esse termo abre possibilidades para a incorporação das experiências, diferenças, desejos, demandas e interesses individuais e coletivos do sujeito – discente e docente – que percorre e age nesse percurso.

Diferentes formas de nomear e de mobilizar *o que é ou deve ser* currículo continuam presentes nos estudos curriculares, ora se hibridizando, ora se antagonizando em função das interpelações sociais e demandas políticas de cada presente. Adjetivos que qualificam as teorizações curriculares como "tradicionais", "tecnicistas", "críticas", "pós-críticas" expressam, assim, diferentes critérios de classificação e combinações entre interesses políticos e apostas teóricas que atravessam os debates curriculares. Essas teorizações e seus diferentes enfoques marcaram e marcam, pois, a trajetória de construção desse campo no Brasil. Se considerarmos o critério político, as diferenciações entre essas perspectivas teóricas se manifestam em termos do distanciamento entre estudos que não reconhecem como foco privilegiado ou dimensão incontornável do campo curricular a articulação entre currículo-relações de poder-política (teorizações tradicionais e/ou tecnicistas) e os que consideram essa articulação estruturante do próprio campo. Trata-se, nessa última perspectiva, tanto das teorizações críticas (nova sociologia da educação/NSE na Inglaterra, Reconceptualização curricular nos EUA que emergem no final dos anos 1960 e início dos anos 1970 nesses países, se consolidando no Brasil a partir da década de 1980) quanto das teorizações "pós-críticas" que se consolidam, no campo curricular brasileiro, a partir da segunda metade dos anos 1990 englobando um conjunto heterogêneo de perspectivas teóricas – pós-estruturalistas, pós-fundacionais, pós-coloniais, decoloniais, desconstrucionistas, entre outras.

A diferenciação, por sua vez, entre as teorias curriculares críticas e "pós-críticas" mobiliza critérios de classificação que dizem respeito à escolha dos sentidos atribuídos a conceitos ou categorias – "conhecimento", "poder", "ideologia", "identidade", "sujeitos", "cultura", "diferença", "linguagem" – considerados chaves de leitura nas análises curriculares – e às articulações estabelecidas entre os mesmos, no âmbito das múltiplas formulações teóricas que atravessam esse campo. "História do currículo", "história das disciplinas", "processos de produção e distribuição do conhecimento escolar", "políticas de currículo", "produção de identidades" ou de "subjetividades", a "questão da diferença no currículo" podem ser vistos como recortes temáticos ou vertentes de pesquisa dentro do campo do currículo, mais ou menos permeáveis a essas diferentes escolhas e interlocuções.

A definição de *currículo de história* está, pois, diretamente relacionada com esses movimentos teórico-políticos curriculares. Seu entendimento depende do significado hegemonizado de currículo com o qual se opera e as apostas políticas que se pretende sustentar e defender. A inscrição do significante *currículo* no campo do ensino de história impõe igualmente um diálogo com as questões específicas dessa área de conhecimento. Entendida como "lugar de fronteira" (Monteiro, 2007; Monteiro e Pena, 2011) entre saberes e fazeres diferenciados, a expressão "ensino de" autoriza, neste caso, a reconhecer simultaneamente um espaço de entrecruzamento entre discursos ou formações discursivas distintas – história e educação – e o potencial subversivo, tanto do ponto de vista político quanto teórico, que pode carregar essa interseção para pensar a história ensinada, em particular nas escolas da educação básica.

Pensar este "entre-lugar" significa se inscrever em um espaço de enunciação no qual se materializam disputas que envolvem definições de "conhecimento histórico", de "escola", de "história ensinada", de "aprendizagem em história", de "licenciatura de história" produzidos nessas diferentes formações discursivas, evidenciando os mecanismos de reprodução e de subversão das relações de poder que se manifestam no processo de produção, classificação e distribuição do conhecimento. Historicamente, nas pesquisas voltadas para o ensino de história, a expressão "didática da história" tem sido mais utilizada pelos pesquisadores do que a de *Currículo de História*, em particular nos estudos cujo foco é a trajetória de construção dessa disciplina escolar ou os processos de ensino-aprendizagem nessa área do conhecimento. Essa afirmação remete à reflexão sobre as trajetórias de construção desses dois campos no Brasil. A predominância do uso da expressão "didática de" no campo do ensino de história traduz, além das respectivas singularidades dessas trajetórias, as tradições disciplinares do campo educacional. A despeito de suas emergências em tempos cronológicos distintos, das diferenças na escolha da interlocução teórica e do enfoque, esses campos incorporam a questão do "conhecimento escolar" como um de seus objetos de investigação privilegiados. Para ambos, "o que ensinar?" constitui uma das interrogações clássicas. A distinção ou diferenciação tende a se afirmar, pois, em termos das respostas a esse tipo de questionamento e de seus desdobramentos. Cada um desses campos não se constitui, no entanto, como bloco monolítico, sem fissuras, sendo marcado por disputas internas que interferem na própria fixação do sentido dos significantes "didática" e "currículo". Dependendo dos sentidos particulares privilegiados para cada um desses termos, o estreitamento do diálogo se apresenta ora como inevitável, ora como impossível.

A ausência ou escassez da segunda expressão não significa, porém, que não existam articulações com a problemática curricular nas pesquisas que abordam o ensino de história. De uma maneira geral, a expressão *currículo de história* tem sido mobilizada nesses estudos como objeto ou foco de investigação sem necessariamente deixar explícita a intencionalidade em estabelecer um diálogo com as problematizações teóricas do campo do currículo. Nessa perspectiva, *currículo de história* tende a significar o conjunto de conteúdos que compõem as "grades curriculares" dessa disciplina nos diferentes níveis de ensino ou que são contemplados pelas reformas curriculares nessa área de conhecimento em contextos sócio-históricos distintos.

Esse tipo de articulação com os estudos curriculares subsidiou e subsidia diferentes pesquisas sobre/em ensino de história. Em alguns casos ela contribui para reatualizar a perspectiva tecnicista e tradicional de currículo. Nessas formulações tendem a ser mobilizadas noções de *currículo* que o tomam como sinônimo de "conteúdos históricos" percebidos, de uma maneira geral, como conteúdos naturalizados, negando, portanto, suas imbricações com as relações assimétricas de poder. De modo semelhante, os conhecimentos históricos legitimados e fixados nos documentos curriculares oficiais não são vistos como objeto de problematização e os textos curriculares usados como dispositivos para essa legitimação são frequentemente "coisificados". Nesse mesmo movimento, o entendimento de currículo mobilizado nos estudos da área de ensino de história é igualmente reduzido ao lugar de aplicação de conhecimentos produzidos em outros lugares ajudando a explicar a permanência, nas pesquisas sobre o ensino de história, de uma visão instrumental nos processos de significação do "ensino de".

A fixação desse sentido particular da interface currículo-conteúdo se inscreve frequentemente em pesquisas que têm como objeto de investigação, por exemplo, o uso de materiais didáticos ou a elaboração e testagem de novas metodologias nos processos de ensino-aprendizagem e cujas conclusões tendem a realimentar a crença em modelos "idealizados", adequados a qualquer realidade escolar, como condição da melhoria da qualidade do ensino na educação básica. Estudos que buscam investigar a implementação das propostas oficiais, assim como a adequação das escolas e dos professores às mesmas, se inscrevem com frequência nessa lógica.

Outro leque de estudos sobre/em ensino de história que opera com o significado de currículo como sinônimo de conteúdos históricos consiste nas pesquisas que privilegiam uma abordagem histórica da disciplina história, podendo, ou não, dialogar com as teorizações curriculares críticas hegemonizadas no campo educacional como indicam a maioria das pesquisas com esse recorte desenvolvidas ao longo da década de 1980 e início dos anos 1990. A tese de doutoramento de Circe Bittencourt de 1993 ou a dissertação de mestrado de Selva Guimaraes da Fonseca de 1991, ambas defendidas no Programa de Pós-Graduação em História Social da USP, são exemplos dessa possibilidade de diálogo entre os campos do currículo e do ensino de história que começa a se desenvolver naquele período.

Embora a ideia de currículo-substantivo como foco ou objeto de pesquisa prevaleça nas apropriações da área de ensino de história, é possível identificar a emergência de outras articulações com o campo do currículo, seja ampliando a noção de percurso para além da listagem de conteúdos, seja reafirmando a ideia de percurso como verbo ou ato de percorrer, seja articulando ambos os significados. Nessas apropriações, a mobilização do termo *currículo* pode apontar tanto o foco de investigação quanto a forma de diálogo com o campo do currículo privilegiada.

Assim, *currículo de história* pode, por exemplo, ser significado e mobilizado nesses estudos como o conjunto de experiências e ações que ocorrem na escola e em particular na sala de aula envolvendo os processos singulares de produção e de distribuição do conhecimento histórico escolar. Nesse caso, as reflexões sobre o ensino de história tendem a dialogar com as teorizações curriculares críticas e/ou pós-críticas deixando entrever que elas, muitas vezes, orientam e delineiam suas preocupações e objetos de estudo no campo do ensino de história. Seja no âmbito acadêmico quanto no escolar, essas reflexões se apoiam em pesquisas com recortes ou temas diversos, que se materializaram em dissertações de mestrado e teses de doutorado, bem como em diversas publicações das últimas três décadas. Entre as temáticas trabalhadas nesses estudos, destacam-se: (i) a história da disciplina história e o papel atribuído aos livros didáticos nessa trajetória; (ii) os processos de produção do conhecimento escolar, percebidos como processos singulares que envolvem múltiplas dimensões – políticas, epistemológicas, pedagógicas, culturais – sem serem avessos ao diálogo com à ciência histórica; (iii) as especificidades da articulação entre saber docente e conhecimento escolar na área de história; (iv) a produção de identidades e da diferença no currículo de história; (v) estudos que focalizam os efeitos das políticas curriculares recentes na reflexão sobre ensino de história.

Entre as pesquisas no campo do ensino de história que dialogam, mais particularmente, com as perspectivas curriculares pós-estruturalistas, outras definições do currículo de história são mobilizadas nos estudos dessa área. Assim, é possível encontrar entendimentos de *currículo de história* que o significam como espaço-tempo de fronteira produtor de identidades ou como espaço de enunciação da diferença, entre outros. Nesses estudos destacam-se o lugar atribuído à disciplina história nos processos de identificação sociocultural bem como seus efeitos performativos na produção da diferença a partir da mobilização das coordenadas espaço e tempo. De uma maneira geral, esse tipo de reflexão opera com a ideia de currículo-percurso--substantivo e currículo-percurso-verbo de forma articulada. A potencialidade heurística da categoria "narrativa histórica" tende a ser valorizada nessas reflexões permitindo simultaneamente se distanciar de perspectivas essencialistas na definição de conhecimento histórico escolar e trabalhar, de forma articulada, com dois eixos de problematização – o das identidades e o das temporalidades – estruturantes do pensamento histórico.

Mais recentemente, as reflexões sobre ensino de história que reconhecem e enfatizam o entendimento do currículo como "ato de percorrer" vêm igualmente ganhando espaço nas reflexões sobre o ensino de história, redimensionando as possibilidades de diálogo com as contribuições teóricas do campo do currículo. Nessa abordagem, outras definições emergem; por exemplo, *currículo de história* como espaço (auto)biográfico (Gabriel 2016), evidenciando o estreitamento do diálogo com as pesquisas biográficas ou com os estudos narrativos e abrindo, assim, caminhos investigativos sobre a complexa relação entre estrutura e agência ou entre processos de objetivação e processos de subjetivação na produção do conhecimento histórico disciplinarizado. Estudos que abordam temas como os efeitos do currículo de licenciatura em história sobre a produção do sujeito-docente dessa área disciplinar, a compreensão dos processos de aprendizagem de história, a partir das narrativas produzidas pelos sujeitos-aprendiz(es) ou ainda da maneira como o indivíduo – entendido como um sujeito social-singular – é trazido nas configurações narrativas produzidas pela historiografia escolar podem ser exemplos dessas articulações mais recentes entre o campo do currículo e o do ensino de história.

É possível, portanto, identificar entre os pesquisadores do ensino de história a mobilização em seus estudos de diferentes sentidos para a expressão *currículo de história*, em função da escolha da interlocução político-teórica em meio às múltiplas possibilidades que atravessam os estudos curriculares. Essa afirmação permite olhar para o espaço-tempo de fronteira chamado *currículo de história* como um sistema incompleto cujos limites estão sob forte pressão em nosso presente. Assim, o verbete *currículo de história* aqui proposto, ao invés de pretender elucidar, explicar um significado unívoco e absoluto dessa expressão, pode ser entendido como uma tentativa de deixar ver o movimento das linhas de estabilidade e de negociação entre as diferentes áreas de conhecimento nas quais se inscrevem os processos de significação que disputam sua definição.

DIDÁTICA DA HISTÓRIA

Oldimar Cardoso

A EXPRESSÃO "didática da história", tradução da palavra alemã *Geschichtsdidaktik*, define o campo criado pelos historiadores da República Federal da Alemanha após a II Guerra Mundial para pesquisar não apenas o ensino de história na escola básica, mas também a circulação social da história de uma maneira mais ampla: a história nas comemorações cívicas, nos monumentos, na televisão, nos videogames, na internet, na literatura, no cinema, no teatro, nos museus, no turismo, nas festas populares, nos memoriais, nos jornais e revistas etc. A expressão "didática da história" já existia na língua alemã antes da década de 1970 sem nomear um campo de pesquisa específico, mas ela possui hoje o significado criado desde então pelos autores reunidos nesse campo.

Didática da história não é uma tradução do que os autores de língua francesa chamam de "ensino de história" (*enseignement de l'histoire*) nem do que os autores de língua inglesa chamam de "educação histórica" (*history education*); ela representa uma perspectiva completamente distinta dessas duas outras tradições. Uma das diferenças significativas entre essas tradições reside no fato de a didática da história reunir num único campo pesquisas sobre fenômenos que essas outras tradições entendem separadamente. Enquanto os autores de língua francesa e inglesa criaram um campo de pesquisa para tratar do ensino de história (*enseignement de l'histoire* e *history education*) e outro para tratar da circulação social da história (*lieu de mémoire* ou lugar de memória e *public history* ou história pública), os autores de língua alemã estudam propositalmente esses dois fenômenos subordinados ao campo da didática da história. Os franceses também usam a expressão didática da história (*didactique de l'histoire*) desde os anos 1990 por influência alemã, mas essa expressão em francês é um mero sinônimo de ensino de história (*enseignement de l'histoire*), que nunca incorporou todas as inovações do campo de pesquisa criado nos anos 1970 pelos autores de língua alemã.

Esse campo tornou-se importante na República Federal da Alemanha por causa dos esforços para combater a herança nazista no pós-guerra e manteve-se significativo ao longo das últimas décadas do século XX no contexto do fortalecimento da União Europeia e da anexação da República Democrática Alemã pela República Federal da Alemanha em 1989. Essas transformações políticas sofridas pela República Federal da Alemanha fortaleceram o prestígio de seus historiadores e justificaram um financiamento significativo para o campo da didática da história desde então, projetando internacionalmente essa tradição.

O campo da didática da história foi criado originalmente na República Federal da Alemanha, mas expandiu-se já na década de 1970 pela reunião com historiadores austríacos e suíços de língua alemã. Em 1980, com a criação da Sociedade Internacional de Didática da História ou Internacional Society for History Didactics (ISHD; <www.ishd.co>), a concepção alemã sobre esse campo de pesquisa começou a ser partilhada com muitos países, sendo bem recebida especialmente a partir da década de 1990 nos antigos países comunistas. A experiência alemã sobre como lidar com um passado nazista e comunista, embasada em grande medida pelas pesquisas do campo da didática da história, serve de modelo desde então a diversos países, especialmente àqueles com histórias traumáticas recentes.

A didática da história é um típico campo de pesquisa concebido por uma mentalidade reformada, sem autoridade moral ou centralizada, diferentemente do que ocorreu com a tradição francesa, que considerava Henri Moniot (1935-2017) o papa da didática da história. A autoria coletiva e descentralizada na didática da história, garantida em grande medida pelo fato de parte das universidades alemãs organizarem-se em cátedras bastante autônomas, consolida-se por meio de várias instituições que reúnem todos os especialistas dessa área. A principal dessas instituições é a Sociedade Alemã de Didática da História, fundada em 1973 e chamada de Konferenz für Geschichtsdidaktik e.V. ou KGD em alemão (<www.historicum.net/kgd>). Walter Fürnrohr (1925-) foi o primeiro presidente tanto dessa Sociedade quanto da Sociedade Internacional de Didática da História (ISHD). A KGD realiza congressos científicos bianuais e publica desde 2002 uma revista científica chamada *Zeitschrift für Geschichtsdidaktik* ou *ZfGD* (Revista de

Didática da História). Além dessa revista, os conhecimentos criados nesse campo de pesquisa estão presentes em duas obras fundamentais, o *Handbuch der Geschichtsdidaktik* (Manual de didática da história) e o *Wörterbuch Geschichtsdidaktik* (Dicionário de didática da história). O manual, organizado por Klaus Bergmann (1938-2002), Anette Kuhn (1934-), Jörn Rüsen (1934-) e Gerhard Schneider (1943-), teve edições diferentes publicadas em 1979, 1985 e 1997. O dicionário, organizado por Ulrich Mayer (1941-), Hans-Jürgen Pandel (1940-), Gerhard Schneider e Bernd Schönemann (1954-), teve edições diferentes publicadas em 2007 e 2014. Na Suíça, os autores desse campo reúnem-se na Sociedade de Didática da História Suíço-Alemã ou Deutschschweizerische Gesellschaft für Geschichtsdidaktik (DGGD; <www.dggd.ch>) e, na Áustria, os autores desse campo reúnem-se na Sociedade Austríaca de Didática da História ou Gesellschaft für Geschichtsdidaktik Österreich (GDÖ; <fachdid.kfunigraz.ac.at/gsfachdid>).

O conceito de "consciência histórica" (*Geschichtsbewußtsein*), conforme desenvolvido pelo filósofo alemão Hans-Georg Gadamer (1900-2002), foi definido no momento da criação desse campo de pesquisa como seu conceito central. No final dos anos 1980, o próprio campo criou o conceito de "cultura histórica" (*Geschichtskultur*) e o estabeleceu como um conceito tão central quanto o de consciência histórica. É importante ressaltar que os conceitos de consciência histórica e cultura histórica criados nesse campo de pesquisa não têm qualquer relação com os conceitos de cultura histórica (*culture historique*, *culture historienne* e *historical culture*) e consciência histórica (*conscience historique* e *historical consciousness*) criados em outras tradições. Ainda que as traduções de *Geschichtsbewußtsein*, *historical consciousness* e *conscience historique* sejam igualmente "consciência histórica" em língua portuguesa, os autores de língua alemã, inglesa e francesa não estão dizendo a mesma coisa quando usam esses três conceitos, pelo contrário, estão tratando de problemas absolutamente distintos e muitas vezes díspares. Por exemplo, a definição da *Geschichtsbewußtsein* como uma característica que diferencia todos os seres humanos dos outros animais não é compartilhada pela maioria dos autores de língua francesa, que definem a *conscience historique* como ensinável, mas não obrigatoriamente inata. Num outro exemplo dessas diferenças significativas, muitos dos autores de língua inglesa definem *historical consciousness* como o sentimento de pertencimento a uma cultura ou nação, enquanto para a *Geschichtsbewußtsein* esse sentimento de pertencimento diz respeito à humanidade como um todo, sem recalques nacionalistas. Apesar dessas diferenças gritantes, é comum que autores da *historical consciousness* citem autores da *Geschichtsbewußtsein* para beneficiar-se de seu prestígio, mesmo que estejam afirmando algo absolutamente distinto.

Uma diferença importante entre a didática da história e as outras tradições que discutem o ensino de história é o fato de esse campo de pesquisa pautar na teoria da história (e não na pedagogia) suas reflexões sobre como ensinar história. Já que a Alemanha é criadora da teoria da história mais sofisticada do mundo, é de se esperar que os historiadores alemães queiram usar sua própria teoria como fundamento. Para a didática da história é muito mais rigoroso centrar a discussão sobre o ensino na teoria da história que em outras teorias apenas supostamente pedagógicas que também não foram desenvolvidas por pedagogos. Só para citar as teorias mais influentes sobre a educação brasileira, o construtivismo foi desenvolvido por um psicólogo, Jean Piaget (1896-1980), e a teoria das competências foi desenvolvida por um sociólogo, Philippe Perrenoud (1944-). Em vez de usar teorias de psicólogos e sociólogos genebrinos sem qualquer familiaridade com o contexto da escola básica, os autores de língua alemã optaram por usar a própria teoria da história para refletir sobre o que e como ensinar, o que faz muito mais sentido.

Outra diferença importante entre a didática da história e as demais tradições que discutem o ensino de história refere-se ao entendimento de que a história ensinada na escola é absolutamente distinta da história criada pelos historiadores, sem uma relação de subordinação que transponha a "ciência de referência" (*science de référence*) para a "disciplina escolar" (*discipline scolaire*), diferentemente do que sustenta o conceito de "transposição didática" (*transposition didactique*) criado pelo matemático francês Yves Chevallard (1946-). Chevallard está correto ao afirmar que existe transposição didática na matemática, que é uma linguagem, mas não faz nenhum sentido forçar a extensão desse conceito para a história, que é uma ciência humana (*Geisteswissenschaft*), como fazem os autores do ensino de história francês. Por estudar não apenas o ensino de história, mas todas as demais formas de circulação social da história, fica muito claro para a didática da história que o que se ensina na escola também sofre influência de todas essas formas e não é apenas uma historiografia lubrificada para ser enfiada goela abaixo dos alunos da escola básica.

A didática da história começou a ser difundida no Brasil somente no início desse século, após o enfraquecimento da influência francesa sobre as universidades brasileiras, resultado da decadência generalizada do império francês, do sucateamento enfrentado pelas universidades francesas desde o governo de Nicolas Sarkozy (2007-2012) e pela Universidade de São Paulo (principal defensora da subordinação brasileira ao colonialismo epistêmico francês) nos sucessivos governos estaduais do Partido da Social Democracia Brasileira (1995-). Esses três fenômenos foram contemporâneos da expansão das universidades federais brasileiras e da ampliação e descentralização do financiamento à pesquisa científica nos governos federais do Partido dos Trabalhadores (2003-2016), o que também permitiu aos historiadores brasileiros pensar perspectivas exclusivamente brasileiras ou latino-americanas para o ensino de história ou buscar outras referências estrangeiras (colonizadoras ou não) para além do ensino de história francês.

A bibliografia alemã relacionada à didática da história chegou às universidades brasileiras por dois principais caminhos. O primeiro deles foi a tradução de diversas obras de Jörn Rüsen por Estevão de Rezende Martins (1947-). Mesmo que a intenção original dessas traduções fosse influenciar principalmente o campo da teoria da história, o fato de Rüsen escrever sobre teoria da história e sobre didática da história (que são dois campos de pesquisa indissociáveis na Alemanha, mas infelizmente ainda distintos no Brasil) fez com que ele passasse a exercer influência sobre ambos os campos no Brasil. O segundo desses caminhos foi a divulgação da obra de Rüsen pelos professores universitários brasileiros ligados à educação histórica. Como Rüsen escreveu extensamente sobre "consciência histórica", conceito central para a educação histórica, tanto os pesquisadores de língua inglesa ligados a essa tradição quanto suas franquias portuguesas e brasileiras contribuíram para a divulgação da obra de Rüsen. O que existe hoje no Brasil então não é uma recepção da didática da história propriamente dita, mas uma recepção da obra de Jörn Rüsen, com ênfase na teoria da história (o que não contradiz com a didática da história), isto é, na educação histórica (o que contradiz radicalmente com a didática da história). A obra de Rüsen é importantíssima para compreender a didática da história, mas esse campo de pesquisa é mais amplo e diverso que ela, com muitos outros autores significativos que divergem teoricamente dele ou que complementam sua teoria ao abordar temas não tratados diretamente por ele.

A didática da história possui hoje a mais vasta e sofisticada produção científica do mundo sobre ensino de história e circulação social da história. Além disso, tem a vantagem de vir de um país que perdeu todas as suas colônias há um século e, por isso, distanciou-se da perspectiva de colonização epistêmica que franceses e ingleses mantêm até hoje, mesmo depois da decadência mais recente de seus impérios. Apesar disso, muito do que a didática da história criou é incompatível com a realidade brasileira, por relacionar-se a concepções de história (enquanto acontecimento, narrativa e ciência – *Geschichte, Geschichtserzählung* e *Geschichtswissenchaft*), de mundo público (*Öffentlichkeit*), de escola e universidade (*Schule, Gymnasium, Realschule, Haupschule, Hochschule, Universität*) completamente diferentes das nossas. Cabe aos historiadores brasileiros que se relacionam com a didática da história o cuidado de não apenas substituir o colonizador francês por outro incidental colonizador europeu, mas tomar as referências alemãs como base para pensar soluções para os problemas desse campo de pesquisa que sejam exclusivamente regionais, brasileiras, latino-americanas, austrais ou verdadeiramente internacionais; e não universais (*universelles*) nem globais (*global*), como queriam os imperialistas.

DIFERENÇA E SEMELHANÇA

Mauro Coelho

DIFERENÇA E SEMELHANÇA. As duas categorias abordam questões que atravessam a trajetória humana com desdobramentos que, à primeira vista, parecem insuspeitos. Elas referem processos de construção de identidades, nos quais o estabelecimento de semelhanças e diferenças é parte essencial. Diferença e semelhança, pois, participam de um sem-número de processos sociais, mas especialmente daqueles relacionados com a conformação das identidades. Por isso, elas são fundamentais à reflexão que envolve a educação e a escola. Em primeiro lugar, a trajetória da escola e da educação pública está intimamente relacionada com o delineamento da identidade nacional – sempre a partir de dada perspectiva. Em segundo lugar, muitos dos conteúdos escolares são perpassados por questões relativas à identidade, não importa se coletiva ou individual. Em terceiro lugar, crianças, adolescentes e adultos inseridos na educação básica vivenciam processos de construção de identidades em relação aos quais a educação ofertada pela escola concorre de modo definitivo. Finalmente, em quarto lugar, ao ensino de história desde há muito se atribui a responsabilidade no trato com as questões da identidade (expressa no nacionalismo e nos nativismos), de modo que as duas categorias acabam por participar dos processos de seleção curricular da disciplina.

Diferença e semelhança são, portanto, categorias que apontam para aspectos recorrentes da conformação de identidade, mas são, também, questões que assumem significação histórica no contexto de crítica e discussão das identidades – nacionais, étnicas, de gênero, de raça, de credo, de classe etc. Isso quer dizer que ambas devem ser percebidas em relação a determinado contexto histórico a partir do qual assumem os sentidos que pautam as discussões no campo da educação e, particularmente, do ensino de história. Isso significa percebê-las tendo em vista as acepções que acumularam e acumulam desde meados do século passado. Por meio delas, podemos sopesar seus significados na escola e nos processos de ensino-aprendizagem do ensino de história.

Reconhecer e construir diferenças e semelhanças é parte dos caminhos da edificação de identidades. Estes são perpassados por processos de diferenciação que informaram o conteúdo dessas categorias e das noções e conceitos que lhes são decorrentes. Bárbaros para os gregos na Antiguidade, gentios e ímpios para os cristãos nos mundos medieval e moderno e selvagens para os europeus na Idade Moderna são noções/conceitos que participaram da afirmação e da constituição de diferenças e semelhanças que separam o Nós dos Outros. Diferença e semelhança são, então, categorias cruciais na construção da alteridade. Não obstante, data de cerca de um século a reflexão da qual resultam conceitos fundamentais para a formulação de um campo de pesquisas acerca da diferença.

O outro, esse protagonista da alteridade, é o objeto de preocupação da diferença e foi a partir do século XIX que um saber sobre ele passa a ser sistematizado. A antropologia e a etnografia concorreram para a conformação de um instrumental na análise dos *diferentes*, evidenciando um vício que permeia, até hoje, a discussão sobre o tema, especialmente no campo educacional e, em particular, no ensino de história. A diferença nesse primeiro momento da antropologia e da etnografia era estabelecida a partir do europeu, de modo que o outro edificado pelas reflexões subsequentes tem sido, geralmente, o não europeu. Não por outra razão que a crítica reconheceu essa postura como "eurocêntrica" – um olhar que percebe o mundo a partir da Europa, seus valores, seus padrões, sua cultura e sua "herança".

Foi, no entanto, a partir da II Guerra, em meados do século XX, que a diferença assume conotação política e ocupa um lugar destacado nas discussões sobre alteridade e direitos no mundo todo. Os sentidos que ela assume a partir de então, ainda que mantenham relação com as discussões anteriores, são novos e resultantes dos processos vividos no mundo desde as décadas de 1930 e 1940. Todavia, não é possível falar de um evento fundador ou de um processo único que tenha favorecido a emergência de uma nova postura em relação à alteridade e à diferença. Em cada parte do globo o processo obedeceu ao compasso do espaço/tempo no qual as discussões ocorriam. No entanto, alguns conceitos e referências constituem o contexto de fundo no qual se forjou um novo paradigma no trato com a diferença. Três categorias são fundamentais nesse processo: representação, sujeito e identidade.

A categoria representação tem sido objeto de uma larga discussão, desde meados do século XX. Menos que uma estratégia para tornar presente um objeto ausente, as discussões que a conceituam (desde perspectivas diversas) assumem-na como uma forma de apreender o mundo, segundo dado ponto de vista. As representações são percebidas como construções sociais interessadas. Elas expressam, nesse sentido, as disputas sociais e políticas que conformam os grupos que as forjam. Elas são percebidas tanto como expressões das assimetrias sociais quanto como tentativas de impor hierarquias. As representações sociais, assim apreendidas, não são entendidas unicamente como expressão de classe, mas como elaborações que ultrapassam as fronteiras de grupos de renda, gênero, opinião, ideologia etc.

A categoria sujeito é também foco de uma discussão ampla e complexa. Ela tem origem na crítica aos conceitos que buscavam perceber os agentes sociais em uma única dimensão – econômica ou política. A reflexão sobre os novos desenhos sociais surgidos desde os anos 1960, especialmente no Ocidente, contribuiu para a atribuição de novos conteúdos à categoria e à formulação de conceitos que buscassem percebê-la em sua complexidade. Ou seja, buscou-se encaminhar uma conceituação do sujeito que ultrapasse uma visão unidimensional, em favor de outras que possibilitassem a percepção que não se resume à sua condição de classe, de gênero ou ao seu ideário político. O sujeito, a partir de tais perspectivas, deixa de ser pensado como algo que é – estático, irredutível, monocromático – em favor de outra compreensão que o percebe em sua pluralidade, diante dos contextos nos quais está inserido.

A categoria identidade, ela também, foi objeto de reflexões que infligiram reformulações na forma pela qual passou a ser apreendida. Antes pensada em termos absolutos, especialmente ligada às discussões sobre nacionalidade e nativismo, assumida como um signo herdado ou adquirido em relação a determinadas instâncias da vida social, ela passa a ser concebida como um processo do qual resultam identificações diversas e sobrepostas. Resulta desse pressuposto a concepção da identidade como uma construção relacionada com as disputas de poder na qual estão inseridos os sujeitos sociais.

Estas três categorias/conceitos engendraram um debate acalorado e produtivo acerca da diferença, que se espraiou por diversos campos do conhecimento e por muitas discussões a respeito das questões e problemas que pautam a agenda da sociedade contemporânea. Elas contribuíram, também, para a conformação de uma noção acerca da diferença que alcança diversas instâncias da vida social. Em primeiro lugar, a diferença passa a ser vista como instância constitutiva da identidade – coletiva e individual – de modo a não ser possível falar de um absoluto. Categorias que antes buscavam dar conta do todo, assumido como uniforme, passam a considerar o todo como diversificado, múltiplo, plural. É o caso da noção de nacionalidade. O nacional passa, cada vez mais, a ser percebido como um conjunto de atributos que se superpõem. A nacionalidade não é vista, assim, como o resultado de uma soma, mas como a coexistência de diferentes. Decorre daí o abandono de um parâmetro a partir do qual as diferenças são percebidas (o que significa uma crítica direta à perspectiva eurocêntrica).

As transformações ocorridas nas sociedades, desde a II Guerra, foram determinantes para a emergência dessa nova forma de se perceber a diferença e, por conseguinte, a semelhança. Destacamos aqui o feminismo, a revolução sexual, as lutas por direitos e as transformações culturais ocorridas a partir dos anos 1960. Elas contribuíram para a discussão sobre as categorias em questão de duas formas. De um lado, elas despertaram a curiosidade para novas dimensões da vida social que antes não eram estudadas – os estudos de gênero, os estudos sobre os homens comuns (a chamada *história vista de baixo*), os estudos sobre culturas (recusando um olhar hierárquico), os estudos sobre protagonismo (especialmente voltados para grupos tidos como subalternos), entre um sem-número de possibilidades. De outro lado, aquelas transformações demandaram um conjunto novo de aportes que facultassem a construção de conhecimentos sobre a diversidade de agentes e de posicionamentos experimentados na vida contemporânea. Isto não quer dizer que outros aportes não venham sendo utilizados, mas de apontar a emergência de aparatos conceituais comprometidos com as novas questões e problemas levantados por uma nova postura diante da diferença/semelhança, como são o multiculturalismo e as teorias do sujeito. Em comum, tais aportes buscam compreender e valorizar as peculiaridades dos processos sociais que analisam, recusando o estabelecimento de assimetrias. Eles negam a existência de um único fator normatizador, a partir do qual se possa estabelecer uma gradação baseada na proximidade ou no afastamento da norma.

Esses, no entanto, não são os únicos aportes a que se tem recorrido. Desde meados do século passado, assiste-se à consolidação de perspectivas que, mesmo sem afiliarem-se aos conceitos supracitados, buscam compreender os processos sociais percebendo as diferenças/semelhanças como construções sociais e, portanto, infensas ao reconhecimento de um padrão a partir do qual as ações sociais possam ser analisadas e/ou hierarquizadas. Essa perspectiva tem suscitado um conjunto imenso de pesquisas nas diversas áreas das humanidades.

No campo do ensino de história, tais perspectivas têm se mostrado promissoras. A mais evidente delas é a incorporação das temáticas da cultura afro-brasileira da história da África e da história indígena no currículo da educação básica. Menos que um acréscimo de conteúdo, as temáticas propiciam o redimensionamento da memória histórica. Elas fazem parte de um conjunto amplo de questões que alcançaram a reflexão acadêmica a partir da provocação feita pelos movimentos sociais, demandando uma inflexão na forma como a memória nacional era percebida. Os movimentos negros e indígenas não requereram, apenas, a inclusão de conteúdos, mas a conformação de uma outra perspectiva na compreensão de nossa trajetória como país e como nação. Eles demandam um novo paradigma que considere e valorize a atuação de todos os agentes que concorreram para a nossa formação, evitando silenciamentos e invisibilidades – a nacionalidade é percebida, assim, não como uma instância na qual as diferenças desapareçam, mas como a expressão mesma da diversidade.

Decorrem daí a crítica e a discussão acerca do currículo de história na educação básica. Elas estão presentes tanto nas análises acerca do modo pelo qual africanos, indígenas e negros são percebidos pelos livros didáticos de história quanto nas discussões acerca do currículo de história e do lugar que nele devem ter as temáticas relativas aos indígenas e negros. Ela está presente, ainda, nos debates e discussões acerca das abordagens relativas a temas sensíveis como discriminação, escravidão, preconceito e violência. Também está intimamente relacionada com os modos pelos quais a escola e a história ensinada abordam as questões identitárias, especialmente às relativas a gênero, religiosidade e, sobretudo, raça/cor/etnia.

Os estudos que se ocupam de tais questões têm se avolumado. Desde há alguns anos, eles participam da conformação das discussões acerca da história ensinada, independentemente da perspectiva de que falamos – se aprendizagem histórica ou ensino de história. O aumento dos estudos acerca da história ensinada e de como ela participa dos processos de formação e, sobretudo, de sua importância para a oferta de uma educação que enraíze e fortaleça uma experiência cidadã e democrática são significativos nesse sentido: as pesquisas têm consolidado o entendimento de que a história ensinada faculta a educação para a diferença, promovendo a compreensão de que a experiência social é demarcada pela diversidade, pela pluralidade e pelo conflito; elas também assumem que os princípios da ciência histórica são propícios para a oferta de uma educação que não pretende promover a tolerância para com o diferente, afinal, a diferença é constitutiva da experiência social e deve ser reconhecida, valorizada e respeitada.

Diferença/semelhança. Duas categorias que perpassam a história ensinada desde a sua conformação em meados do século XIX. No Brasil, essa relação tornou-se tão forte que permanece latente no início do século XXI. Ao longo desse período, a história ensinada se viu imbuída do compromisso com uma memória da nação e com o estabelecimento de uma narrativa forjada pelas elites da corte imperial, reunida no Instituto Histórico e Geográfico Brasileiro. As discussões emergidas a partir da década de 1980 em diante, quando do surgimento de um campo voltado para a reflexão sobre a história ensinada, apontam para esse vínculo – as discussões sobre o currículo de história na educação básica, sobre o saber operado pela disciplina naquele nível de ensino, sobre os recursos didáticos à disposição dos sistemas educacionais (especialmente o livro didático) e sobre um sem-número de outras questões gravitam em torno desse duplo diferença/semelhança.

Ao final e ao cabo, não se trata apenas de definir que história (deve ser) ensinada, mas de se discutir, debater e refletir sobre como a história que se ensina institui padrões a partir dos quais as hierarquias sociais podem ser reiteradas ou subvertidas. As categorias diferença e semelhança são, nesse sentido, fundamentais e demandam nosso investimento e atenção. Elas demarcam o cotidiano da educação básica, pois estão presentes não apenas no currículo prescrito, mas nas atitudes, encaminhamentos e valorações que os agentes escolares praticam cotidianamente.

DIRETRIZES CURRICULARES

Marcus Dezemone

SÃO NORMAS LEGAIS OBRIGATÓRIAS, abrangentes, que orientam os planejamentos curriculares e auxiliam na organização das propostas pedagógicas na educação brasileira. As diretrizes são aplicadas a todos os sistemas de ensino, sejam municipais, estaduais, distrital e federal, tanto na rede pública quanto na rede privada.

Formuladas a partir da segunda metade da década de 1990, quando ficaram conhecidas como Diretrizes Curriculares Nacionais (DCNs), visavam atender as etapas da educação básica com documentos específicos para os ensinos infantil, fundamental e médio (1998), enquanto na educação superior foi contemplada a formação de professores para a escola básica com os cursos de licenciatura (2002). Ao longo das décadas de 2000 e 2010, as diretrizes originais foram revisadas ou substituídas, além de ampliadas às modalidades de ensino, originando novas Diretrizes Curriculares Nacionais Gerais da Educação Básica.

A importância das diretrizes para o ensino de história vai desde a orientação oficial para a construção dos currículos – na educação básica e na superior –, passando pela formação docente, até os impactos crescentes nos saberes e práticas construídos pelos professores de história em sala de aula no país nas últimas décadas.

A previsão legal para a criação das Diretrizes Curriculares se encontra na Lei de Diretrizes e Bases da Educação (LDB) em vigor desde 1996 (art. 9º, inciso IV). O processo de formulação das DCNs foi de competência da União, por meio do governo federal, com a participação de entidades estaduais e municipais. Em ambos os mandatos presidenciais de Fernando Henrique Cardoso (1995-2002), os governos liderados pelo Partido da Social Democracia Brasileira (PSDB) atribuíram ao Ministério da Educação (MEC) e ao Conselho Nacional de Educação (CNE), instituído em 1995, o papel de principais órgãos responsáveis pela elaboração das DCNs. Entre 1998 e 1999, o CNE emitiu pareceres e resoluções em sua Câmara de Educação Básica (CEB) sobre as diretrizes para a educação infantil, o ensino fundamental de oito anos, o ensino médio, a educação profissional de nível técnico e a formação de docentes, à época, em nível médio, na modalidade normal. Por sua vez, nos anos 2000, a Câmara de Ensino Superior (CES) atuou na elaboração de resoluções acerca das diretrizes dos cursos de graduação. Para compor o CNE e suas câmaras (CEB e CES), o governo federal convidou especialistas, representantes dos sistemas de educação, dos órgãos de ensino e da sociedade civil, diretamente nomeados pelo ministro da Educação. De acordo com o CNE, as diretrizes contemplariam elementos de fundamentação em cada área do conhecimento ou atuação profissional, visando promover nos alunos o desenvolvimento intelectual e profissional, autônomo e permanente.

As DCNs da Educação Básica, produzidas em fins da década de 1990, tinham como principal propósito declarado assegurar equidade de aprendizagem, ao garantir que elementos básicos integrassem os currículos e com isso fossem ensinados a todos os alunos, independentemente do sistema ou rede nos quais estivessem matriculados. As diretrizes da educação infantil (1998) apresentavam princípios éticos, políticos e estéticos que deveriam orientar o ensino na etapa, sem previsão disciplinar. No ensino fundamental (1998), além da exposição dos princípios norteadores análogos aos da educação infantil, a história aparecia como "área de conhecimento" obrigatória. As Diretrizes Curriculares Nacionais do Ensino Médio (DCNEM) possuíam uma característica comum: foram organizadas a partir de competências que deveriam ser desenvolvidas pelos alunos ao longo do processo de escolarização. Assim, mais importante do que conteúdos factuais ou conceituais relativos a uma área de conhecimento ou disciplina, as DCNEM priorizaram a construção de procedimentos e atitudes. Nelas, se indicava mais fortemente a interdisciplinaridade, pensando a articulação e o diálogo da história no âmbito das ciências humanas, ao lado da geografia, da sociologia e da filosofia. Por fim, no ensino superior, foi estabelecida a separação entre licenciaturas e bacharelados relacionados com a docência na escola básica, estimulando um núcleo comum compartilhado, com ênfase na interdisciplinaridade.

A ausência de referências detalhadas a conteúdos tradicionais foi uma característica comum às diretrizes da educação básica produzidas no período. Outra característica marcante foi a preocupação com a adoção da contextualização, isto é, relacionar o ensino com a realidade local, social e individual da escola e de seus alunos. Nos ensinos Fundamental e Médio, determinadas temáticas foram eleitas para serem trabalhadas em diferentes componentes curriculares. Assim, as diretrizes apregoavam a transversalidade, ou seja, indicavam a superação da disciplinarização. Na lógica associada à pedagogia de projetos, a mobilização de temáticas e/ou conteúdos como ética, saúde, sexualidade e meio ambiente perpassaria diferentes disciplinas.

No mesmo período, essas características também foram adotadas em outras políticas públicas como os Parâmetros Curriculares Nacionais (PCNs), elaborados a partir de 1997, confundidos, de forma recorrente, com as DCNs. Enquanto as últimas têm força de lei, apesar do tom considerado prescritivo por muitos autores, os PCNs são referenciais curriculares organizados por áreas de conhecimento e/ou disciplinas que orientaram e auxiliaram escolas e sistemas na formulação e revisão dos seus currículos, sem se constituírem como imposições legais. Além dos PCNs, tais características foram adotadas nas avaliações de larga escala, externas às escolas, para a educação básica, como o Sistema de Avaliação da Educação Básica (Saeb), criado em 1990, mas ampliado significativamente a partir de 1995, e o Exame Nacional do Ensino Médio (Enem). Da primeira edição, em 1998, até 2009, o Enem tomava temáticas e conteúdos históricos factuais e conceituais apenas como meio para aferir competências e habilidades relacionadas com a leitura e a interpretação de textos.

Diversos analistas salientam que esse conjunto de políticas se encontrava em consonância com as propostas produzidas sob patrocínio da Organização das Nações Unidas para Educação, Ciência e Cultura (Unesco), da qual emergiu a concepção dos quatro pilares da educação formulados por Jacques Delors: aprender a conhecer, aprender a fazer, aprender a conviver, aprender a ser. Encampadas por organismos multilaterais como a Organização para a Cooperação e Desenvolvimento Econômico (OCDE), o Banco Interamericano de Desenvolvimento (BID) e o Banco Mundial, essas concepções embasaram estudos, projetos e políticas em diversos países, além de estimularem a criação de sistemas de avaliação externa.

As diretrizes foram acusadas por seus críticos de possuírem um caráter privatista e pró-mercado, alinhadas a interesses externos e corporativos, tendo em vista noções como flexibilidade e adaptação para o mundo do trabalho, em detrimento da cidadania, que apesar de muito mencionada, não seria adequadamente desenvolvida. Além disso, ainda segundo seus críticos, as diretrizes estariam repletas de contradições que insistiriam na redução do papel relegado ao Estado na educação nacional, quando esse papel deveria ser ampliado. Por tudo isso, diversos analistas associaram as diretrizes às reformas econômicas propostas à época, (des)qualificando-as como parte de um conjunto mais amplo de "reformas neoliberais". Os defensores das diretrizes prontamente rebateram tais questionamentos como mudanças necessárias em função das transformações econômicas e sociais em curso com o processo de globalização, o advento de novas tecnologias e as mudanças nas formas de produção do conhecimento. Quando esses embates tiveram espaço na mídia, na maior parte das vezes, os grandes veículos de comunicação se posicionaram de modo a respaldar as propostas governamentais.

Nas duas primeiras décadas do século XXI, nos governos liderados pelo Partido dos Trabalhadores (PT), de 2003 a 2016, sobretudo, nos mandatos presidenciais de Luiz Inácio Lula da Silva (2003-2010), as diretrizes curriculares foram mantidas e significativamente ampliadas. Dessa maneira, ocorreu a continuidade de tais políticas educacionais. Em paralelo, alterações promovidas na LDB e na Constituição Federal alargaram, em parte, o acesso à educação e as responsabilidades do Estado, como nas diretrizes para o ensino fundamental de nove anos, que substituíram as anteriores, cuja previsão era de oito anos.

O propósito declarado da busca pela equidade de aprendizagem, da maneira que foi desenvolvido nas diretrizes de fins da década de 1990, suscitou críticas quanto aos riscos de uma excessiva uniformização curricular num país tão diverso e desigual como o Brasil. Esse aspecto obteve destaque no processo de revisão das diretrizes nos anos 2000, o que resultou na preocupação marcante com a diversidade e a inclusão. Com isso, as DCNs passaram a contemplar diversas modalidades de ensino, como a educação básica nas escolas no campo; a educação especial; a de jovens e adultos; a de pessoas em situação prisional; a educação escolar indígena; a de quilombolas; a das relações étnico-raciais e para o ensino de história e cultura afro-brasileira e africana; a de direitos humanos; e a educação ambiental, todas de especial interesse e com expressivos efeitos para o ensino de história.

A revisão e substituição das diretrizes originais, a ampliação às modalidades de ensino e a preocupação com o respeito à diversidade e a inclusão resultaram das críticas formuladas por educadores às diretrizes originais, das mobilizações de movimentos sociais organizados, bem como da maior receptividade do governo a essas demandas. Entre idas e vindas, medidas organizacionais instituídas nos anos 1990 permaneceram, como a dissociação entre a formação geral no nível médio e a educação técnica e profissionalizante. O mais importante, contudo, foi a manutenção das principais características e de certas concepções das diretrizes originais nos novos documentos: os princípios norteadores, a mobilização de competências, a contextualização, a interdisciplinaridade e a transversalidade no estímulo à pedagogia de projetos. Tais continuidades sugerem guardar relação com o papel do CNE e de seus membros na elaboração e formulação das diretrizes. Não raro em seus pareceres no século XXI, os conselheiros recorrem a entendimentos e orientações anteriores, datados dos anos 1990.

É curioso que, apesar das permanências e das características comuns, as Diretrizes Curriculares parecem ter sido alvo de menos críticas nos governos do PT do que nos governos anteriores liderados pelo PSDB. Seriam necessários mais estudos para compreender as razões, destacando-se, preliminarmente, que a identificação entre a política econômica e a política educacional nos anos 1990 contribuiu para aglutinar parte da comunidade acadêmica nos questionamentos formulados, sobretudo, no plano teórico. Em que pese ao fato de que em ambos os governos houve forte investimento na produção de materiais voltados às escolas, no último decênio, os programas e as iniciativas de formação continuada contaram com maior engajamento de integrantes da comunidade acadêmica, o que teria ajudado a reduzir resistências e minimizar questionamentos.

Além das críticas provenientes do meio acadêmico, a implementação das diretrizes curriculares no país enfrentou outro obstáculo: a distância entre os documentos legais e as práticas em sala de aula, tema relativamente pouco investigado nas pesquisas em educação e ensino de história, que privilegiaram a crítica aos textos oficiais e a identificação do que seriam suas contradições. Tal distância, no ensino de história, tem relação, de um lado, com a permanência de práticas disciplinares e valorizadoras de conteúdos factuais. De outro lado, há um afastamento dos formuladores de tais políticas dos saberes efetivamente desenvolvidos nas escolas. Além disso, houve demora e resistência de muitos cursos de graduação na adaptação dos seus currículos às diretrizes, pouco alterando a formação docente.

Uma aceleração na difusão das concepções presentes nas diretrizes para a educação básica, com impactos mais efetivos nas escolas, ocorreu com a adoção de certas políticas. É o caso do Plano Nacional do Livro Didático (PNLD) que ao avaliar os textos didáticos poderia excluir do programa de compras públicas livros que não atendessem ou violassem aspectos das diretrizes. Também causaram impacto as mudanças no Enem, após 2009, que se tornou o principal mecanismo de acesso ao ensino superior, tanto público, na rede federal e em algumas instituições estaduais, quanto privado. O exame orientado a partir de competências e habilidades foi mantido, mas diferentemente da versão anterior, houve a inclusão das ciências humanas, com destaque para a história. A impressionante ampliação de 4.018.050 de inscritos em 2008 para 8.721.946 em 2014, bem como a divulgação de *rankings* de desempenho das escolas pela imprensa, forçou, em certo sentido, uma aceleração na adaptação de parte das instituições e redes no país ao encontro de elementos centrais das DCNEM, como o respeito à diversidade, a interdisciplinaridade e a contextualização. Isso induziu, na prática, ações que vão desde a construção dos currículos até a preparação das aulas.

Uma das principais críticas formuladas às diretrizes nos anos 1990 foi o risco de redução ou até mesmo de supressão da autonomia docente, questionamento que reapareceria no debate envolvendo a Base Nacional Curricular Comum (BNCC), intensificado a partir de 2015. Nesse sentido, os propósitos das DCNs não se confundem com os da BNCC. Embora ambas sejam previstas pela LDB, as primeiras indicam princípios gerais norteadores e competências que devem orientar aprendizagens consideradas essenciais nos sistemas de ensino, atribuindo à BNCC objetivos de aprendizagem que serão perseguidos, estabelecendo-se, na parte diversificada, escolhas e definições pelas escolas. Assim, as diretrizes demonstraram grande flexibilidade e consideraram os diversos contextos nos quais os alunos estão inseridos em um país com especificidades regionais e dimensões continentais como o Brasil. Cabe às escolas e aos sistemas escolherem, de acordo com suas propostas político-pedagógicas e características locais, quais conteúdos serão trabalhados de modo a atender as DCNs.

A produção das diretrizes curriculares se relaciona não apenas com um esforço legislativo, mas com a disputa pela construção de uma narrativa sobre a educação, seu papel e lugar em diferentes projetos para o país. Essa disputa conduziu à elevada produção de materiais e iniciativas voltados às instituições de ensino e aos professores, com críticas, resistências e participação de parte da comunidade acadêmica. Contudo, a produção normativa não determina impacto direto e imediato nos saberes e práticas docentes, que apropriam e reelaboram as normas no cotidiano escolar em ritmos próprios e em níveis variados. Isso significa que quaisquer diretrizes curriculares só terão concretude por meio de ações educativas que envolvam os alunos.

EDUCAÇÃO PATRIMONIAL

Almir Oliveira

O GUIA BÁSICO de Educação Patrimonial publicado pelo Instituto de Patrimônio Histórico e Artístico Nacional (Iphan) informa-nos que, por meio da prática de atividades de Educação Patrimonial, o patrimônio cultural pode e deve ser utilizado por todos que compõem nossa sociedade, sejam na condição de crianças, jovens ou adultos, como fonte para o conhecimento, tanto individual quanto coletivo, sobre o nosso passado, sobre nossas tradições, capacitando-nos para que possamos ser capazes de usufruir e valorizar nossa herança cultural, bem como mediante processos de criação cultural, quando necessário, estejamos capacitados a atos de ressignificação, incorporando-a a nossa vida cotidiana, ao nosso dia a dia.

A origem da metodologia é datada nos trabalhos desenvolvidos na Inglaterra a partir da chamada *heritage education* e suas primeiras aplicações no Brasil a partir do 1º Seminário de Educação Patrimonial realizado no Museu Imperial, em Petrópolis, no ano de 1983.

As etapas de desenvolvimento dessa ação educativa foram consolidadas como: a) Observação: nessa primeira etapa da metodologia, poderão ser realizados exercícios de percepção visual/sensorial, por meio de perguntas, manipulações, experimentação, medição, anotações, comparação, dedução, jogos de detetive, com o objetivo de identificação do objeto, a função e o significado deste, facilitando o desenvolvimento da percepção visual e simbólica; b) Registros: nessa segunda etapa, poderão ser feitos desenhos, descrição verbal ou escrita, construção de gráficos, podem-se tirar fotografias, haver confecção de maquetes, de mapas e de plantas baixas, com o objetivo de fixação do conhecimento percebido, aprofundamento da observação e análise crítica e desenvolvimento da memória, pensamento lógico, intuitivo e operacional; c) Exploração: nessa terceira etapa, os alunos, em conjunto com o professor, poderão fazer análise do problema, levantamento de hipóteses, discussão, questionamento, avaliação, pesquisa em outras fontes como bibliotecas, arquivos, cartórios, instituições, jornais, entrevistas, com o objetivo de desenvolvimento das capacidades de análise e julgamento crítico, interpretação das evidências e significados; d) Apropriação: por fim, nessa última etapa poderão ser feitas recriação, releitura, dramatização, interpretação em diferentes meios de expressão como pintura, escultura, drama, dança, música, poesia, texto, filme e vídeo, com o objetivo de envolvimento afetivo, internalização, desenvolvimento da capacidade de expressão, apropriação, participação criativa, valorização do bem cultural.

As autoras descrevem uma série de atividades e exemplos de como pôr em prática essa metodologia, incluindo aí a possibilidade de multiplicação da aplicabilidade da técnica por meio das chamadas Oficinas de Educação Patrimonial a serem ministradas com professores das redes de ensino e interessados na temática.

Nos mais de 30 anos que nos separam destas definições muita coisa mudou. Por exemplo, no ano de 2000 foi promulgado o Decreto-Lei nº 3.551 cujo objetivo era o de instituir o Registro de Bens Culturais de Natureza Imaterial que constituem patrimônio cultural brasileiro, criar o Programa Nacional do Patrimônio Imaterial, além de dar outras providências relacionadas com essa temática garantindo assim a oficialização do chamado patrimônio imaterial brasileiro.

Além dessa importante mudança, verificou-se ainda uma ampliação bastante significativa das ações educativas que tinham a educação patrimonial como metodologia norteadora da relação ensino-aprendizagem por meio do patrimônio cultural. Essa metodologia, para além do uso nos setores educativos dos museus, passou a ser usada em outros locais, incluindo-se aí as salas de aula nos diversos níveis de ensino. Passou a ser comum sua aplicação com o intuito de reconhecimento do patrimônio, como também da possibilidade de ela poder vir a florescer e fortalecer um sentimento de pertencimento e de identidade nos membros participantes das comunidades, principalmente nos locais onde sejam realizadas essas atividades, condições alimentadas a partir das discussões em relação ao patrimônio (material ou imaterial), em relação à memória (individual ou coletiva) e em relação ao próprio ensino de história.

Nessa perspectiva podemos incluir o próprio ensino superior, demonstrando sua força e praticidade quando o assunto era o uso do patrimônio como objeto intermediador na relação ensino-aprendizagem. Decorrente disso, o que se pode notar foi uma ampliação de trabalhos acadêmicos e das publicações, livros, artigos em revistas, anais de eventos em diversas áreas (incluindo aí a história), monografias de finais de curso e especializações, dissertações de mestrado e teses de doutorado tratando do assunto.

As mudanças ocorridas, a consolidação da metodologia, verificada através do seu crescente uso e a ampliação da produção sobre a temática, ao longo desses anos, nos colocam ante uma questão importante: pode-se pensar em um potencial caráter educativo para o patrimônio cultural?

A nosso ver, sim, principalmente pelo fato de esse caráter ter sua inteligibilidade e sua materialização no papel de documento histórico, documento como marcas deixadas pelo passado no nosso presente, que o patrimônio pode assumir, papel esse que pode ser explorado nas atividades, nas ações educativas realizadas por meio da prática da educação patrimonial, quando esse é usado para demonstrar as relações de permanências e mudanças ou de semelhanças e diferenças entre sociedades localizadas em tempos diversos/diferentes, bem como em múltiplos espaços, quanto à forma de pensar, de agir, de produção de um saber, de construir, de habitar, de alimentar, de vestir etc.

Relações desveladas e desmistificadas que podem possibilitar novas formas de enxergar as antigas construções, as produções e as manifestações culturais singulares, retirando-lhes qualquer véu mistificador. Produções culturais que surgem das atividades cotidianas desses grupos e que não ficam nada a dever a supostas produções culturais mais "elaboradas", ajudando a preservar a memória social e o direito a ela.

Esse aspecto pode ser um dos garantidores da construção de uma cidadania plena, que não se restrinja simplesmente à posse de documentos ou ao ato singular de participar de eleições. Mas que faça com que esses grupos possam, com as próprias mãos, guiar seus destinos como cidadãos comprometidos com seu passado. Nessa perspectiva é que podemos falar da utilização do patrimônio cultural, intermediado pela metodologia da educação patrimonial na sala de aula de história, geografia, matemática, português, pois, para além desse seu potencial educativo, outra característica da metodologia é sua utilização de forma interdisciplinar, de forma compartilhada de saberes a serem usufruídos, proporcionando uma educação dos sentidos, do olhar, do sentir, do ouvir, permitindo assim uma sensibilização patrimonial que garanta sentidos de preservação e de pertencimento desse patrimônio em relação à comunidade da qual ele faz parte.

Para além da bibliografia sugerida ao final do dicionário, é possível encontrar material sobre a temática, tanto conceitual como de orientação prática na página do Iphan no seguinte endereço eletrônico: <http://portal.iphan.gov.br/pagina/detalhes/343>. Gostaríamos de apresentar também alguns exemplos que podem ser consultados de projetos que têm a educação patrimonial e/ou o uso do patrimônio cultural, em sala de aula, como referência: 1: – Educação patrimonial por meio das oficinas de Arte, desenvolvido por Maria Cristina Pastore – bolsista Pibid da Universidade Federal de Rio Grande em um subprojeto de artes visuais; 2 – Educação patrimonial e memória: projeto de integração regional da Quarta Colônia, desenvolvido por Elaine Binotto Fagan que é licenciada em filosofia e história pela Universidade Federal de Santa Maria (UFSM)/RS, vem desenvolvendo pesquisa de mestrado no Programa de Pós-Graduação em Patrimônio Cultural, Mestrado Profissional, pela mesma Universidade e é professora da Escola Estadual de Educação Básica João XXIII de São João do Polêsine (RS); 3 – Conhecer para pertencer: o patrimônio cultural como caminho para uma maior percepção da história para 2ª série do primeiro ciclo, desenvolvido como projeto de pesquisa pelos alunos do 4º ano do curso de história da FHDSS/Unesp/Franca, Cleber Sberni Jr. e Flávio Henrique Simão Saraiva, com orientação da professora doutora Vânia de Fátima Martino do Departamento de Educação, Ciências Sociais e Política Internacional da FHDSS/Unesp/Franca; 4 – Educação patrimonial e a interdisciplinaridade em sala de aula: um estudo de caso, desenvolvido pelo professor André Luis Ramos Soares do Departamento de Metodologia de Ensino do Centro de Educação da UFSM e pelo professor Sergio Célio Klamt do Departamento de Matemática da Universidade de Santa Cruz do Sul (Unisc); 5 – Educação patrimonial nas escolas: aprendendo a resgatar o patrimônio cultural, desenvolvido por Allana Pessanha de Moraes, aluna do curso de ciência da educação da Universidade Estadual do Norte Fluminense Darcy Ribeiro, como projeto de pesquisa, além de uma série de outros trabalhos desenvolvidos pelo país.

ESTEREÓTIPO

Carla Meinerz

A PALAVRA *estereótipo*, no contexto da língua formal, majoritária e oficial no Brasil, tem estreita relação com os termos do grego *stereós* – sólido, e *týpos* – molde. Segundo Spitzer (1936:32, 50, 53 e 60) e Azevedo (2013:126), *estereótipo* insere-se dentro do seguinte quadro complexivo: 1) *Estéreo, substantivo*: palavras que exprimem relações abstratas de quantidade absoluta. Relaciona-se com: medida, extensão, largura, tamanho, amplidão, representação, referência, simbolização, tipo, modelo; 2) *Estereótipo, adjetivo*: palavras que exprimem *relações abstratas de tempo*. Relaciona-se com: perpetuidade, sempre, contínuo, incessante, em todo o tempo, imarcescível. Palavras que exprimem *relações abstratas de mudança*. Relaciona-se com: constância, inalterabilidade, imutável, invariável, constante, estável, permanente, fixo, inalterável, estagnado, característico, representativo, emblemático, designativo; 3) *Estereotipar, verbo*. Palavras que exprimem *relações abstratas de ordem*. Relaciona-se com: repetir-se, regular, conformar-se, servir de exemplo, tipificar, denotar, conotar, significar, mostrar, representar, simbolizar, expressar.

Quanto à significação, *estereótipo* está associado à opinião pré-constituída sobre uma classe de indivíduos, grupos ou objetos que reproduzem formas esquemáticas de percepção de juízo. É uma caracterização convencional e simplista atribuída a membros de um grupo de pessoas com base em generalizações. Refere-se ainda a traços do comportamento caracterizados por um alto grau de fixismo e constância.

A noção de *estereotipia* nos faz refletir sobre a tendência evasiva do ser humano em lidar com a realidade; o *estereótipo* é a estruturação de um relacionamento com as ideias que confeccionam a realidade ou com as ideias acerca das coisas. O *estereótipo* organiza o pensamento e as atitudes de modo a oferecer uma descrição, incipiente ou elaborada, acerca do mundo. Essa descrição, por sua vez, engendra formas de viver, de sentir e de agir pautadas, em geral, pela generalização (do grego – molde sólido) acerca do desconhecido, ou, para alguns – do outro. Nessa generalização podem-se construir ideias reguladoras capazes de sustentar práticas preconceituosas, discriminatórias, contrárias ao que chamamos de direitos humanos – cosmovisão de tradição europeia, ou *ubuntu* – cosmovisão de tradição africana, ou bem viver – cosmovisão de tradição dos povos originários da América.

O *estereótipo* é uma modalidade particular de utilização de conceitos representativos. Funciona como uma ideia reguladora que categoriza um tipo de estrutura relacional. É uma categoria interpretativa e explicativa da realidade, pois em perspectiva filosófica ambas as ações – explicar e interpretar – são indissociáveis do ponto de vista da construção do conhecimento científico. Tal modalidade particular de interpretação dos fenômenos da vida tem uma pretensão de validade universal e busca uniformizar o imaginário por meio de ideias reguladoras, que tendem a se solidificar em tempo de longa duração (Braudel, 1992).

Entre as distintas possibilidades de explicação do mundo, em diferentes temporalidades e espacialidades – do mito, da religião, da ciência, da tradição, do senso comum, da arte, da técnica –, pode-se inferir que o ser humano tende a concebê-lo (o mundo) como realidade única, dado em si. Mas o que é a realidade senão uma construção sociocultural mediada pela linguagem? Na historiografia e na filosofia da história, tal debate intersecciona conhecimentos de distintas áreas, no momento em que questiona as possibilidades de reconstruir e narrar realidades do passado.

Tendemos a pensar que estereótipos são construídos apenas no senso comum. Observa-se, porém, na perspectiva de análise aqui empreendida, o fato de que a ciência, ao manejar com conceitos representativos da realidade, também pode construir estereotipias.

O ensino de história, aqui compreendido como parte da comunidade científica, transversaliza saberes presentes em comunidades diferenciadas – escolares, acadêmicas, familiares, de organizações da sociedade civil, de movimentos sociais, de mídias sociais. Lida, portanto, com estereotipias em sua própria dinâmica de constituição.

Numa aula de história, entendida como lócus do ensino, ao mesmo tempo que ministramos conhecimentos, administramos relacionamentos, pensamos nossa historicidade na relação com os outros. Estudamos, por exemplo, a colonização da América. Tal estudo pode construir-se numa perspectiva eurocentrada, mas também pode ser realizado a partir da proposição de uma ruptura epistemológica que tende à descolonização do saber e do poder (Quijano, 2005; Mignolo, 2003; Walsch, 2013), capaz de permitir um olhar sobre o mundo a partir de outras perspectivas epistemológicas e políticas. A generalização, aqui associada ao conceito de estereotipia e à possibilidade de explicar o mundo a partir de uma única concepção acerca dele, é contrária à complexidade do saber que propõe-se construir no ensino de história. Ao nos comprometermos com a complexidade da construção de representações acerca do passado e do presente, tendemos a buscar o questionamento e a interdição das estereotipias, sejam quais forem suas origens. Ainda acerca do processo colonizador, Tzvetan Todorov (1983), linguista de formação, ressalta que os europeus fundamentaram suas ações colonizadoras em olhares e traduções preconceituosas sobre os povos originários da América, ou seja, em estereotipias. O pensador permaneceu escrevendo sobre atitudes intelectuais capazes de reinventar tais miradas, destacando que não apenas no estudo, mas sobretudo na convivência com o diferente, podemos exercitarmos a alteridade. Esse parece um aporte importante para o debate acerca das estereotipias no ensino de história. Se nossa prática de docência e pesquisa se reduz a uma explicação eurocentrada do mundo, ela perde em complexidade e pode construir estereotipias no tratamento dos outros e de nós mesmos – no caso, não europeus. No Brasil, a obrigatoriedade legal do ensino de história e cultura africana, afro-brasileira e indígena, correlata ao projeto da educação das relações étnico-raciais, incide sobre o rompimento com essa perspectiva de ensino eurocentrado e colonizado. Tal incidência advém de demandas sociais construídas pelos movimentos sociais organizados, especificamente o Movimento Negro e o Movimento Indígena. A prescrição legal, por si só, não garante o fim das estereotipias, mas conduz a uma observância das mesmas em diversas práticas do currículo em ação.

Considera-se emblemática a presença constante da interdição dessas ideias reguladoras-estereotipias, na história dos editais que avaliam livros didáticos de história no Brasil (Miranda e Luca, 2004). Trata-se de um critério eliminatório específico para o componente curricular história, exemplificado no Edital Plano Nacional do Livro Didático, 2018, Ensino Médio, que impõe a observação da obra no sentido de apresentar estereótipos, caricaturas, clichês, discriminações ou outros tipos de abordagem que induzam à formação de preconceitos de qualquer natureza ou ao desrespeito a diversidade. O edital prevê a exclusão de obras didáticas que "veicularem estereótipos e preconceitos de condição socioeconômica, regional, étnico--racial, de gênero, de orientação sexual, de idade, de linguagem, religioso, condição de deficiência, assim como qualquer outra forma de discriminação ou de violação de direitos humanos". Essa interdição está sustentada nos princípios constitucionais e nas legislações que regulam a educação no Brasil, ambos em estreito diálogo com acordos internacionais, especialmente correlatos à garantia dos direitos humanos, do qual o Brasil é signatário, através, por exemplo, da Organização das Nações Unidas (ONU). Ela traduz um desejo de contribuição, por meio da história ensinada, para a construção de princípios democráticos, éticos, de cidadania, justiça e equidade.

Observar, avaliar e interditar estereótipos em obras didáticas exemplifica a tendência majoritária da comunidade vinculada ao ensino de história no Brasil, em relação ao uso de tais modelos explicativos e ideias reguladoras. A presença de textos e de imagens que apresentam estereótipos em relação a grupos étnicos e raciais, homogeneizados em chaves únicas de leitura, ainda podem ser encontrada. Tais representações conduzem a leituras de mundo generalizantes, em que indivíduos ou grupos são compreendidos como partícipes de um mesmo todo homogêneo e imutável, sem singularidades ou especificidades, marcados ainda pelas constantes de extrema negatividade ou vitimização, por um lado, ou de alta fixidez e romantismo, por outro ângulo. A presença de textos e contextos, com abordagens estereotipadas sem exercícios de reflexão sobre elas, tende a construir conhecimentos descontextualizados, preconceituosos e compreendidos como explicações uniformes acerca da cultura e da história dos povos originários e dos africanos em condição de diáspora no Brasil, por exemplo. Igualmente leituras unívocas acerca de nossas formas de afetividade, constituição de família e relações de gênero podem consolidar estereotipias.

O uso de estereótipos e caricaturas pode ser encontrado nos currículos em ação no ensino de história, quando do manejo de imagens que representam famílias, homens e mulheres, brancos, negros e indígenas no país. Embora, por vezes, tais imagens diversifiquem as formas de composição familiar, tendem a não contemplar famílias formadas por casais homoafetivos, lares compostos por meio da adoção, núcleos constituídos por avós, tios, vizinhos, pais e mães solteiras ou com mais de um núcleo familiar. Também tendem a uniformizar racial e etnicamente as famílias representadas, como se negros só constituíssem famílias com negros, asiáticos com asiáticos, brancos com brancos. Nos livros para crianças, representações utilizadas para tratar de brincadeiras e brinquedos tendem a induzir um molde sólido em que meninos jogam bola, correm e sobem em árvores, enquanto meninas brincam de boneca, cozinham e ficam dentro de casa. A questão religiosa igualmente é alvo de tendências ao preconceito e à estereotipação.

Finalmente, talvez uma boa pergunta seja: o que desejamos com o estudo de história ou com o acesso democrático ao conhecimento histórico produzido pela tradição científica? Conforme a resposta que damos a esse questionamento, construiremos uma vigilância epistemológica (Bourdieu e Paseron, 1999) – ou não – acerca da construção de estereótipos no ensino de história. Nossa posição é de busca de observação e interdição de tal constructo, nas relações sociais em geral e no ensino de história em específico, pois o compreendemos em sua dimensão educativa, comprometida com a cidadania, a complexidade do conhecimento, o convívio social democrático, o direito à diferença e a garantia de equidade.

FONTES

Verena Alberti

O TRABALHO COM FONTES é tão importante para as aulas de história quanto são as experiências em laboratório para as aulas de química, física ou biologia. De um lado, porque (i) ele permite ampliar o conhecimento sobre o passado e, de outro, porque (ii) possibilita que alunos e alunas percebam, na prática, como se constitui o conhecimento histórico.

Comecemos pelo segundo fator (ii). Muitas pessoas que não estão diretamente envolvidas com a história como disciplina podem achar que o trabalho do historiador consiste no estudo de um repertório mais ou menos fechado de acontecimentos disponíveis para exame, e na transmissão desses acontecimentos na forma de narrativa. É importante entendermos, contudo, que o conhecimento sobre o passado é condicionado pelas perguntas que fazemos às fontes, perguntas essas que permitem que as fontes documentem algo, isto é, se transformem em evidência de algo. À semelhança do cientista no laboratório, o historiador se faz perguntas, as quais consegue ou não responder a partir dos documentos que encontra. E muitas vezes, em função mesmo dos documentos que encontra, precisa refazer suas perguntas, o que incide sobre aquilo que descobre. O trabalho com fontes possibilita, então, que os estudantes aprendam que o conhecimento sobre o passado é resultado do trabalho intelectual do historiador.

Porque as fontes são tão centrais no trabalho do historiador é que elas permitem que alunos e alunas ampliem seu conhecimento histórico (i). Fontes estimulantes que possam engajar nossos estudantes na direção do tema estudado e permitam explorar a complexidade do passado abrem espaço para o aprendizado efetivo. Elas são indícios de situações vividas e da diversidade de formas de ser e de agir.

Ainda que os documentos possam ser usados para ilustrar ou comprovar a narrativa do professor ou do livro didático – por exemplo: "vejam aqui um trecho da carta-testamento de Getúlio Vargas" –, o trabalho com fontes pressupõe que elas adquiram uma centralidade nas aulas de história. Quanto mais os alunos e as alunas tiverem oportunidade de trabalhar com fontes, mais poderão progredir na aquisição de saberes e práticas vinculados à análise e à interpretação de dados a partir da formulação de problemas.

Praticamente toda produção humana pode ser indagada como fonte: documentos textuais, manuscritos e impressos (livros, jornais, revistas, cartas, processos criminais, registros paroquiais, diários, testamentos), documentos sonoros (discursos, músicas, canções, entrevistas gravadas em áudio), imagens (cartazes, pinturas, desenhos, fotografias, cartões-postais, charges, histórias em quadrinho, mapas, gráficos, anúncios impressos), documentos audiovisuais (filmes, programas de televisão, entrevistas filmadas, anúncios em vídeo, videoclipes), achados arqueológicos, edificações, objetos, esculturas, ferramentas, vestimentas, utensílios etc. Para cada tipo há formas específicas de abordagem, mas determinadas perguntas precisam ser feitas a todos os documentos.

Todo documento precisa ser identificado. Isso significa, em primeiro lugar, saber quem o produziu (pode ser um indivíduo, uma instituição, ou um grupo de pessoas, por exemplo), quando e onde foi produzido e onde se encontra (em arquivo, biblioteca, museu, residência, escola etc.). Se fizer parte do acervo de uma instituição, deve haver também um código de identificação, que convém registrar para posterior consulta. Se não for possível responder a alguma dessas perguntas, essa impossibilidade deve ser assinalada ("sem local", "sem data", "autor desconhecido", por exemplo).

Outro conjunto de questões diz respeito à intencionalidade: por que o documento foi produzido? Para quem? Como? Ou seja, quais as condições de sua produção? E por que, onde e como foi preservado e (se for o caso) difundido? Aqui podem ajudar bastante as advertências feitas pelo historiador Jacques Le Goff a partir da ideia de "documento/monumento". O documento não chega até nós impunemente, digamos assim. O fato de ele ter sido produzido e de ser preservado é resultado de ações, voluntárias ou involuntárias, de indivíduos ou grupos que objetivaram e objetivam constituir e fixar determinadas imagens de si e de outros. Por isso, é muito importante nos perguntarmos como e por que um documento foi preservado e em que circunstâncias ele foi recuperado e transformado em fonte de conhecimento sobre o passado.

É bem verdade que a ideia de "documento/monumento" não é fácil de ser apreendida pelos estudantes da escola básica, especialmente no ensino fundamental. Mas convém acostumar as alunas e os alunos a se perguntarem sobre as circunstâncias de produção do documento, pois elas condicionam indubitavelmente aquilo que a fonte documenta. Não podemos isolar o enunciado das condições de enunciação. Pensemos, por exemplo, nos registros produzidos pelos órgãos de repressão durante a ditadura militar. Digamos: fichas sobre indivíduos considerados opositores pelo serviço de informações. É evidente que precisamos nos perguntar sobre as condições de produção desses registros para avaliar seu conteúdo.

Já a relevância das condições de preservação e difusão, no exame de documentos, pode ser facilmente compreendida com a lembrança de algumas imagens recorrentes nos livros escolares e em outros recursos didáticos, como o quadro *A primeira missa no Brasil* (1861), de Victor Meirelles, ou a gravura conhecida como *Pelourinho*, de Jean-Baptiste Debret, que data da primeira metade do século XIX. Em que circunstâncias e por quais razões tais imagens são exaustivamente difundidas? O que será que essas repetições documentam?

Se o professor tiver claro que não podemos nos aproximar de um documento sem nos perguntar sobre a intencionalidade de sua produção, de sua preservação e de sua possível difusão, ele saberá "contagiar" seus alunos com a necessidade dessas perguntas, sem precisar necessariamente tratar do conceito "documento/monumento".

Uma pergunta infalível na análise de documentos é: "o que a fonte documenta?". Ou seja: "o que esse quadro, essa entrevista, essa charge etc. efetivamente documentam?". Para nos aproximarmos das respostas é importante ter em mente que as fontes podem documentar coisas que seus autores originalmente não tencionavam registrar. Por exemplo, os horários de uma escola nos anos 1940 provavelmente foram feitos por necessidade da gestão escolar. Mas, para um historiador da educação, podem documentar elementos bem diversos daqueles inicialmente pretendidos. Isso porque o historiador da educação, como todo historiador, conhece outras fontes e aspectos da história que, por contraste ou semelhança com o horário daquela escola, permitem novas descobertas. Percebemos, pois, que uma fonte sempre é analisada em sua relação com outras fontes e com outros conhecimentos que temos do passado e do presente. O mesmo vale, por exemplo, para um filme de propaganda do Estado Novo – que certamente documenta dimensões que não tencionava documentar inicialmente – e para uma revista caracterizada como "feminina" do início do século XX – cuja especificidade vislumbramos porque a colocamos em perspectiva e a relacionamos com outras revistas e outros conhecimentos.

É importante que os alunos e as alunas sejam estimulados a praticar esse tipo de questionamento. Perguntar "o que a fonte documenta?" pressupõe, como sugere Le Goff, desmontar seu significado aparente e deslocar o olhar para aquilo que a fonte não tencionava documentar originalmente.

Outra forma bastante eficaz de nos aproximarmos de um documento é refletir a respeito de quatro níveis de inferência: o que o documento diz? O que podemos inferir? O que ele não diz? O que e onde podemos saber mais? Se a fonte for uma imagem ou o trecho de um documento escrito, ela pode ser fixada no centro de uma folha de cartolina e os quatro níveis podem ser demarcados com retângulos crescentes em volta da fonte. No primeiro retângulo estaria a própria fonte; o segundo retângulo seria destinado às anotações sobre "o que o documento diz"; o terceiro, para as anotações sobre "o que podemos inferir" e assim por diante. Assim organizada, a atividade se adequa bem a um trabalho de grupo, os alunos sentando em volta da folha de cartolina e fazendo suas anotações nos retângulos correspondentes – talvez, primeiro, individualmente e, depois, discutindo entre si as anotações, para, em seguida, socializar as conclusões com o restante da turma.

Esse exercício é bem interessante porque permite interiorizar o fato de que nenhum documento responde a todas as nossas questões. Isso implica aprender que o trabalho de pesquisa depende da conjugação de diferentes fontes e da definição das questões que se almeja responder.

As perguntas dos quatro níveis de inferência podem ser combinadas com aquelas mais voltadas para a intenção da produção, da preservação e da divulgação do documento: quem, por que, quando, para quem, como produziu, preservou e difundiu o documento? O professor ou a professora pode perguntar, por exemplo: "por que vocês acham que esse documento foi escrito/produzido?". "Quais evidências presentes no documento ajudam vocês a saber quando e por que ele foi escrito/produzido?" "Para que público o documento foi escrito/produzido?"

Cabe também observar a materialidade do documento. Por exemplo, verificar se se trata de original ou cópia; se manuscrito, datilografado ou digitado; se contém anotações à mão, carimbo, cabeçalho, papel timbrado etc. Esses elementos também podem informar sobre a procedência e o processo de elaboração do documento. O ideal é trabalhar com versões fac-similares, que permitem esse tipo de observação, bem como o reconhecimento de diferenças e semelhanças ortográficas, quando se trata de documento escrito. No caso de documentos sonoros e/ou audiovisuais, o exame pode ter como foco as tecnologias de gravação, a qualidade do som e da imagem, a iluminação, o ritmo da fala, a existência de ruídos e de chiados, a música de fundo, as legendas, as locuções em *off* etc.

Não podemos esquecer de questionar as fotografias, que muito frequentemente são tratadas como "retratos da realidade", como se não tivessem, elas também, intencionalidade, contexto de produção, autoria etc. O que dizer do enquadramento, da escolha da imagem a ser fotografada, ou ainda da decisão acerca da fotografia a ser revelada e ampliada, no meio de tantas outras? Perguntas interessantes a serem feitas seriam: "onde está a pessoa que fez a fotografia? Quem era essa pessoa, a seu ver? Como as pessoas fotografadas (se for o caso) parecem se relacionar com ela?". Além dessas, podem ser úteis as seguintes questões: "por que vocês acham que a fotografia foi feita?". "Como vocês acham que era o equipamento no qual a fotografia foi feita?" "Quanto tempo vocês acham que levou para a fotografia ser feita? Por quê?" E quanto ao objeto fotografado: "descrevam o que vocês veem: as pessoas (o que estão fazendo, o que estão vestindo, onde estão), a paisagem, o local, se é de dia ou de noite, se é na cidade ou no campo etc.". "Descrevam a fotografia: "a imagem está centralizada? O que se vê no plano da frente e do fundo? A imagem está focada?"

O trabalho com fontes é especialmente proveitoso quando faz parte de um percurso de pesquisa, no qual se preconiza a autonomia dos estudantes. O professor ou a professora pode disponibilizar para suas turmas uma variedade de documentos a serem trabalhados numa investigação, a partir de uma ou mais perguntas de pesquisa. Por exemplo: "quem era a favor e quem era contra a abolição da escravidão no Brasil e por quê?". Entre as fontes, podem estar reportagens de jornal, textos e propagandas a favor e contra a abolição, debates parlamentares, biografias de personagens que se destacaram nas campanhas, dados dos censos de 1872 e 1890 etc. Como resultado, poder-se-ia propor aos alunos que preparassem uma apresentação, seguindo ou não um modelo previamente elaborado. As apresentações poderiam ser montadas a partir de perguntas do tipo: "quais eram os principais argumentos a favor da abolição?". "Quem eram os abolicionistas e como agiam?" "Quem era contra a abolição e por quê?". Entre as fontes fornecidas, pode haver algumas que pouco ou nada têm a ver com a pergunta de pesquisa, e os alunos teriam então que decidir se elas seriam úteis ou não para desenvolver a tarefa. Oferecer uma variedade de fontes favorece a autonomia dos alunos e das alunas e legitima sua produção autoral. Ou seja, não se trata de uma atividade que instrua "leia o documento tal e retire do texto tal informação", ou "ouça a música tal e faça isso e aquilo".

Professores e professoras de história que têm a possibilidade de transformar o trabalho com fontes numa rotina contagiam suas turmas e possibilitam o aprendizado efetivo do passado e das formas como o conhecimento histórico se constitui. Além disso, como os alunos e as alunas aprendem a olhar os documentos de modo crítico, podem empregar as mesmas reflexões sugeridas neste verbete na avaliação e na análise de produções contemporâneas, como filmes, artigos de jornal, telejornais, anúncios, mensagens em redes sociais etc. Os estudantes aprendem que é necessário identificar a produção (o filme, o artigo, a mensagem); perguntar por que foi elaborada e difundida e o que, afinal, ela documenta. Aprendem ainda que, do mesmo modo como os documentos estudados para compreender o passado, as produções contemporâneas são incompletas e, por isso, precisamos buscar eventuais respostas em outras produções, do passado e do presente, e incentivar a formulação de mais perguntas.

HISTÓRIA

Temístocles Cezar

A HISTÓRIA TEM uma longa história. No Canto VIII da *Odisseia*, Homero narra o episódio em que Ulisses desembarca, náufrago e solitário, na terra dos feácios. No banquete oferecido em sua homenagem, o herói grego escuta o poeta (aedo) Demódoco contar sua própria história: aquela do cavalo de madeira e da queda de Troia. Ulisses considerou a narrativa de Demódoco tão precisa que, emocionado, lhe disse: "Demódoco, acima, sim, de todos os mortais te louvo; ou a Musa te ensinou, filha de Zeus, ou Apolo, pois muito em ordem o fado dos aqueus cantas, quanto fizeram e sofreram e quanto suportaram, como se, em parte, estivesses presente ou o ouvisses de outro". Embora o poeta não tivesse participado do conflito, muito menos visto, posto que era cego, sua narrativa parecia, paradoxalmente, a de uma testemunha ocular. Ulisses, além de personagem, é também aquele que atesta a veracidade dos fatos. Ele é a prova de que aquilo *realmente aconteceu*. Nesta cena primitiva, que não passa de uma metáfora da origem da história, percebemos quatro noções – tempo (*Odisseia*), escrita (Homero), memória (Demódoco), verdade (Ulisses) – que acompanham a história até nossos dias. Mesmo que a autoria dos poemas homéricos e sua datação permaneçam envoltas em mistérios, é certo que a palavra *história*, nestes primeiros tempos, designava antes um estado de espírito e um tipo de procedimento do que um domínio particular de conhecimento. Atividades intelectuais como o estudo médico ou a investigação do tipo judiciário serviam-se da palavra *história*, formada a partir do verbo grego *historieîn*, por sua vez derivado de *hístor* – que remete etimologicamente a *ideîn* – "ver" – e a (w)*oida* – "saber". Até hoje, o verbo faz parte do universo semântico dos dois campos, sendo normal o médico ou o juiz solicitar o histórico, respectivamente, do paciente, da vítima e do réu. O que em determinado momento ocorreu foi uma transformação que converteu o verbo em substantivo identitário que passou a designar a história e, em seguida, a atividade dos historiadores. Heródoto (V a.C.), considerado por Cícero o pai da história, é aquele que *historia*, isto, escrevia para que "os acontecimentos provocados pelos homens, com o tempo, não sejam apagados, nem as obras grandes e admiráveis, trazidas à luz tanto pelos gregos quanto pelos bárbaros, se tornem sem fama". Tucídides, pouco depois, escreveu sobre a guerra entre peloponésios e atenienses a partir de indícios de tal modo que

> não erraria quem considerasse que essas coisas aconteceram como expus, não acreditando em como os poetas as cantaram, adornando-os para torná-las maiores, nem em como os logógrafos [leia-se aqui Heródoto] as compuseram, para serem mais atraentes para o auditório, em vez de mais verdadeiras, já que é impossível comprová-las e a maior parte delas, sob a ação do tempo, acabou forçosamente por tornar-se fábula que não merece fé.

Para ambos, a história ajuda a memória a evitar o esquecimento. E tanto em um como no outro, uma ideia de *imparcialidade* se faz presente. Além disso, nestes primeiros tempos, na ausência de arquivos, no sentido moderno da palavra, umas das principais premissas metodológicas para se registrar os acontecimentos históricos era por meio da visão. Não chega a surpreender, portanto, que a obra de Tucídides – *História da guerra do Peloponeso* – seja uma *história do tempo presente* na qual ele participou, logo, a viu. Em 55 a.C., Cícero, em sua obra *Do orador*, resume, desse modo, as variações em torno da história que lhe antecederam: *testis temporum, lux veritatis, vita memoriae, magistra vitae, nuntia vetustatis*. Testemunha dos tempos, luz da verdade, vida da memória, mestra da vida, mensageira do passado. A fórmula adquiriu, simultaneamente, reputação, cuja longevidade nos atinge, e uma versão sintética: *história mestra da vida*. Logo, um conhecimento útil que deveria ser ensinado. Em 165 de nossa era, logo após as obras fundamentais de Políbio, que universaliza a ideia de história (203 a.C.-120 a.C.) e de Plutarco (46-120), que a aproxima do gênero biográfico, Luciano de Samósata afirmava em um tratado, único do gênero que chegou até nós, intitulado *Como se deve escrever a história*, a seguinte passagem:

> assim deve ser para mim o historiador: sem medo, incorruptível, livre, amigo da franqueza e da verdade; alguém que não admita nem omita nada por ódio

ou por amizade; que a ninguém poupe, nem respeite, nem humilhe; que seja juiz equânime, benevolente com todos até o ponto de não dar a um mais que o devido; apátrida, autônomo, sem rei, não se preocupando com o que achará este ou aquele, mas dizendo o que se passou.

Além dessa defesa da isenção, desde suas origens gregas, a história obedeceu a uma dupla exigência. Por um lado, ela deveria explicar os principais eventos (notadamente as guerras) por meio da identificação de causas, o que exigia do historiador uma narração coerente que colocasse em ordem aquilo que foi pesquisado e pensado. Por outro lado, para que a análise fosse bem recebida e aprendida, era necessário que ela fosse capaz de trazer consigo a adesão do leitor ou do auditório, ou seja, que fosse capaz de convencê-lo. A relação entre a produção textual e seus efeitos foi sintetizada pela retórica latina por meio da seguinte fórmula: *evidentia in narratione*. A primeira preocupação (*evidência*) provinha da esfera da observação medical; enquanto a segunda (*narratio*, narrativa), da eloquência judiciária. O legado dos antigos não foi, entretanto, uma herança intelectual transmitida de maneira consensual, retilínea e evolutiva. Por exemplo, quando os humanistas renascentistas se empregaram em restaurar a validade dos modelos greco-romanos, temos, muitas vezes, a impressão de que se tratou apenas de um movimento de reabilitação de uma herança cultural. Mais do que isso, foi uma escolha consciente, uma opção entre outras possíveis, de autores e obras. Nesse sentido, não podemos esquecer que parte não negligenciável da cultura clássica foi preservada em língua árabe durante a Idade Média e retraduzida na Renascença. Por esta época, encontramos o trabalho que se convencionou denominar o texto fundador da crítica histórica das fontes, o trabalho do humanista Lorenzo Valla (1407-1457), *Sobre a doação de Constantino, a ele atribuída e mentirosa*, publicado em 1442. Valla desmontou o argumento de que o *constitutum Constantini* (decreto de Constantino), documento amplamente conhecido no medievo, segundo o qual o imperador Constantino (306-337), no século IV, após se converter ao cristianismo, teria doado ao papa Silvestre I, em sinal de gratidão por este lhe ter curado milagrosamente da lepra, um terço do império romano. Valla, por meio de recursos de ordem psicológica, política e filológica, provou que o texto era do século VIII (concebido nas dependências da chancelaria pontifícia para fornecer uma base pseudolegal às pretensões papais ao poder temporal).

Valla abriu espaço para a aparição de *De re diplomatica* (*Sobre a diplomacia*) de Jean Mabillon (1681), que segundo Marc Bloch fundou, na prática, a moderna crítica histórica dos documentos. Essa alteração no método histórico foi aprofundada no que se chamou de a *era dos antiquários* no século XVIII. O antiquário, essa figura gêmea do historiador, fixou normas e colocou na ordem do dia problemas metodológicos estruturais para a história como saber organizado, entre os quais as questões como a da autenticidade documental (a distinção entre fontes primárias e secundárias e a utilidade de testemunhos não escritos, por exemplo), dos modelos narrativos da história ou ainda problemas teóricos como a distinção entre a organização e a interpretação dos fatos. Ora mestra da vida, ora história dos príncipes, ora sinônimo de tradição e memória (fundamento das leis consuetudinárias, por exemplo), ou simples ramo da retórica, a história, mesmo amparada em princípios teóricos (a busca da verdade) e metodológicos (o método crítico), foi confrontada, ainda neste século, com a *filosofia da história* de Voltaire que fixou uma série de proposições que, de certa forma, prenuncia os paradigmas do que seria a história no século XIX. Em seu *Dicionário filosófico*, de 1764, a história foi definida como "narração de fatos considerados verdadeiros, ao contrário da fábula, narração de fatos considerados falsos". Essa concepção formal e didática de história relacionava-se com a ideia de que a narrativa histórica devia preocupar-se menos com as revoluções do trono do que com o destino do gênero humano, tendo por base a história dos costumes, entendida como a tentativa de recuperar o passado dos povos, da civilização e da cultura. Os historiadores cientistas do século XIX foram herdeiros dessa história filosófica. Nesse contexto, a concepção da história como mestra da vida passa a ser questionada, pois se a experiência mostrava que o aprendizado histórico poderia tornar as pessoas mais inteligente, ao mesmo tempo, era difícil explicar por que essa mesma experiência não era suficiente para impedir que certos acontecimentos que pareciam esgotados voltassem a se reproduzir, apesar do ensinamento da história. A principal hipótese é a de que as críticas à velha fórmula encontraram amparo em um movimento intelectual que reorganizou a temporalidade. Passado e futuro adquiriram outra fisionomia e um novo conceito de história surgiu. A Revolução Francesa foi, simultaneamente, a condição e a fiadora desse novo conceito de história que a tornou um singular coletivo. Ou seja, um conceito que sintetizava a variedade de noções esparsas que significavam a história e lhe retirou a pluralidade (não mais *histórias*, mas a história). Essa modificação coincidiu com outras singularizações histórica e linguística de conceitos de movimento que reagiram ao antigo regime, como o de liberdade (não mais liberdades), o de justiça (não mais justiças), o de progresso (não mais progressos) e, finalmente, o de revolução (*revolução* que significa a Revolução Francesa e seus desdobramentos, e não mais revoluções). Assim, em 1824, o jovem Leopold von Ranke, no prefácio a sua *História dos povos românicos e germânicos*, situava-se na junção desta alteração paradigmática ao afirmar que: "atribui-se à história a tarefa de apontar para o passado, de instruir o mundo contemporâneo para proveito da posteridade; o presente trabalho não aspira a uma tarefa tão elevada, pretendendo apenas mostrar como as coisas realmente aconteceram". Antes dele, em 1821, em uma conferência intitulada *A tarefa do historiador*, Wilhelm von Humboldt havia definido a missão da história nos mesmos termos, que por sua vez faziam eco a Luciano: mostrar como as coisas realmente aconteceram. Era isso que se devia ensinar, sendo as consequências desse aprendizado desvinculadas do trabalho do historiador. A história era vista, nessa perspectiva, como conhecimento do passado e o historiador um homem de letras sem compromissos (ou decepcionado) com uma propedêutica política decorrente do seu ofício. Na medida em que a história assumiu o progresso como ordem do tempo, ela também admitiu a unicidade e singularidade dos acontecimentos, tendo por princípio a ideia inovadora de que os homens faziam a história, principalmente, a história da nação. Por conseguinte, a educação baseada no exemplo pretérito perdia consistência. Se havia um aprendizado, era o de que, como pensava Hegel, os homens não se instruem com o saber histórico: "em geral se aconselha a governantes, estadistas e povos a aprenderem a partir das experiências da história. Mas o que a experiência e a história ensinam é que os povos e governos até agora jamais aprenderam a partir da história, muito menos agiram segundo as suas lições". Se o passado e o futuro não mais coincidiam, então a possibilidade da repetição histórica perdia significado, ficando a experiência que se realiza (a história em movimento) restrita a seu tempo e o futuro aberto a uma infinidade de possibilidades, o que vem sendo chamado de regime de historicidade moderno. Karl Marx o sintetizou com beleza e maestria no *18 Brumário*: "A revolução do século XIX não pode tirar poesia do passado e sim do futuro". De certa forma, houve uma reabilitação dos ensinamentos da história, apenas o fluxo se inverteu: o aprendizado e os exemplos não vêm mais do passado, mas do futuro que ainda não se realizou. Paralelamente a esse movimento político e filosófico, a história vai aprimorando seus padrões científicos rumo à disciplinarização. São exemplares as contribuições de Johann Gustav Droysen, em seus cursos proferidos entre 1857 a 1882, na Universidade de Berlim e na França, Fustel de Coulanges, Gabriel Monod, fundador da "escola metódica", e, em 1898, a publicação de uma *Introdução aos estudos históricos* de autoria dos medievalistas Charles-Victor Langlois e Charles Seignobos, que definiram critérios do que era a história, como deveria ser pesquisada, escrita e ensinada. Houve, contudo, críticas a esse processo de cientifização da história, sobretudo à utilidade da história (Friedrich Nietzsche), à sua capacidade de ser transmitida (Walter Benjamin) e mesmo ao seu poder inebriante e entorpecedor (Paul Valéry). Em todo caso, a história adentrou o século XX como uma ciência respeitável. Em 1929, os historiadores Marc Bloch e Lucien Febvre fundaram em Estrasburgo a revista dos *Annales*, que se torna o nome e a identidade de um movimento historiográfico cujo objetivo era o de renovar os estudos históricos. A *Annales* era marcada por um estilo de reflexão mais direto, mais irônico, produto inevitável da abertura de suas concepções teóricas, entre as quais a dilatação da noção de fonte histórica, destituindo a preponderância do documento escrito e sustentando a ideia de que os fatos históricos eram construções do historiador. Após a II Guerra Mundial, o movimento em torno dos *Annales* consolidou-se sob o domínio do historiador Fernand Braudel. A partir de 1968, essa "nova história", como se tornou conhecida, aumentou a popularidade da história fruto justamente da sua ampliação temática e de formas inabituais de tratar objetos, problemas e campos de estudos já conhecidos. O clima, o livro, a língua, o inconsciente, o mito, o medo, o imaginário, as representações, as mulheres, a infância, os jovens, o corpo, a sexualidade, a morte, a loucura, a prisão, a opinião pública, o filme, a festa etc. tornaram-se temas de pesquisa e de ensino com legitimidade acadêmica. Some-se a essa multiplicação de objetos a emergência da "micro-história" e de uma história cultural renovada e os famosos "retornos": do acontecimento, da biografia, do político, da narrativa. Essas novas perspectivas abrem o caminho para a ressurgência da *história do tempo presente*, signo da cultura histórica contemporânea, que adquiriu respeito no campo historiográfico, sobretudo a partir do Instituto de História do Tempo Presente, fundado em Paris, em 1978. Em sua configuração mais recente, já em pleno regime de historicidade presentista (no qual o tempo presente é o centro da história), à história do tempo presente foram associados temas tais como a identidade (nacional, étnica, religiosa etc.), dever de memória, o patrimônio e a figura da testemunha e do juiz, a responsabilidade do historiador, a questão do acesso aos arquivos e as comemorações, a ética, o pós-colonialismo, o cosmopolitismo, os traumas e os animais. Tais propostas de pesquisa e de ensino da história têm em comum a tentativa de restaurar uma conexão mais direta e imediata com o passado ou com algum aspecto central da experiência humana. Essas formas de história desdobraram-se e passaram a ocupar um imenso espaço não apenas físico (o livro, a sala de aula, o cinema etc.), mas também o virtual (notadamente os debates em torno da história pública, da história de gênero, da história das minorias, da história ambiental etc.). A historiografia brasileira não ficou alheia aos movimentos desta história da história mais global. Enquanto no século XVIII a história no Brasil baseava-se em academias literárias ou em iniciativas individuais, próximas da crônica antiquária e/ou erudita, no século XIX ela integrou-se ao ponto de vista nacionalista. A história da nação brasileira passou a ser o objetivo central dos letrados do período. Oscilando entre uma escrita romântica e científica, a história era escrita sob a égide dos procedimentos que se queriam modernos: fontes originais, objetividade e imparcialidade do historiador. A fundação do Instituto Histórico e Geográfico Brasileiro (IHGB), em 1838, tornou-se o local institucional de produção desta historiografia nacional, pelo menos até 1889. Em 1854 e 1857, foi publicada a primeira *História geral do Brasil* escrita nestes moldes por um brasileiro, Francisco Adolfo de Varnhagen (a produção que lhe antecede, *History of Brazil*, era a do inglês Robert Southey, publicada na Inglaterra entre 1810 e 1819). A virada do século foi marcada por um conjunto de obras sem vínculos estreitos com o IHGB, como as de Capistrano de Abreu e Euclides da Cunha, que exploravam, com acuidade, erudição e inteligência, outras alternativas historiográficas, bem como as obras interpretativas e especulativas sobre o Brasil, como as de Gilberto Freire (*Casa-grande & senzala*, 1933), Sérgio Buarque de Holanda (*Raízes do Brasil*, 1936) e Caio Prado Júnior (*Formação do Brasil contemporâneo*, 1942). A historiografia brasileira, enfim, acompanhou o desenvolvimento das tendências internacionais da história como disciplina, ora com mais subserviência teórica e metodológica, ora mais independente. A institucionalização dos cursos de história a partir dos anos 1930 e a criação dos programas de pós-graduação no Brasil nos anos 1970 e 1980 consolidaram a história como campo de pesquisa e como disciplina de ensino. A historiografia brasileira é hoje, pelos seus temas e por sua autorreflexão, uma das mais inclusivas e combativas sem perder em conteúdo teórico e pedagógico: a história da escravidão, do racismo, de gênero, a história da historiografia e os estudos voltados ao ensino são exemplos notórios.

HISTÓRIA CRONOLÓGICA

Juliana Teixeira

A HEGEMONIA DA HISTÓRIA cronológica nos currículos escolares de todo Brasil tem no Programa Nacional do Livro Didático (PNLD) um de seus principais indicadores. No PNLD 2015 Ensino Médio, todas as coleções aprovadas optaram pela disposição linear dos conteúdos substantivos. No PNLD 2017 Ensino Fundamental Anos Finais também prevaleceu a história ancorada no emprego da cronologia, preocupada em abarcar todas as experiências das sociedades humanas, numa temporalidade que se estende desde a "Pré-História" ao "Mundo Contemporâneo", a despeito de os marcos temporais por vezes serem substituídos por expressões menos obsoletas. A opção pela história cronológica predominou novamente entre as obras aprovadas no PNLD 2018 Ensino Médio, a despeito de as coleções assumirem a organização dos conteúdos de forma "integrada" ou "temática". É evidente que a recorrência dessa forma de disposição do conteúdo corresponde à preferência manifesta pela maioria dos professores, mas pesquisadores da área de ensino têm alertado que o consenso em torno dessa opção é apenas aparente, já que nos debates acerca da renovação do ensino de história é recorrente a crítica aos modelos consagrados pela "tradição", problematizando seus recortes. A história cronológica, apesar de justificada pela hegemonia dessa concepção de escrita da história na estrutura curricular nos cursos de formação inicial das instituições de ensino superior (IES), e reforçada pelo recuo na produção de livros didáticos propondo a organização dos conteúdos em formato distinto ao canônico, não escapou desse movimento de revisão.

A consagração da história cronológica como forma de disposição dos conteúdos históricos deve muito à escola metódica alemã, sobretudo por sua associação com as questões da narrativa e causalidade. O mais importante difusor do historicismo, Leopoldo von Ranke, abordou esses temas no texto

O conceito de história universal (1831), no qual defendeu que a exposição do conhecimento histórico deveria assumir a forma narrativa, a arte por meio da qual o pesquisador representava suas descobertas e análises, assim recriando o passado. Ranke alertava, no entanto, que diferente da narrativa ficcional, reflexo da imaginação, a narrativa histórica estaria condicionada à empiria, não podendo prescindir do plano real delimitado pela investigação documental. Nesse texto, Ranke também defendeu a fundamentação do nexo causal como uma das principais exigências do ofício do historiador, sintetizada na asserção "o precedente condiciona o posterior". Desse modo, a escola rankeana consagrou que a articulação entre causa e efeito deveria se exprimir numa narrativa linear, induzindo a uma associação quase indistinta entre narrativa, causalidade e cronologia.

O consenso em torno dessa proposição começou a ser rompido no início do século XX. Em palestra apresentada na Sociedade de História Moderna e Contemporânea, em Paris, o economista e sociólogo François Simiand encorajou os profissionais que lhe assistiam a renunciar aos "ídolos da tribo dos historiadores": o "ídolo político", relacionado com o interesse dominante pela história política e pelas guerras em detrimento de outros fenômenos sociais; o "ídolo individual", referente à profusão de estudos biográficos; e o "ídolo cronológico", associado ao hábito de os historiadores estenderem-se indefinidamente no estudo das origens. A crítica aos historiadores ocorria num contexto marcado pela renovação do sistema universitário europeu, forçada pela emergência de novas disciplinas, tais como sociologia, antropologia e geografia, que ameaçavam transformar a história numa disciplina subsidiária das demais. No decurso de intensas disputas para definir os limites dos novos campos de conhecimento e assegurar espaço nas instituições de ensino superior, essas novas disciplinas dirigiram parte da ofensiva contra os historiadores, que ocupavam uma posição hegemônica entre as ciências sociais e pareciam pouco propensos a rever criticamente seus modelos ou ampliar o escopo de interesses sobre os fenômenos sociais.

A comunicação de Simiand, publicada sob o título *Método histórico e ciência social* (2003, [1903]), tinha como um dos principais interlocutores Charles Seignobos, que junto a Charles-Victor Langlois, outro renomado representante da história metódica francesa, escreveu o famoso *Introdução aos estudos históricos* (1898). Esse manual sintetizava a pesquisa histórica nas seguintes etapas: busca e classificação dos documentos; análise mediante crítica externa e interna dos documentos; e síntese, elaborada a partir do ordenamento dos fatos numa sucessão cronológica. Fundamentada nesses princípios, predominava na historiografia francesa uma concepção de tempo linear e progressiva, em que a narrativa histórica era marcada pelo desenrolar indefinido do fio cronológico, com todos os fatos se sucedendo de forma indistinta, sem critérios claros para a classificação de sua relevância no estabelecimento de agrupamentos explicativos.

A crítica às opções teórico-metodológicas da escola metódica se intensificou nas décadas seguintes, quando a crise da Belle Époque colocou em pauta questões que os estudos históricos já não conseguiam responder, para muitos tornando a narrativa histórica desprovida de sentido. A narrativa cronológica linear, tão ciosa em buscar nas origens as causas do devir histórico, não foi capaz de explicar – nem tampouco impedir – o mergulho da Europa na guerra 1914-18, cuja barbárie e destruição material deixaram um rastro de milhões de mortos num cenário de franco declínio. A percepção otimista da dimensão temporal, em que a sequência cronológica linear se articulava a uma determinada noção de progresso, foi ainda confrontada pelo colapso econômico de 1929, que abalou a convicção da intelectualidade europeia de que, no processo evolutivo da civilização, o futuro seria sempre melhor. O caráter global da crise do capitalismo, a evidente dependência com relação às possessões coloniais e o deslocamento de poder provocado pela ascensão de novas potências, como Estados Unidos e Japão, também colocaram em xeque o discurso eurocentrista, comprometendo a proposta de uma história total da humanidade que não considerasse as experiências históricas de outras civilizações e culturas.

Na França, procurando conquistar espaço no *establishment* acadêmico dominado pela escola metódica, assim como responder às novas questões surgidas no pós-guerra, o grupo reunido em torno da revista *Annales* sob a liderança de Marc Bloch e Lucien Febvre reagiu à crise propondo um movimento de profunda renovação dos estudos históricos. No ensaio *Apologia da história ou o ofício do historiador* (2001, [1949]), escrito por Bloch numa prisão nazista durante os meses que antecederam seu fuzilamento, a metáfora sobre os "ídolos da tribo dos historiadores" foi retomada na crítica à obsessão dos historiadores por uma busca imprecisa da origem dos acontecimentos, que resultava na confusão entre causa e conhecimento do mais antigo, e na adoção de uma noção de tempo reduzida ao emprego da sucessão cronológica. No lugar da história de toda humanidade desde suas origens, os *Annales* propunham que os estudos históricos fossem cientificamente conduzidos, o que implicava duas operações: a proposição de um problema a ser resolvido, e a formulação de uma hipótese que respondesse à questão proposta.

Apesar da forte influência dos *Annales* na historiografia brasileira, esse debate teve alcance muito limitado no ensino de história, fosse na educação básica ou no ensino superior. Na estrutura curricular das IES, como nas coleções de livros didáticos, continuou prevalecendo a opção pela história cronológica, que organiza os conteúdos substantivos em sequência cronológica linear e aspira dar conta de toda história, da origem do homem à atualidade, com ênfase na experiência europeia. Enquanto as IES ignoram o debate, o mercado editorial de livros didáticos tem admitido a necessidade de rever esse modelo, considerando a produção historiográfica atualizada na organização dos conteúdos, não obstante pouco tenha feito de efetivo a esse respeito. Como a preocupação das editoras com essa questão decorre, sobretudo, da tentativa de adequação às exigências de políticas públicas referentes à educação, que vêm buscando induzir mudanças por meio de documentos como as Diretrizes Curriculares Nacionais para a Educação Básica e os editais do PNLD, os esforços mobilizados na atualização dos livros didáticos não têm sido suficientes para promover a superação de concepções arcaicas acerca da escrita da história, de maneira que a história cronológica segue identificada como a forma "natural" de estruturação curricular da história. Diante disso, alguns desafios se impõem aos professores de história da educação básica.

O primeiro desafio é desestruturar a perspectiva etnocêntrica e constatar as limitações da representação geométrica do tempo. Ainda que tenha pretensões universalistas, o conceito de tempo cronológico adotado pelos livros didáticos está baseado num conjunto de ideias e práticas culturais que tem a Europa do século XVIII como principal referência. Vale lembrar que, em algumas sociedades, o tempo foi concebido de modo cíclico, caso dos maias e chineses antes da ocidentalização; enquanto outras sociedades adotaram uma perspectiva linear, apresentando variações quanto ao acontecimento que marca o início da contagem de tempo, como a criação do mundo (judeus), a Hégira (muçulmanos) e o nascimento de Cristo (católicos e protestantes). Como a cristandade combinava uma noção de tempo linear

– da Gênese ao Apocalipse – com o tempo cíclico característico do calendário litúrgico, coube aos teóricos do Iluminismo desenvolver uma concepção linear de tempo que não fosse orientada pela dinâmica de fundo teológico, compatibilizando os fenômenos de sucessão. Essa nova percepção da temporalidade, representada por uma linha reta, se difundiu no século XIX e desde então vem servindo de referência para a sociedade ocidental ordenar os fatos. Entretanto, há limitações nessa forma de representação do tempo, pois os acontecimentos não apenas se sucedem, como também se sobrepõem e se imbricam, problema que a história cronológica tem dificuldade de resolver. Como sugere Antoine Prost (2014:114), para que a classificação dos acontecimentos na ordem do tempo não force os sentidos dos dados, a ordem cronológica deve ser flexibilizada, detalhada e interpretada, pois "o tempo da História não é uma linha reta [...] as linhas entrecruzadas por ele compõem um relevo. Ele tem espessura e profundidade".

Dialogar com os saberes dos estudantes e promover uma reflexão sistemática sobre as questões do tempo presente é outra dificuldade da história cronológica que tem preocupado os especialistas, pois o ensino de história perde a capacidade de orientar para a vida prática quando prescinde do diálogo com a cultura e a experiência do educando, crianças, jovens e adultos, a maioria trabalhadores e filhos de trabalhadores, que precisam assumir posicionamento ante os grandes debates da atualidade. A história do Brasil contemporâneo, em que se situam as experiências dos educandos, contraditoriamente vem perdendo espaço nas obras didáticas, que na abordagem desse recorte têm optado pela narrativa apressada dos acontecimentos políticos, centrada nos atos do governo, alçando o Estado à condição de demiurgo da história, perspectiva que não viabiliza uma aprendizagem significativa acerca da complexidade da vida social, pouco contribuindo para o desenvolvimento da autonomia intelectual e do pensamento crítico, indispensáveis ao exercício da cidadania e convívio social republicano. Com um índice de assuntos se ampliando sem enfrentar o debate acerca da relevância e pertinência da infinidade de fatos referidos nas coleções didáticas, a história cronológica é criticada por mirar o passado sem comprometimento com uma proposta de aprendizagem conectada com a vida do estudante. Contudo, é justamente a partir das necessidades, possibilidades e interesses dessas crianças, jovens e adultos que se define a função social da história ensinada nas escolas.

Diante da dificuldade de a história cronológica problematizar os recortes, outro desafio que se coloca para os professores é a superação do conteudismo, que reduz o processo de aprendizagem à obtenção indiscriminada de conteúdos substantivos. Os profissionais da área de ensino concordam que a formação dos estudantes da educação básica, voltada para o exercício da cidadania e preparação para o mercado de trabalho, não exige o conhecimento de todas as experiências do homem. Mas nas obras didáticas, especialmente nos textos que orientam o uso do livro do aluno, é comum o argumento de que o excesso de conteúdos visa ampliar as opções do professor, afirmativa que também tem a pretensão de resolver a frequente dissociação entre à opção teórico-metodológica assumida pela obra e a proposta de organização curricular do conhecimento histórico. É um discurso que parece favorecer a autonomia do professor, mas que encobre as complicações dessa operação, já que a sucessão de acontecimentos prescrita nas obras se orienta pelo nexo causal. Ou seja, na estruturação interna dos volumes, a compreensão de cada capítulo ou unidade depende em grande medida das informações apresentadas anteriormente, restringindo a experimentação de outras formas de ordenamento e classificação dos acontecimentos. Além disso, esses textos dirigidos aos professores silenciam sobre a inferência dessa questão no faturamento das editoras, já que o número de páginas tem peso determinante na composição do preço dos livros didáticos, aspecto que não pode ser subdimensionado quando se procura entender a persistência da história cronológica, que não favorece a reflexão sobre recorte de conteúdo (e de páginas!) e sua importância para a melhoria da qualidade do ensino.

Muito embora essa discussão não seja nova, a produção de livros didáticos com conteúdo que se estende da origem dos hominídeos aos acontecimentos mais recentes numa escala global ainda induz entre os professores a expectativa de que, para promover um ensino de qualidade, seria essencial dar conta desse vasto repertório de fatos. Mas se há um consenso de que não é preciso – nem mesmo possível – que os estudantes da educação básica aprendam toda a história, torna-se imperativo que a organização dos conteúdos substantivos seja precedida de um exercício de seleção, que informe com clareza os critérios para definição de sua pertinência e relevância. Esses critérios devem respeitar os preceitos contidos na Constituição, Leis de Diretrizes e Bases da Educação Nacional e outros dispositivos legais, que se por um lado asseguram a liberdade de aprender e ensinar, assim como o pluralismo de ideias e de concepções pedagógicas, por outro reiteram sistematicamente o compromisso da educação escolar com a formação cidadã, empenhada na construção de uma sociedade livre, justa e solidária, que respeite a dignidade da pessoa humana, e se comprometa com a redução das desigualdades sociais, erradicação da pobreza e combate aos preconceitos de origem, raça, sexo, cor, idade e quaisquer outros. Portanto, o recorte de conteúdos não pode ser arbitrário. Se não há construção do conhecimento histórico sem problema, na disciplina escolar, é forçoso reconhecer que a legitimidade da questão se define pela sua pertinência social.

HISTÓRIA INTEGRADA

Mariana Guglielmo

A HISTÓRIA INTEGRADA é uma das opções de organização curricular da história escolar adotada nos livros didáticos brasileiros. Emergindo na segunda metade da década de 1990, ela tinha como objetivo primordial conectar história geral e do Brasil, que por muito tempo foram tratadas separadamente pela perspectiva convencional/seriada que vigorava até então. Para os que defendem esse tipo de abordagem, a ênfase na sincronicidade dos processos históricos locais e globais permitiria desenvolver análises históricas mais refinadas. A própria história nacional poderia ser mais bem compreendida por meio da ênfase nas conexões entre fenômenos aqui ocorridos e contextos mais amplos (Morais, 2009). Um de seus principais efeitos foi o fim da separação nos livros didáticos entre história geral e do Brasil, que se consolidou nos últimos 10 anos, influenciada pelas demandas do Programa Nacional do Livro Didático (PNLD).

Podemos dizer que a própria globalização, acompanhada pela e relacionada com a revolução das tecnologias de informação e comunicação, incentivou a historiografia a repensar as conexões entre áreas distantes: em um mundo em que ideias, mercadorias e pessoas ultrapassam fronteiras facilmente, explicações que enfatizassem apenas recortes nacionais ou regionais se mostravam claramente insuficientes. Tanto a história escolar (inclusive em outros países, como os Estados Unidos) quanto a historiografia acadêmica buscaram revisitar o passado e se adaptar aos novos tempos, de modo que a história integrada não deve ser considerada um fenômeno isolado, mas sim fragmento de uma ampla tentativa por parte de professores e historiadores de repensar as formas de explicação histórica.

Entretanto, muitos estudiosos teceram críticas a esse tipo de narrativa, apontando que, apesar da proposta de integração, a maioria das obras didáticas que adotaram essa abordagem manteve um olhar eurocêntrico, uma vez que priorizaram a história geral e os processos globais, sempre considerados maiores e mais importantes que a história nacional e examinados a partir de um ponto de vista ocidental. Segundo algumas críticas, essa distorção seria consequência da duradoura influência das concepções ligadas à teoria da dependência, que priorizaria o desenvolvimento capitalista mundial como fator explicativo central para a história das épocas modernas e contemporâneas (Bittencourt, 2004:158). O Brasil seria, portanto, antes eclipsado que integrado, recebendo significativamente menos atenção do que merecera na perspectiva convencional. Talvez ainda mais grave seja a crítica de que muitos desses trabalhos não são bem-sucedidos em efetivamente integrar múltiplas histórias, antes justapondo conteúdos do que os conectando, o que praticamente eliminaria os ganhos defendidos pelos proponentes dessa abordagem.

Essa pode ser a razão de por que no último guia do PNLD (2015) oito obras são classificadas como intercaladas, enquanto apenas seis são listadas como integradas. Ao rotular um livro no primeiro agrupamento, os autores podem ter buscado evitar críticas quanto à capacidade de articulação dos conteúdos, denotando a dificuldade de realizar na prática esse tipo de abordagem.

Percalços similares foram sentidos em diversas obras historiográficas que se pretendiam totalizantes e globalizantes, demonstrando que as dificuldades enfrentadas pela história integrada refletem questões epistemológicas mais amplas colocadas pelas tentativas de conectar de maneira inovadora o local e o global. Assim, apesar de a chamada história global – além de outras modalidades que surgem com ela, como a transnacional, a comparada e a conectada/cruzada – propor uma expansão da perspectiva histórica, ainda existem alguns obstáculos desafiadores para aqueles que escolhem essa via. Entre eles é possível destacar a própria pretensão de se elaborar explicações para fenômenos muito amplos, além da dificuldade de se analisar diferentes contextos políticos, econômicos e culturais. Talvez exatamente por isso, em muitas dessas abordagens o eurocentrismo não foi deixado de lado, uma vez que a maioria dos estudos privilegia o Ocidente, ainda sendo escassas narrativas cosmopolitas que enfatizem o intercâmbio com o Oriente e que partam de perspectivas não ocidentais.

Entretanto, a existência de dificuldades não significa que as ambições integradoras e globalizantes devam ser abandonadas, uma vez que esse tipo de interpretação busca responder a demandas reais. Nesse sentido, há caminhos que podem ser percorridos e cuidados a serem tomados. Em primeiro lugar, é recomendável pensar conexões como um aspecto central para a compreensão do contexto histórico. Assim, a ascensão do café no Brasil imperial pode ser mais bem compreendida ao percebermos que os países em processo de industrialização – especialmente os Estados Unidos, pois os ingleses preferiam consumir o chá indiano – passaram a importar mais a bebida, que tem características estimulantes e melhora a capacidade cognitiva e psicomotora. Uma população crescente e submetida a regimes de trabalho cada vez mais regulados nas cidades e fábricas recorreu ao café produzido por trabalhadores escravizados no Brasil (e ao açúcar, também cultivado por cativos, só que em Cuba) para se adaptar à transição à modernidade industrial. Os impactos dessa conexão foram profundos: os EUA reduziram as taxas alfandegárias e abriram seu mercado na década de 1830, o que aumentou a demanda pelo café brasileiro, estimulando a compra de africanos no império brasileiro e nas colônias espanholas no Caribe. Em consequência, as elites ignoraram as leis que proibiam o tráfico atlântico de seres humanos, como a de 1831 no Brasil, e prolongaram o "infame comércio" por décadas. Percebe-se, portanto, como uma abordagem integrada permite compreender melhor esse momento central da história nacional.

Em segundo lugar, devemos adotar perspectivas não eurocêntricas: por exemplo, destacar a relativa fraqueza dos europeus no Oriente até a segunda metade do século XVIII, e o vigor dos impérios orientais – evidenciado no enorme fluxo da prata americana para China e Índia praticamente até a Revolução Industrial. Cabe lembrar a importância da Ásia, continente tradicionalmente negligenciado no ensino de história, mas que vem assumindo uma importância econômica e geopolítica cada vez maior no século XXI. Nesse sentido, faz-se necessário questionar a tradicional divisão histórica quadripartida em Antiga, Medieval, Moderna e Contemporânea por ter sido construída a partir da experiência ocidental, ainda que não necessariamente apagá-la: a questão maior é integrar o mundo não europeu efetivamente na análise, não como um adendo de última hora, mas reconhecendo suas especificidades e características próprias.

Por último, e talvez mais importante, é recomendável ampliar o espaço dedicado à história do Brasil, mas não de forma isolada, e sim enfatizando os impactos do Brasil no mundo e do mundo no Brasil: por exemplo, qual foi o significado do encontro com os indígenas do Brasil para a reflexão europeia sobre o homem? Ou então: como o movimento negro brasileiro se relaciona com seu homólogo norte-americano e o pan-africanismo?

Em suma, a história integrada pode e deve contribuir para a compreensão do mundo globalizado em que vivemos, desde que se torne mais do que a simples justaposição de conteúdos.

HISTÓRIA LOCAL

Aryana Costa

O USO DE HISTÓRIA local para o ensino de história pode ser considerado tanto a partir do seu próprio valor quanto um grande ponto de partida para atividades que desenvolvem inúmeras outras competências para a construção do conhecimento histórico.

Fazer/ensinar/estudar história local pressupõe tomá-la como objeto do conhecimento (quando nos concentramos em escalas "menores" e mais próximas a nós nos nossos recortes, como o bairro, a cidade, o Estado, mas também grupos sociais e cultura material que não necessariamente correspondem aos limites geográficos e políticos dos lugares) ou como o lugar de onde partem os conhecimentos (dos próprios professores e alunos, da comunidade, de associações e organizações locais, das universidades). Assim é que uma primeira discussão que ela permite fazer é sobre a "presença de história" em espaços (como objeto) ou a partir de sujeitos que, no senso comum, não seria cogitada.

A narrativa historiográfica por bastante tempo se dedicou a um recorte ocidental. Da Mesopotâmia, passando por Egito, Grécia, Roma, a Europa (ocidental, vale dizer!) durante a Idade Média e chegando à Península Ibérica, o processo histórico era alinhavado e chamado inclusive de "história da civilização", se passando por uma narrativa que dava conta de tudo e de todos. Como se ao longo do tempo tivesse havido uma única direção na qual as sociedades se desenvolveram, naturalmente passando pelo predomínio das sociedades europeias, tidas como parâmetro de civilização. O processo de construção de uma identidade nacional no pós-independência, por sua vez, procurou então encaixar o Brasil nessa linhagem. Era preciso encontrar o lugar do Brasil no meio da narrativa já existente e da mesma forma, então, foi concebida uma história da civilização brasileira. Aquele encadeamento de fatos explicava, buscando como referências Portugal, França e a

Grécia clássica, principalmente, mas também em outros referenciais ocidentais, quem somos e como havíamos chegado até aquele presente.

O problema desse tipo de narrativa é que ele se faz passar por uma história geral e, portanto, universal. Como se valesse de igual medida para todos os recortes geográficos ou para todos os grupos sociais, presumindo ser capaz de explicá-los. No nível da história geral, isso é chamado por um termo já bastante conhecido: eurocentrismo. A mesma lógica (de uma parte se fazer passar pelo todo), porém, também ocorre na história nacional. Isso acontece, por exemplo, quando no nosso dia a dia acreditamos que somente uma cidade como o Rio de Janeiro é "histórica". Por causa do patrimônio preservado, também outras cidades como Minas Gerais ou Salvador, por exemplo, são lembradas. Mas quando olhamos ao nosso redor, nos nossos bairros, associações, para as pessoas com quem convivemos, não enxergamos história neles e tampouco em nós mesmos. E por vezes, por isso, até (n)os desvalorizamos. Por raramente vermos "gente como a gente" como objetos das histórias que estudamos, também não aprendemos a nos vermos a nós próprios como objetos de história no próprio presente. Muito menos, então, como sujeitos.

As transformações socioculturais do século XX (a urbanização, escolarização, emancipação feminina, os movimentos civis organizados – negros, indígenas, de gênero etc. –, a descentralização geográfica, o crescimento de regiões periféricas, entre vários outros fatores) e os avanços na produção historiográfica têm contribuído para dar um pouco mais de cor a uma história até então centrada na política, nos homens (literalmente), e nas "instâncias decisórias do poder".

Os avanços na investigação historiográfica atentaram para o fato de que uma história somente institucional, biográfica, masculina, política e elitista não dava conta dos desafios que se punham às pesquisas, aos objetos que se estudava. E as mudanças pelas quais passamos nas últimas décadas resultaram em novas pessoas reivindicando direitos, reafirmando e/ou reconstruindo suas identidades e, portanto, querendo tornar-se visíveis. Além de pôr esses desafios aos historiadores, isso também significou esses novos personagens como produtores de conhecimento: ou seja, o reconhecimento de si como sujeito e, não menos importante, a inserção dessas pessoas também como produtoras de história, não mais somente como objetos.

Assim é que história, como objeto e como produção de conhecimento, vem se descentralizando, pois passou a estudar diferentes lugares/sujeitos e a ser produzida por grupos mais diversificados de pessoas. E como isso pode ser aproveitado pela escola?

Um primeiro ponto a ser indicado é que dificilmente o material base com que trabalhamos em sala de aula, ou seja, os livros didáticos e apostilas, conseguirá dar conta das nossas especificidades locais. Como são produzidos para atender professores e alunos de norte a sul do país, esses materiais costumam trazer uma abordagem mais "universal" da história, a que mais pessoas possam se relacionar e não têm como se aprofundar equanimemente em orientações para trabalhos referentes aos estados do Amazonas, da Paraíba, do Mato Grosso ou de Santa Catarina, por exemplo. Muito menos de cidades ou regiões diferentes dentro dos estados. O que isso significa é que, para engajar-se num trabalho de história local, os professores vão provavelmente ter que realizar suas próprias investigações para coleta e produção de material. Isso quer dizer, por outro lado, que um trabalho de história local é uma ótima oportunidade para a atuação dos próprios professores e alunos como sujeitos produtores do conhecimento eleito como objeto de estudo, atendendo também às discussões psicopedagógicas que prezam por uma educação centrada na promoção da autonomia, da responsabilidade e da proatividade dos alunos.

História local não precisa ser somente a história da cidade ou do Estado, muitas vezes feita nos mesmos moldes de uma história nacional – ou seja, uma listagem de prefeitos/governadores ou de pessoas tidas como importantes, muitas das vezes pela sua condição social privilegiada. Para um melhor aproveitamento dos recortes possíveis, o trabalho com história local precisa da mobilização de conceitos comuns também à geografia, como os de paisagem, região, território. Eles servem como guias para a delimitação dos objetos de estudo, conferindo inteligibilidade ao tema/espaço/recorte selecionado.

Assim é que se pode selecionar elementos que compõem um determinado padrão visual dentro de um espaço (paisagem – natural ou construída) ou um espaço definido pelas ações das pessoas que agem sobre ele (território). O interessante é ter em mente que mais de uma dessas escalas pode ser superposta ao definir um recorte, e a exploração dessas diferentes escalas depende, naturalmente, das faixas etárias e das classes em que se encontram os alunos.

Os temas podem, portanto, ser a história da própria comunidade escolar, do bairro; de instituições como grupos religiosos (de diferentes orientações –

cristãos, afro-brasileiros, islâmicos, judeus etc.); de temas como saneamento, saúde, moradia, lazer; de atividades como feiras, comércios, ocupação do solo, práticas agrícolas. Ou seja, diferentes escalas que não necessariamente correspondem aos limites políticos dos municípios e estados, mas que são construídas ou percebidas pelos próprios alunos à medida que elegem seus temas de investigação.

O mesmo raciocínio se aplica à periodização. Nem sempre os temas que elegemos para estudar na história dos lugares obedece aos mesmos marcos temporais estabelecidos para a história nacional, que geralmente são políticos e onde a mudança é explicada pela sucessão de regimes de governo: Colônia, Império, República. É possível que um estudo sobre as moradias de um determinado lugar, por exemplo, encontre outras datas para a detecção de mudanças nas construções, na sua quantidade e nos seus materiais, nos seus espaços, nas pessoas que ali moram ou deixaram de morar, e também que se identifiquem outras causas, como desastres naturais, fatores ambientais ou econômicos, que não só as decisões políticas vindas de alguma instância superior como promotoras de mudança.

Saber estabelecer outros marcos temporais e múltiplas causalidades para o processo histórico ajuda os alunos a desnaturalizarem a narrativa histórica. A noção de que os nomes que damos a determinadas temporalidades (Idade Média, História Contemporânea etc.) são convenções estabelecidas pelas próprias pessoas que as estudaram é um primeiro passo para o questionamento das informações que recebemos o tempo todo de fontes diferentes. Um passo para entender que os dados com que lidamos são sempre dados interessados, pois produzidos em um determinado tempo, por determinadas pessoas em determinados locais. Esse é mais um passo para os alunos perceberem que a história que eles leem nos livros didáticos também é produzida por alguém. E que aquela narrativa pode ser incrementada, confirmada ou modificada por eles mesmos, desde que seguindo algumas regras para sua produção.

Uma dessas regras é a condição básica de produção do conhecimento histórico – o uso de fontes – e para o qual o trabalho com história local é uma grande oportunidade. Mobilizar "matéria-prima" propicia uma visão do *making of* da história, de uma primeira incursão em como ela é produzida. É como se estivéssemos vendo os alicerces e as vigas de um prédio em construção e não só o prédio já construído e rebocado, como é o caso quando só temos contato com narrativas de processo histórico. O uso de fontes possibilita sua mobilização em várias escalas: pessoais, institucionais, orais, escritas, visuais. Possibilita o conhecimento do local dos alunos por meio da busca pelos seus espaços de memória, acervos, arquivos, monumentos, pessoas a serem entrevistadas. E propicia também o trabalho coletivo, a tomada de decisões, o desenvolvimento das habilidades de raciocínio e argumentação dos alunos.

O trabalho com história local na escola tem sido utilizado como ferramenta para a interdisciplinaridade. A depender do recorte escolhido, é possível trabalhar com a geografia, a educação física, a biologia etc. em conexão com diferentes campos, temas e abordagens da história: patrimônio, memória, história ambiental, sensibilidades, manifestações artísticas, produção de gostos, do que é considerado belo ou desagradável, história do corpo, das atividades físicas, dos modos de morar, de comer, de se cuidar. As possibilidades são tantas quantas forem percebidas pelos sujeitos envolvidos nas atividades.

Todavia, a proposta de história local para o ensino de história também enseja alguns cuidados. A história local por si só, assim como a história "geral", não consegue dar conta de tudo. Ela não consegue prover visões amplas ou sínteses como os recortes nacionais e globais exigem e conseguem dar. Confinar-se ao local pode alimentar o desconhecimento e a intolerância em relação ao outro, ao diferente. E ela é suscetível ao mesmo personalismo e elitismo se for feita como a história tradicional em nível nacional que nós já conhecemos. A história local só tem seu valor plenamente explorado se trabalhada com escalas que sejam intercambiadas e sobrepostas para que os alunos possam perceber justamente onde o local e o geral se distanciam e se aproximam.

HISTÓRIA TEMÁTICA

Helenice Rocha

A HISTÓRIA TEMÁTICA é uma forma de organização e seleção curricular no ensino da história que coloca no tema a potencialidade de sua problematização histórica e contemporânea. Ela envolve seleções e recortes temáticos, articulados a conteúdos e conceitos. A seleção de temas gerais ou eixos temáticos é regida por critérios tais como de significação, abrangência, além de esses temas estarem situados em problemáticas históricas, considerando ainda pressupostos pedagógicos, como faixa etária, nível escolar, entre outros (Bittencourt, 2004:126).

Busca constituir temas significativos e, visando esse fim, tanto considera aspectos do contexto social, estabelecendo relações entre o presente e o passado, quanto considera as experiências dos alunos a que se destina. Problematiza permanências e transformações em múltiplas temporalidades. A história temática se coloca como alternativa à pretensão estabelecida nos currículos durante todo o século XX, de abranger a história da nação e do mundo em uma dimensão temporal unilinear e evolutiva.

No Brasil, a história temática escolar – nas diferentes experiências das décadas finais do século XX – buscou referências teórico-metodológicas principalmente na Nova História francesa, mas dialogou também com o marxismo, especialmente em sua vertente britânica. Por entender que a experiência dos alunos confere significado aos temas, ancorou-se em aspectos do construtivismo e na proposta pedagógica de Paulo Freire, como os temas geradores. Recuando algumas décadas, Libânio Guedes registrou em livro de 1960 uma proposta temática de história, inspirada no escolanovismo (Cerri, 2009:140).

A história temática teve seu *boom* como proposição curricular em algumas redes públicas no Brasil, no momento da redemocratização do final do século XX, quando também foram produzidas coleções de livros didáticos de organização temática. Tanto os currículos como as coleções foram objeto de polêmicas quanto ao abandono da tradição de erudição enciclopédica de toda a história, também expressas em críticas aos temas escolhidos para o desenvolvimento do currículo, considerados excludentes daquela história de tradição ou por assumirem um viés ideológico, entre outras.

Breve histórico de uma tensa e contraditória relação

Alguns autores atribuem o fenômeno da história temática como organização curricular de história a uma influência direta da historiografia francesa, no momento de eclosão da Nova História. Efetivamente, tanto a busca de novos temas por parte da Nova História quanto pela história temática escolar almejava produzir o novo, em relação a uma tradição histórica já posta. E ambas visavam delimitar ou recortar seus objetos para realizar esse desafio, recusando *a priori* abordagens totais e exaustivas. Mas entre a história acadêmica e a história escolar há diferenças intransponíveis de objetos, sujeitos e públicos visados. Na França, país onde surge a Nova História, a tentativa de transposição das propostas da Nova História aos programas escolares ocorrida nas décadas de 1970 e 1980, sem mediações, foi bastante criticada, considerando-se a importância atribuída à narrativa coerente sobre o passado da nação. Referindo-se a esse momento, ainda em 1988, Le Goff afirma que o produto de uma pesquisa de ponta não pode ser transferido ao ensino de imediato (2005:10). Outros países, como Bélgica, Portugal e Brasil, fizeram experiências curriculares com a história temática a partir da década de 1980 até o início do século XXI, cada um deles registrando peculiaridades que historicizam essas experiências.

No Brasil, antes dos Parâmetros Curriculares Nacionais (PCNs) de história, que propuseram eixos temáticos em todo o ensino fundamental, houve o registro de experiências com a história temática em alguns estados e municípios da federação, tais como São Paulo, Minas Gerais e Paraná entre as décadas de 1980 e 1990 e início do século XXI. Naquele momento também surgiram coleções de livros didáticos de história temática, interpretando a demanda curricular que surgia.

Tais experiências tiveram peculiaridades em sua proposição, relativa aos sujeitos, espaços de ação e anseios que os moveram. O momento de redemocratização no Brasil propiciava a criação de alternativas inovadoras também no ensino de história, que considerassem novas temáticas e o que era significativo para alunos e professores, em sua vivência cotidiana. A história temática em cada proposição curricular buscou elementos na Nova História, como também em aspectos do marxismo, especialmente de sua vertente britânica. Também houve o apelo a tendências pedagógicas como os temas geradores de Paulo Freire e sua defesa de consideração do universo de experiência dos alunos, o que representava uma aproximação com a proposição de experiência de E. P. Thompson na história.

Pode-se afirmar que, com a história temática, houve um movimento de uma história narrativa da tradição para uma história problema, também no campo do ensino de história (Caimi, 2009:3).

A história temática concretizada nos PCNs

A história temática é reelaborada nos PCNs do MEC, entre 1997 e 1999, quando vêm a público os volumes destinados a 1ª a 4ª, 5ª a 8ª séries e ensino médio. Os PCNs de história apresentaram a organização de conteúdos no ensino fundamental em eixos temáticos, já recolhendo elementos de toda a experiência dos currículos regionais organizados pela história temática, realizando uma síntese original. A denominação eixo temático surge como busca de diferenciação em relação à história temática da pesquisa histórica, em que ocorre uma análise verticalizada do tema.

O eixo temático pretende articular conteúdos de acordo com problemáticas gerais cujos princípios são norteados por pressupostos pedagógicos (Bittencourt, 2004:126-127). Para concretizar a pretensão articuladora dos eixos e subeixos dos PNCs de história, seguem os títulos dos eixos e subeixos de cada ciclo do ensino fundamental:

1º ciclo: "História Local e do Cotidiano", cujos conteúdos devem focalizar, preferencialmente, as diferentes histórias pertencentes ao local em que o aluno convive, dimensionadas em diferentes tempos; *2º ciclo:* "História das Organizações Populacionais", com o trabalho com diferentes histórias que permitam considerar as relações entre a coletividade local e as coletividades de outros tempos e espaços. (PCNs – 1ª a 4ª séries, 1997:40); *3º ciclo*: "História das Relações Sociais da Cultura e do Trabalho", que se desdobra em dois subtemas: " As Relações Sociais e a Natureza" e "As Relações de Trabalho" ", que se desdobra em dois subtemas: "As Relações Sociais e a Natureza" e "As Relações de Trabalho"; *4º ciclo*: "História das Representações e das Relações de Poder", que se desdobra em dois subtemas: "Nações, Povos, Lutas, Governos e Revoluções" e "Cidadania e Cultura no mundo Contemporâneo" (PCNs – 5ª a 8ª séries, 1998:55).

Considerando-se os pressupostos pedagógicos mencionados anteriormente, percebe-se nos eixos temáticos relativos aos ciclos iniciais uma preocupação em propiciar uma proximidade com o universo infantil (entendido de forma genérica) e o extrapolar. Do mesmo modo, os eixos temáticos dos ciclos finais apontam para uma preocupação maior com as problemáticas do âmbito da história social e do conceitual que lhe é próprio.

Desse movimento buscado pelos eixos temáticos dos PCNs depreende-se que a escolha dos temas ou eixos temáticos e a potencialidade que possuem para o desdobramento em conteúdos e conceitos parecem ser um dos pontos nodais da possibilidade de sucesso ou fracasso da proposta curricular de história temática ou por eixos temáticos.

História temática: prós e contras a partir das experiências no Brasil

Como alternativa à forma de organização curricular da história que veio sendo praticada e criticada no Brasil, ao longo do século XX, a história temática – ao exigir o exercício metodológico de seleção e recorte temático, espacial e temporal – se caracterizou positivamente por: problematizar o conhecimento histórico em articulação com a prática social dos estudantes; abrir a possibilidade de estabelecer relações entre o passado e o tempo presente, contribuindo para a compreensão das experiências sociais e culturais da atualidade em comparação historicizada com o passado; requisitar a apropriação de conceitos históricos, reconhecendo o domínio dos conteúdos como meios, não como fins da aprendizagem; romper com as noções absolutas de linearidade, progresso e evolução, alargando a dimensão da temporalidade histórica que não reduza o múltiplo ao uno (Caimi, 2009:4; Cerri, 2009:142).

As diferentes versões experienciadas da história temática no Brasil também suscitaram apropriações e críticas por parte de pesquisadores, professores e da sociedade em geral. As perspectivas de cada um desses sujeitos propiciaram críticas diferenciadas, que são apresentadas aqui por fazerem parte do debate em torno do tema da história temática.

1. A disputa pelo que é considerado legítimo ou não para compor o currículo escolar, ancorada nas diferentes visões acerca da sociedade que se almeja ver continuada pelas novas gerações foi um dos mais sérios problemas vivenciados pela história temática em suas primeiras experiências. Ao se abandonar um currículo fechado e estável e poder escolher, com alguma flexibilidade, temas ou eixos temáticos, em sua relação com os conceitos e conteúdos, cria-se um campo de possibilidades que será decidido por autores de livros didáticos, professores ou proponentes de currículos, o que é visto como perigo por uma parcela da sociedade.
2. Especificamente sobre os PCNs, mas que pode ser ampliado à história temática no que se refere ao aspecto de problematização dos temas, seus elaboradores não teriam considerado as peculiaridades locais dos alunos, pois partiriam de um aluno imaginado, urbano e pertencente aos segmentos médios da população (Neves, 2000:126). A problematização evoca o contexto, mais imediato ou conjuntural, o que remete ao ponto de vista do observador ou proponente dos eixos temáticos. Até hoje, a proposição de contextualização envolve polêmicas por isso e pela sua importância atribuída aos conteúdos valorizados socialmente pelos seus oponentes.
3. A correlação entre tempo escolar e desenvolvimento do conteúdo ou tema, ao fugir da tradição curricular, preocupa diferentes sujeitos quanto à possibilidade de se dedicar tempo demais a um tema ou conteúdo, e não a outro considerado relevante. De fato, a história temática, enquanto foi mais largamente experimentada, mostrou-se um desafio para que não se dedicasse tempo demais apenas a um tema, deixando de interligá-lo a outros necessários. Ou que temas secundários, da vida cotidiana ou privada, ganhassem tal relevância no currículo que tomassem todo o precioso tempo escolar que devesse ser destinado a temas políticos e da esfera pública (Janotti, 2002:42).
4. Em outra linha de raciocínio, ainda relacionada ao tópico anterior, imagina-se que o aluno que passa exclusivamente pela abordagem da história temática em seu aprendizado escolar da história pode deixar de desenvolver uma interpretação global da história, bem como deixar de dominar tópicos dos conteúdos que são componentes de exames nacionais e esta-

duais com força de currículo, como o Saeb e o Enem, que implicam certa homogeneidade (Cerri, 2009:142).

5. Relacionada à dimensão temporal, a possível dificuldade de os alunos estabelecerem uma compreensão clara da cronologia e de orientação temporal, resultado de uma visão fragmentada da história a partir da história temática.

O conjunto de críticas evidencia que a história temática escolar, ou a história organizada por eixos temáticos, mostrou-se uma experiência curricular que veio a público em momento de grande expectativa na educação brasileira, e especialmente no ensino de história, de busca de superação do antigo ensino de história e de seus problemas, exaustivamente apontados. Possivelmente, a diversidade de expectativas e a polissemia do termo, sem definição de que história temática se estivesse falando em cada contexto, tenham propiciado que se enfraquecesse uma alternativa com potencial para responder a algumas das necessidades de inovação no ensino de história.

LIVRO DIDÁTICO

Itamar Freitas

"LIVRO DIDÁTICO" é categoria ideal-típica designadora de um artefato que "apresenta o conhecimento". Etimologicamente, neste verbete, a expressão é composta pelo termo latino *libro* (fibra vegetal usada como suporte da escrita) e pela derivação adjetiva grega *didáskei* (modo de apresentar o conhecimento).

Nas Europas Ocidental e Meridional, de onde veio a maior parte das orientações sobre livros didáticos de história (LDH) para o Brasil, as discussões sobre "didática" referiam-se a todo o ambiente de formação educacional regular. Havia, então, modos de apresentar história na educação generalista dos alunos dos seis aos 15 anos (príncipes, plebeus ou burgueses) e também modos de apresentar a história aos futuros profissionais civis e militares que frequentavam as faculdades de filosofia, teologia, direito e medicina.

Assim, foram "didáticos" os livros *História universal* (1761), de J. C. Gatterer, e a *Teoria da história* (1857-58), de J. G. Droysen, na Alemanha, a *História Antiga* (1732), de C. Rollim, e a *Introdução aos estudos históricos* (1898), de C.-V. Langlois e C. Seignobos, na França, as *Considerações sobre as causas da grandeza e da decadências dos romanos* (1734), do barão de Montesquieu, e o *Compêndio de história universal* (1881), de Z. C. Pedrozo – que incluía uma propedêutica de teoria da história –, em Portugal.

Nesses países, na passagem do século XIX para o XX, "livro" permanecia "artefato", mas "didática" migrava de "modo de apresentação" a domínio acadêmico sobre a "elementarização" do conhecimento histórico destinado aos imaturos. Já os domínios demarcados, inclusive, sob a forma de impressos, intitulados por "ciências históricas", "metodologia da história" ou "teoria da história", ficavam descomprometidos desse tipo de discussão e assumiriam como seus os objetos relacionados majoritariamente às questões de heurística, crítica, interpretação e representação na formação profissional.

Com a retirada dos objetos da "didática da história" do domínio da "história ciência", é provável que os "livros didáticos" tenham sido, nominalmente, reduzidos à função de apresentadores do conhecimento histórico circunscrito ao interior das escolas primárias e secundárias.

Em geral, quem vê nessa separação um benefício para as "coisas" do ensino escolar, dá como inequívoca a ideia de que o livro didático é objeto "da" escola (primária e secundária), não raro atrelado à invenção da (também ideal-típica) "disciplina escolar" história. Como desdobramento dessa compreensão, por exemplo, o estudioso pode limitar a investigação sobre os livros didáticos de história, no Brasil, à institucionalização do curso secundário (Imperial Colégio Pedro II) e às obras distribuídas pelo Programa Nacional do Livro Didático (PNLD).

Por outro lado, quem discorda dos benefícios da separação entre os cursos/seminários/disciplinas da "ciência de referência" (...de história) e as "disciplinas escolares" (história de...), adotando o sentido etimológico de "didático", pode perceber o LDH em todos os lugares e situações formativas onde a "apresentação" de um conhecimento chamado "história" esteve ou está em curso, independentemente da institucionalização de finalidade, designação ou espaço em horas no currículo. Em síntese, perceberão como didático o livro de história da Igreja empregado no colégio jesuíta da Salvador colonial e o livro de introdução à história em uso no Departamento de História da cidade acreana Rolim de Moura.

Nesse arrazoado sobre a "natureza" do LDH, apenas desenvolvemos uma hipótese baseada em uma categoria ideal-típica ("livro didático"). Ela nos serve para reunir e submeter à análise uma infinidade de coisas designadas por uma infinidade de palavras em diferentes tempos e espaços. Efetivamente, LDH não tem "essência".

Na Alemanha, por exemplo, entre meados do século XVIII e início do século XXI, os "livros escolares de história" (*Schulgeschichtsbuch*) foram compreendidos como os mediadores de perguntas e respostas catequéticas, de quadros sincrônicos, de narrativas, fontes escritas, de biografias, de imagens e de métodos de ensino para alunos e professores de história. Seus nomes, entretanto, não correspondiam, necessariamente, às coisas oferecidas aos alunos e professores: eles eram definidos a partir do principal conteúdo substantivo – livro "de história universal" (*Weltgeschichte*), da principal orientação didática – livro "de repetição" (*Repetitionen*), da emergente organização institucional – livro de "exames regulares" (*Ordentliches Examen*), da população-alvo – "breve história para crianças" (*Kurz-gefasste Kinder-Historie*) ou, simplesmente, da sua função geral – o ensino (*Lerhbuch*) – distante da outra função geral universitária, a pesquisa.

Na Espanha, "manual escolar de história" é categoria ideal-típica que também abarca títulos não necessariamente remetentes às coisas mediadas pelos respectivos artefatos submetidos aos mais distintos interesses do classificador. O *Compendio de la historia de España* (1750), por exemplo, foi tipificado como "manual" por sua intencionalidade pedagógica (facilitador da memorização das crianças) e estruturado em versos. A *Clave historial con que se abre la puerta a la historia eclesiástica, y política* (1783) agregava listas cronológicas, quadros genealógicos e índices de nomes de santos. A *História del arte y de la cultura* (1964) tinha o ensino secundário como alvo, era narrativa, desprovida de exercícios, ilustrada com representações fotográficas em preto e branco e veiculava ideologia nacionalista-fascista.

Se ampliarmos os exemplos, chegaremos a uma conclusão que ajuda a compreender por que Allain Choppin faleceu sem nos deixar uma definição unívoca de livro didático e também porque Kazumi Munakata se demorou na descrição das possibilidades de investigação e na definição do livro didático como conjunto de ideias e valores, mercadoria e artefato utilizado em uma instituição chamada escola. "Livro didático", portanto, será o que decidirmos que ele for, dentro do que estabelecermos como parâmetro de uso – aquilo que ele faz ou deixa de fazer, a qualidade que porta, a finalidade que cumpre, a matéria no qual é vazado, o conteúdo que veicula, a situação que o causa e a consequência que dele provém, o lugar que ocupa no mercado, no Estado, nas instituições religiosas, militares, partidárias, nos movimentos sociais, na universidade e na escola básica. É a plasticidade do uso que vai determinar, por exemplo, se dicionários, enciclopédias, impressos de figuras, de narrativas ficcionais, encartes para pinturas e colagens, objetos digitais de tipo vário vão adquirir ou não o *status* de "didático".

Em países de políticas públicas educacionais bem díspares, como Brasil, EUA e França, livro didático é dominantemente definido pela diferença em relação ao ensino superior: é destinado a crianças, adolescentes e jovens em passagem pela escolarização obrigatória (não profissional) e veicula narrativa linear sobre o local, a nação ou o mundo. Seus constituintes principais, contudo, são objetos de disputas e variam com os agentes envolvidos na produção, compra, avaliação ou uso. Nos EUA, editores e fundações privadas privilegiam o conhecimento pedagógico dos *textbooks*. Já os professores universitários de história e alguns conselhos estaduais enfatizam os conhecimentos meta-históricos (conceitos e práticas da heurística, crítica e hermenêutica). Valores e conteúdos substantivos nacionalistas ou globais, voltados à história do Estado ou à difusão da alteridade, dependem do tom, mais ou menos conservador (moral ou econômico), das políticas de cada estado. Texas e Califórnia dão exemplos de extremas diferenças.

Na França, o paradoxo resultante da obrigatoriedade dos programas nacionais e a liberdade de o professor escolher os *manuels scolaires* mantêm a variação dos atributos do "bom" livro didático de história, flagradas no descentralizado EUA. Os editores prescrevem o suporte e o *design*. Autores, tutelados pelos editores, opinam sobre a estrutura e os objetivos. Conselheiros pedagógicos, além da organicidade das partes, focam na coerência entre projeto pedagógico e aplicação, entre os programas nacionais e o conteúdo substantivo apresentado.

No Brasil, editores, autores, representantes de secretarias estaduais e municipais de educação básica e professores universitários formadores de licenciados em história foram os responsáveis pelas diretrizes definidoras de "bons" livros didáticos desde 1999. Poderiam ser uni ou pluridisciplinares, destinados a séries ou ciclos de ensino que estimulassem a formação de leitores e viabilizassem a formação continuada dos professores.

Nos últimos 15 anos, os critérios de avaliação foram refinados: o livro deve explicitar e cumprir propostas pedagógica, historiográfica e dispositivos legais sobre princípios de cidadania. O manual do professor foi reestruturado, a "aprendizagem" ganhou espaço sobre os "métodos de ensino" e as habilidades meta-históricas estão distribuídas por todo o impresso. Mas o principal objetivo do documento de 1999 não foi concretizado. Hoje, o LDH é uma peça cristalizada por causa da legislação inclusiva e também devido à inapetência de editores e autores que não tiram proveito da liberdade prevista nos editais lançados pelo governo federal.

Essa cristalização está explícita na indiferenciação dos LDH destinados aos anos finais do ensino fundamental e ao ensino médio, e entre os LDH projetados para a escolarização regular e o ensino de jovens e adultos, na manutenção da história *magistra vitae* nos capítulos iniciais do livro do aluno e na apresentação de uma diacronia equívoca de historiografia ocidental (escola metódica/marxismo, *Annales*, Nova História/história social inglesa e nova história cultural).

Os LDH também são frágeis na seleção, na distribuição e na interpretação do conteúdo substantivo. Autores explicam que o "ensinar todo" o conhecimento produzido pelos historiadores é uma impossibilidade material, epistemológica e ideológica. Eles criticam a composição linear, diacrônica, moldada em causa e consequência, e dão como antiquadas as propostas universalistas e teleológicas que fizeram a fama das histórias universais, na passagem do século XVIII para o XIX.

Tais orientações, no entanto, são contraditadas quando anunciam tratar da "origem das primeiras sociedades até as desigualdades da globalização contemporânea". O mesmo acontece quando distribuem a matéria em "Pré-história", "História Antiga", "História Medieval", "História Moderna" e "História Contemporânea", justificando-as pela força do "hábito" e da "tradição", e quando incluem a experiência dos povos clássicos gregos e romanos dos quais a "civilização ocidental" é suposta "herdeira".

Essas escolhas de conteúdo, junto às abordagens essencializadas e homogeneizantes da experiência desses povos, provocam os mais criativos arranjos quando os autores são instados a incluírem a experiência de africanos e ameríndios. A África transforma-se em "berço da humanidade", confrontado com o nascedouro da democracia (a Grécia) e a origem do monoteísmo (hebreus). Povos islâmicos que têm duração singular são segregados em uma Idade Média e a experiência ameríndia é inserida em uma Idade Moderna. A Europa aparece como "periferia" (História Medieval) e "centro do mundo" (História Moderna) e o Brasil, não raro, segue a reboque de uma necessária expansão do capitalismo (História Moderna e História Contemporânea).

Não seria grande o problema se esses senões apontados pelos especialistas estivessem dispersos nas duas dezenas de coleções lançadas na última edição do PNLD para o ensino médio. Mas a situação é grave porque os LDH são extremamente parecidos em um país que não possui currículo nacional. E é ainda mais grave porque os LDH, ainda que não sejam mais os privilegiados meios de acesso às representações sobre o passado local, nacional e global (a internet é a grande fonte), seguem como a principal ferramenta de formação inicial e continuada para aquele que vai ministrar aulas do maternal ao ensino médio.

Evidentemente, as fragilidades do livro didático de história no Brasil não encontram suas causas apenas no gabinete dos seus autores. Transformado em literatura menor pela maioria dos professores orientadores nos ambientes de pós-graduação, e cartelizado entre poucas editoras de capital transnacional, ele está longe de ganhar outras figurações. O preconceito impede que os bons pesquisadores se transformem em autores, a má formação e as estratégias de sobrevivência desencorajam os docentes a experimentarem novas escolhas, e os dispositivos que regulam as compras do governo não possibilitam a entrega de todos os títulos escolhidos pelos professores, independentemente do volume demandado.

Não bastassem esses problemas, a grande mídia e setores conservadores da sociedade civil ainda veem o livro didático de história como um poderoso formador de consciências, ou seja, um disseminador de ideologia perniciosa. Enfim, consideram que os alunos são desprovidos de discernimento para avaliar tanto os conhecimentos e valores mitigados no livro didático de história quanto o discurso alarmista dessa mesma imprensa supostamente desprovida de ideologia.

LIVRO DIDÁTICO REGIONAL

Maria Telvira da Conceição

DENOMINAÇÃO ATRIBUÍDA a livros escolares de história, tradicionalmente destinados ao ensino de 4º ou 5º anos da educação básica, caracterizados por um recorte geopolítico, cuja abrangência espacial pode ser a dimensão conjunta ou individual de uma cidade, um município, um estado ou uma região brasileira, que apresentam uma seleção de conteúdos específicos dos processos históricos e socioculturais, coletivamente reconhecidos como demarcadores de suas fronteiras identitárias, articulados com a história do Brasil, normalmente adotados como material de apoio ao professor e aos alunos, no processo de escolarização formal. Artefatos da cultura escrita, letrada e impressa brasileira, os livros didáticos de história regional, no sentido lato do termo, surgiram no Brasil, na segunda metade do século XIX, no contexto de instalação das primeiras instituições escolares públicas e no despontar das primeiras editoras voltadas para a publicação de livros didáticos nacionais, a exemplo da Editora B. L. Garnier, E. & H. Laemmert e Nicolau Alves & Cia., organizadas com o fim do monopólio da imprensa Régia, em 1822, e impulsionadas a partir da interrupção da importação, tradução e adoção de compêndios estrangeiros, sobretudo franceses, alemães e portugueses, no ensino oficial, conforme mostra o estudo de Bittencourt (1993). O manual *Quadro histórico da província de São Paulo para uso das escolas de instrução pública*, de autoria de J. J. Machado de Oliveira, editado em 1864, constituiu um dos poucos exemplos desse período. No século XX, os livros didáticos de história regional, no ensino escolar brasileiro, passaram por mudanças significativas e foram marcados pelo processo de consolidação das políticas estatais de controle, aquisição e expansão dos livros didáticos, com a implementação de um conjunto de reformas educacionais e curriculares e pela repercussão dos debates do movimento de revisão historiográfica e da renovação do ensino de história. Tais processos constituíram os antecedentes centrais para a emergência dos livros didáticos de história regional, como material de apoio sistemático ao ensino da disciplina história nos anos iniciais, a partir do final dos anos 1980. A primeira fase desse percurso circunscreveu-se no contexto do movimento embrionário de implementação da rede elementar de ensino e do conjunto das primeiras reformas educacionais de caráter nacional: Reforma Francisco Campos, em 1931, e Reforma Gustavo Capanema, efetivada de 1942 a 1946, com destaque para a Lei Orgânica do Ensino Primário aprovada em 1946, primeira reforma realizada pelo Estado brasileiro sobre esse nível de ensino, e a criação do Instituto Nacional do Livro (INL), por meio do Decreto-Lei nº 93/1937, pioneira ação estatal de controle da produção didática escolar no país. Nesse período, os manuais escolares de história regional figuraram no rol da literatura didática geral, apenas de forma esparsa e pontual, a exemplo de *Pontos de história pátria Parahíba do Norte*, 1912; *Epítome de história da Parahíba para uso nas escolas primárias*, de Manuel Tavares Cavalcanti, 1914; *História de São Paulo*, 2. ed., escrito por Rocha Pombo, em 1923, e *História de Minas Geraes – resumo didáctico*, de 1926.

Na segunda metade do século XX, o preâmbulo de constituição de um terreno favorável para incorporação das preocupações com as historicidades locais no ensino formal foi ancorado, no primeiro momento, no campo educacional. O período compreendido entre 1964 e 1985, no qual o Estado brasileiro esteve sob o regime militar de governo, implementou várias reformas educacionais que repercutiram na literatura didática, em particular nos materiais didáticos de caráter regional. Na década de 1960, destacou-se a implementação de uma política sistemática de controle estatal de financiamento, produção, edição e circulação dos livros didáticos, efetivada por meio de um conjunto de leis; entre as principais: Decreto nº 50.489/1961, que dispôs sobre o financiamento e a redução dos custos de obras didáticas; Decreto nº 53.887/1964, que passou a reger sobre a edição de livros didáticos. Em 1966, deu-se a aprovação do Decreto nº 58.653/1966, que criou o Conselho do Livro Técnico e Didático, responsável por gerir e aplicar recursos destinados ao financiamento e à realização de programas e projetos de expansão do livro escolar e do livro técnico, em colaboração com a Aliança para o Progresso. Nos anos de 1970, o Ministério da Educação e Cultura (MEC) aprofundou as políticas de controle dos materiais didáticos; passou a produzir livros didáticos em coedição com o setor privado, sob a responsabilidade do Instituto Nacional do Livro e, posteriormente, da Fundação Nacional de Material Escolar (Fename). Em 1971, o Instituto Nacional do Livro passou a desenvolver o Programa do Livro Didático para o Ensino Fundamental (Plidef), em substituição à Comissão do Livro Técnico e do Livro Didático (Colted). No âmbito curricular, outro antecedente para a emergência dos livros didáticos regionais, no sistema formal de ensino, foi a reforma do Ensino de 1º e 2º graus – Lei nº 5.692/1971. Essa lei determinou, no seu art. 4º, que os currículos desse nível de ensino tivessem um núcleo comum, obrigatório em âmbito nacional, e uma parte diversificada, para atender ao que o texto chamou de "peculiaridades locais". Nesse período, o quantitativo de títulos dedicado aos recortes regionais continuou circulando, de forma pontual e pouco representativa. Foram exemplos: *Súmula de história do Amazonas – roteiro para professores*, 1965; *Estudando São Paulo estudos sociais: 3º ano da escola fundamental* (3ª série do curso primário, 1971). Mas, mesmo sendo um processo em paralelo à instituição dos estudos sociais, ocorrido no mesmo período, ficou evidente, a partir das referidas determinações, a atenção, ainda que embrionária, para o tema no movimento das elaborações curriculares e nas políticas públicas, direcionadas para os materiais didáticos. Na década de 1980, dentro do contexto de redemocratização da sociedade brasileira, o marco divisório para a emergência de uma produção sistemática de livros didáticos de história regional deu-se com a criação, em 1985, do Programa Nacional do Livro Didático (PNLD). O desdobramento central do programa foi fortalecido, no final dos anos 1990, com a institucionalização da obrigatoriedade da avaliação pedagógica dos livros didáticos, a serem adquiridos com verba governamental, para subsidiar o ensino público do sistema nacional. Além do campo educacional, foram fundamentais, na referida década, o reconhecimento e o interesse da historiografia pelos recortes locais. Tal interesse se justificou, naquele contexto, em razão do entendimento dos historiadores de que a escrita da história deveria ampliar seus objetos, abordagens, problemas e domínios temáticos. Os estudiosos da questão regional apontavam, naquela altura, para a relevância de se abordar a relação espacialidade-temporalidade, para fins de estudo da representação do real e do vivido. Foi também nesse momento que se ampliaram os debates, esboçados no final dos anos 1970, em torno da urgência de se revisar o ensino de história brasileira cujos marcos estruturais foram a revisão da tradição pedagógica e a formação do professor, sendo uma das preocupações a problematização dos livros didáticos. *Um estudo de história de Mato Grosso roteiro para o ensino de 1º e 2º graus*, 1980; *História de Alagoas*, 1981; *História de Curitiba – nas trilhas de Coré Etuba*, 1985; *São Paulo, minha cidade: primeiro grau*, 1989; e *História e geografia do Rio Grande do Sul na 5ª série*, 1989, foram títulos produzidos no período. No contexto dos anos 1990, a importância das preocupações com as histórias e as culturas locais, no ensino formal, passou por importantes mudanças. Nesse percurso tiveram relevante contribuição as determinações da segunda LDB, Lei nº 9.394/1996, que estabeleceu a continuidade da divisão do currículo nacional em duas partes: uma base comum correspondente a 75% da carga horária e uma base diversificada totalizando 25% da carga horária. Na referida estrutura curricular, conforme estabeleceu o art. 26, a parte diversificada teve como finalidade atender às características regionais e locais da sociedade e da cultura. Houve um reforço dos aspectos locais, como objeto do processo de escolarização formal, no âmbito curricular conferido, por meio de duas diretrizes subsequentes: os Parâmetros Curriculares Nacionais (PCN) 1ª a 4ª séries, aprovados em 1997, os quais postularam, entre os objetivos do ensino de história, os de identificar o próprio grupo de convívio da criança e as relações que estabelecem com outros tempos e espaços. Na formulação do referido documento, as experiências históricas dos sujeitos sociais constituíram um dos eixos temáticos dos conteúdos do ensino para esse nível escolar, sob a denominação de *história local e do cotidiano*. E, em 1998, a aprovação das Diretrizes Curriculares para a Educação Básica Resolução, CEB nº 2, de 7 de abril de 1998, amparada pelo Parecer CNE nº 4/98 – CEB, referendou o art. 26 da Lei nº 9.394/1996 e indicou, no inciso V, que

> as escolas deveriam explicitar, em suas propostas curriculares, processos de ensino voltados para as relações com sua comunidade local, regional e planetária, visando à interação entre a Educação Fundamental e a Vida Cidadã, pois os alunos, ao aprender os conhecimentos e valores da Base Nacional Comum e da Parte Diversificada, estariam também constituindo suas identidades como cidadãos em processo, capazes de serem protagonistas de ações responsáveis, solidárias e autônomas em relação a si próprios, às suas famílias e às comunidades.

Construindo o Ceará, 1992; *Fortaleza, a criança e a cidade*, 1995; *O povo do Pampa: uma história de 12 mil anos do Rio Grande do Sul para adolescentes e outras idades*, 1999; e *Viagem pelo Rio Grande do Sul* – 4ª série, 1999, são exemplos dessa literatura, na década em questão. No presente século XXI, os livros didáticos regionais passam por uma nova fase do seu processo de constituição e efetiva participação na vida escolar brasileira, caracterizados por dois importantes movimentos: seu comparecimento nas atuais políticas de avaliação institucional, e como objeto de conhecimento nas pesquisas acadêmicas. Ao longo da década de 2000, houve um aumento substancial no quantitativo de livros didáticos de história regional submetidos a avaliação pedagógica, sob a responsabilidade do PNLD, com a realização, em 2004, da primeira avaliação oficial dos referidos livros pelo programa. No *Guia nacional do livro didático* desse ano, foram 14 livros de história regional de 10 estados da federação: Amazonas, Bahia, Ceará, Espírito Santo, Mato Grosso, Minas Gerais, Paraná, Pernambuco, Rio Grande do Sul e São Paulo. Na avaliação do PNLD, em 2007, o quantitativo passou para 27 obras de 14 estados brasileiros no PNLD, o que correspondeu a um aumento proporcional de 100% em relação à avaliação de 2004. Em 2010, foram 21 estados que apresentaram um quantitativo de 64 obras representantes das regiões Nordeste, Sul, Sudeste, Norte e Centro-Oeste e, no último PNLD de 2013, foram 58 obras tratando da história de 22 estados da federação. No âmbito acadêmico, a partir do final da década de 2000, ampliaram-se os debates sobre sua concepção, papel e desafios do seu uso nos processos de ensino, impulsionados pela inserção, ainda que tímida, desse tema em pesquisas de mestrado e doutorado, com a consequente produção de teses, artigos e livros. As discussões em andamento sobre a construção dos materiais didáticos de cunho regional são diversificadas e têm ocorrido prioritariamente no âmbito das pesquisas acadêmicas alusivas ao tema. É desse contexto a ênfase sobre a importância do seu papel nos processos de formação escolar atual, o argumento de que os livros didáticos de história regional devem contribuir para o desenvolvimento de diferentes conceitos relativos à história, a exemplo de fonte, memória, diferença e semelhança, acontecimento, temporalidades, referenciais conceituais fundamentais para a escrita e a interpretação da história. E para a compreensão dos processos identitários, pertencimentos étnico-culturais, narrativas e singularidades, e para o exercício crítico dos processos históricos. O panorama de problemáticas pautadas por esses debates destaca a necessidade do seu fortalecimento como tema de interesse da pesquisa científica; a predominância da visão tradicional de abordagem dos recortes temporais das vivências locais, seguindo a periodização cronológica clássica da historiografia brasileira; os desafios da efetivação de uma abordagem metodológica equilibrada, no que respeita ao diálogo interdisciplinar e contextual com os processos históricos nacional e global; e o desafio conceitual quanto a especificidades do local/regional na definição do perfil da escrita da história para este tipo de material, são exemplos enfocados por essas análises. Por fim, as problemáticas em torno da forma como deve ser escrita e abordada a história local têm procurado levar em conta a importância de um referencial interdisciplinar que prioriza aportes teóricos, advindos de uma revisão epistemológica, tomando por base uma concepção de lugar, de espaço e de território, resultado de construções históricas, como perspectiva para a construção de um perfil possível para o livro didático de história local/regional, destinado ao ensino de história, na escola básica do século XXI.

MEMÓRIA

Carmem Zeli de Vargas Gil

AO CONSULTAR UM DICIONÁRIO, encontramos o significado da palavra "memória" associada ao ato de preservar experiências do passado; conjunto de funções psíquicas que permite lembrar, reter ideias, impressões ou ato de guardar. Parece que dificilmente vamos encontrar a palavra "esquecimento" como parte da resposta ao que é a memória. No campo da história e da educação, é relevante pensar lembrança e esquecimento como processos correlatos, considerando que parte da memória histórica corresponde ao que foi excluído por não compor os "grandes acontecimentos" selecionados para serem lembrados. O imaginário do mundo moderno surgiu, no dizer de Walter Mignolo (2005), da articulação de vozes escutadas ou apagadas, memórias compactadas ou fraturadas, memórias que suprimiram outras memórias.

Do que falamos quando falamos de memória? As respostas dependerão da disciplina, da época ou do pensador que dela se ocupar, seja ele um teórico francês, latino-americano, africano ou asiático. Não há, portanto, uma resposta unívoca. O conceito de memória tem seus fundamentos na universidade ocidental moderna, e hoje é importante reconhecer outras formas de pensamento que ampliem a perspectiva apontada para sua compreensão.

Hampâté Bâ (2010) anuncia o valor da memória na história africana, destacando os guardiões ou a "Memória viva da África" como aqueles que transmitem "de boca a ouvido, de mestre a discípulo ao longo dos séculos" os conhecimentos de geração a geração, religando as pessoas à palavra, que tem uma dimensão sagrada. Essa história falada constitui uma teia com fios muito frágeis, cujos guardiões são os velhos de cabelos brancos e voz cansada; ancestrais que mantêm na memória coletiva a força da história vivida. A fala, portanto, na sociedade africana tradicional não é apenas um meio de comunicação diário, mas o meio pelo qual a sabedoria dos ancestrais é mantida:

aquele que falta à palavra separa-se de si mesmo e da sociedade. Esses "fazedores de conhecimento" podem ser mestres iniciados de algum saber (ferreiro, caçador, tecelã...) ou possuir o conhecimento da tradição em todos os seus aspectos. Mas "a tradição africana não corta a vida em fatias e o 'Conhecedor' raramente é um especialista", como nos revela Hampâté Bâ (2010:175): "[...] podemos falar de uma 'ciência da vida': a vida sendo concebida como uma unidade onde tudo está interligado, interdependente e interagindo".

Os depositários da herança oral, arquivistas dos fatos passados, são chamados, conforme a região, de *Doma* ou *Soma*, Conhecedores ou *Donikeba*. "Os grandes *Doma*, os de conhecimento total, eram conhecidos e venerados, e as pessoas vinham de longe para recorrer ao seu conhecimento e à sua sabedoria" (Bâ, 2010:176). Portanto, a tradição oral africana não se limita a lendas e mitos, e os *griôs* não são os únicos guardiões da memória: eles eram perseguidos pelo poder colonial, que procurava apagar esse passado e ensinar o que era considerado a história verdadeira segundo o colonizador europeu.

O grande africanista Jan Vansina (2010) defende que a oralidade é uma atitude diante da realidade, e não a ausência da habilidade de saber escrever. Segundo ele, as sociedades orais são as que melhor preservam a capacidade de compreensão de seu passado por meio da memória coletiva. A tradição é a memória coletiva da sociedade; é o que a mantém e organiza e o que articula a relação com a natureza. Em outros termos, a memória transforma o vivido em experiência compartilhada – não para eternizar o passado, mas para entendê-lo como uma construção que reforça a pertença ao grupo.

No pensamento ocidental, como se efetiva a compreensão da memória coletiva? A figura de Maurice Halbwachs ocupa o centro do debate, a partir de seus trabalhos sobre os marcos sociais da memória (obra publicada em 1925) e a memória coletiva (obra publicada em 1950, cinco anos após a morte do autor). Assim, ele colocou a questão: "[...] a memória individual não é possível sem instrumentos, como palavras e ideias, os quais não são inventados pelos indivíduos, mas tomados emprestados de seu meio". E isto implica, segundo ele, a presença do social nos momentos mais individuais, ou seja, recordamos com a ajuda das lembranças do outro, ainda que as memórias individuais sejam únicas e singulares.

A memória coletiva se transmite oralmente e por meio de textos, monumentos, rituais, festas, comemorações na família, na rua, na escola. A história nacional foi uma das formas mais importantes de afirmação da memória coletiva, delimitando o que lembrar e o que esquecer e construindo uma história com presenças ausentes. A memória histórica pode contribuir para a construção da memória coletiva, embora não resulte de lembrança de ninguém, mas da operação do historiador, que interroga os documentos à luz de hipóteses para, então, designar os acontecimentos que irão compor a memória histórica.

Para além dos relatos oficiais, coexistem, na memória coletiva, memórias de mulheres e homens trabalhadores, militantes, estudantes, sem-terra, migrantes, mesmo que, às vezes, elas encontrem-se na condição de memórias subterrâneas, que em silêncio continuam o trabalho de subversão da memória "oficial" (Pollak, 1992). Nessa perspectiva, a memória é um trabalho de reinterpretação do passado em razão do presente e do futuro, a partir de estratégias ou lutas que buscam construir outras narrativas, obscurecidas pelas memórias oficiais em torno de pessoas, grupos e instituições. Essas memórias das lutas coletivas e dos diferentes grupos invisibilizados no relato da história pátria necessitam fazer parte do currículo das escolas, compondo, assim, memórias e histórias mais plurais.

Le Goff (1990), ao associar memória, poder e esquecimento, evidencia a memória como processo deliberado de escolha e seleção, sujeito a determinadas circunstâncias de poder. Não existe, portanto, um documento ou uma memória que não carregue certas visões de mundo; lembrar o passado e escrever sobre ele não são atividades inocentes. Assim, interessa ao educador debater o que a memória histórica oficial definiu como memorável em oposição ao que é silenciado. Que memória histórica frequentemente está mais representada nos materiais didáticos? Efemérides e biografias heroicas ou os fragmentos de memórias e histórias indígenas, africanas, afro-brasileiras, dos operários, das mulheres, dos jovens? Em outros termos, trata-se de tentar compreender as regras de exclusão conforme anunciado por Peter Burke (2000).

A construção de monumentos, museus e o acesso à exploração de arquivos evidenciam a institucionalização da memória e uma onda comemorativa que pode ser explicada pelo contexto de mudança acelerada em que vivemos e que nos leva a pensar a memória como um modo de gestão do passado. Pierre Nora (2009) dá pistas que explicariam isso a partir da relação linear que existia entre passado, presente e futuro, o que garantia certa segurança nas escolhas do que preservar do passado no presente, de modo a legitimar o futuro esperado. Hoje, a incerteza do futuro cria para o presente a obrigação de recordar e guardar tudo, o que é assegurado pelas novas tecnologias. Outro aspecto apontado por Nora é a emancipação de grupos étnicos cuja busca do passado é parte do processo de afirmação.

Também é possível refletir sobre memória pensando-a como ferramenta teórico-metodológica na produção da história como conhecimento. Podemos, neste caso, recorrer a um conjunto de autores (Halbwachs, Le Goff, Pierre Nora, Pollak, Jelin, Ricoeur) que nos ajudaria a compreender as diferenças e as relações entre história e memória – que se revelam cada vez mais complexas –, sendo importante superar as polarizações que alimentaram, por muito tempo, os debates: individual/coletivo, objetivo/subjetivo, total/particular, verdade/ficção.

Halbwachs, na primeira metade do século passado, insistia que a memória coletiva não podia se confundir com a história. Essa era a tônica dos debates: evidenciar a oposição entre os dois conceitos. A história começava justamente onde a memória acabava, e a memória acabava quando não tinha mais um grupo como suporte. Assim, a memória era sempre vivida, física ou afetivamente. No instante em que os grupos desapareciam, a única forma de manter as lembranças era exterior a eles.

Assim, tanto para o sociólogo (Halbwachs) quanto para o historiador (Nora), a história e a memória se opõem: esta seria um processo vivo conduzido por grupos, e aquela, um registro, uma operação intelectual, uma problematização e crítica do passado. Ainda é consenso hoje que a história vivida e a história-conhecimento são processos diferentes, embora correlatos – mais um diálogo do que uma oposição. Elas compartilham de um mesmo objeto: a representação do passado, sendo importante pensar as suas inter-relações e, assim, romper as hierarquizações que classificam a história como um saber mais legítimo do que a memória. Por ser uma relação, não há hierarquização, mas trama: "Entre o voto de fidelidade da memória e o pacto de verdade em história, a ordem de prioridade é impossível decidir" (Ricoeur, 2007).

Há, no entanto, uma diferença importante entre os dois conceitos: a maneira como se relacionam com o tempo. O tempo da memória é o da continuidade presente naquele que lembra. Não há corte ou ruptura entre passado e presente e, portanto, não há lembrança estática, pois está sempre sujeita aos rearranjos das emoções grupais. Já o tempo da história é o da descontinuidade entre quem lê os fatos narrados e quem os testemunhou. Ela fragmenta o tempo, corta, recorta, privilegia mudanças, transformações, destruições.

Em síntese, tanto a memória quanto a história não são verdades em si mesmas. Ambas buscam trazer o passado para o presente: a memória o acessa diretamente, e a história o faz com e por meio de vestígios. Como alerta Ricoeur (2007), a impossibilidade de acessar diretamente o passado possibilita que a história faça o debate e a crítica às memórias, pois está distante da experiência vivida. Do ponto de vista da escrita da história, Ricoeur indica a memória como matriz da história, embora, do ponto de vista da recepção, proponha pensarmos a memória não como simples matriz, mas como reapropriação do passado histórico por uma memória instruída pela história.

No final do século XX, a epistemologia da memória como um discurso eminentemente ocidental teve seu estudo marcado por duas questões: a) a necessidade de falar dos processos e dos sujeitos invisibilizados na história; b) os extermínios do século XX nas sociedades marcadas por experiências coletivas traumáticas como Argentina, África do Sul, França, Alemanha, México, Ruanda, Bangladesh, Índia, Chile. A partir disso, se produziu conhecimento sobre os vínculos entre memória e história, história e testemunho oral e evidência e experiência como formas de narrar o passado. Assim, a memória se converteu em princípio de reclamação de justiça perante as atrocidades genocidas que marcaram o século XX. Ricoeur (2000a: 736) problematiza este "dever de memória" que introduz às gerações um imperativo – "tu contarás aos teus filhos" – e pode fechar a memória de uma comunidade histórica, "congelar no espírito da vitimização, de a arrancar do sentido da justiça e da igualdade. É por isso que proponho falar de trabalho de memória e não de dever de memória".

No Brasil, o trabalho de memória (nos termos anunciados por Ricoeur) coloca em evidência a história dos povos indígenas e dos afro-brasileiros, e queremos crer que muitos outros grupos – como curandeiros, contadores de histórias, cantadores, tocadores, lideranças políticas, movimentos feministas e LGBT – conquistarão o reconhecimento público. O mesmo ocorre com a memória da ditadura acionada como direito e não como obrigação – é de fundamental importância que a história escolar promova a reflexão a respeito das marcas de acontecimentos como a ditadura e a escravidão na frágil democracia brasileira.

No campo do ensino de história, ainda é relevante atentar para a lembrança e o esquecimento como movimentos seletivos entre passado e presente. Em outras palavras, a memória tem a ver com o lugar que ocupamos no presente e, portanto, é uma produção narrativa e discursiva do presente. Isso nos ajuda a discutir os depoimentos/entrevistas que são comumente utilizados no contexto das aulas na educação básica, sendo recomendável analisar com os alunos também o evento da entrevista em si: por que o entrevistado escolheu este fio narrativo? Por que insiste em um tema? Por que escapa de outros? Quem escolhemos entrevistar? Qual a relação do entrevistado com o tema em estudo?

Talvez o grande desafio seja o de integrar a tradição oral ao currículo, aproximando as gerações de tradição oral e as novas gerações de tradição escrita. Trata-se de compreender que a memória social não se reduz ao que está nos livros, e isso implica reconhecer os mestres e *griôs* diante das novas gerações e dos sistemas formais de ensino. Tal proposição tem relevância para o ensino de história na medida em que a *colonialidade do poder, do ser e do saber* produziu o esquecimento de ser quem se é, cancelou saberes, línguas, cosmologias e impediu essas populações de subjetivar de modo autônomo suas tradições.

Diante do exposto, é importante sistematizar que:

– A memória é um trabalho do presente e, portanto, não há resgate de memórias. O passado que se rememora e se esquece é ativado em um presente e em função de expectativas futuras inscritas em uma representação de tempo e de espaço.
– O trabalho com memória e história oral não significa dar voz a quem não tem. É, sim, um espaço fecundo para a compreensão do passado a partir de diferentes vozes, o que nos possibilita abordar o testemunho oral na sala de aula não como fonte acessória, mas como o núcleo de um estudo com os alunos.
– Se o estudo da memória se realiza por seus diferentes suportes, os ditos "lugares de memória" são potentes para se debater nas escolas as seleções, disputas, presenças e ausências de grupos sociais diversos.
– Os grupos sociais de tradição oral não estão situados no passado em oposição às sociedades ditas letradas. Para o currículo, a riqueza está na compreensão desses saberes, e não na oposição a eles.
– A memória coletiva não é uma entidade que existe acima dos indivíduos, não se trata de dados e, por isso, é importante centrar a atenção nos pro-

cessos de sua construção, evidenciando os diferentes sujeitos sociais e as disputas de sentidos, de modo que a história cumpra sua tarefa de fazer o debate explicitando as escolhas e as negociações da memória.

O tema da memória é potente nas aulas de história se fizermos dele um campo aberto ao debate e à compreensão das sociedades em diferentes tempos, de forma que possamos desnaturalizar representações hierarquizadas que desintegram os diálogos possíveis. Torna-se, portanto, urgente e necessário que a história ensinada deixe de abordar a tradição oral como algo menos importante em relação à tradição escrita e de acreditar, erroneamente, que tais tradições são como contos de fadas. Valorizar a fala e a escuta: eis mais um desafio para quem é educador em tempos difíceis.

MÉTODO DE ENSINO

Circe Bittencourt

MÉTODOS DE ENSINO de história têm sido produzidos e reformulados no processo de constituição e consolidação dos saberes históricos para os diferentes níveis escolares. Os métodos integram projetos curriculares em escala internacional a partir dos primórdios da educação moderna e, no atual contexto educacional, torna-se fundamental a explicitação de um dos conceitos centrais da escolarização. Para a história e demais disciplinas, método de ensino corresponde às formas pelas quais os professores apresentam conteúdos aos alunos sob diferentes meios de comunicação e atividades escritas e orais. E entende-se a importância do método de ensino por ser "a parte da disciplina que põe em ação as finalidades impostas à escola" e representar a liberdade teórica da criação disciplinar ou os limites impostos ao trabalho docente (Chervel, 1990).

Estudos sobre a constituição de métodos de ensino a partir da *forma escolar* dos séculos XVI e XVII consideram essencial a distinção entre *métodos de ensino* e *métodos de aprendizagem*, uma vez que estes correspondem às práticas efetivas dos professores e dos alunos nas salas de aula. Os *métodos de ensino* centram-se na figura do professor no processo de organização de suas "aulas", de seleção de programas de estudos e materiais didáticos, de utilização de procedimentos formais e informais de avaliação do saber ensinado, enquanto os *métodos de aprendizagem* se originam da necessidade de "fazer com que" o aprendizado "possa entrar no aluno". Na constituição de um saber escolar havia uma ação articulada entre "apresentar um determinado conhecimento ao aprendiz e manter o aprendiz diante de tal conhecimento", e a metodização proporcionou um caminho para o aprendizado: "seguir uma sequência metodizada correspondia a estar inserido em um currículo" (Hamilton, 2001).

Os métodos de ensino, na medida em que a escolarização se estendia para um maior número de alunos, passaram a seguir os princípios da *Di-*

dactica magna de Comenius (1657), especializando-se os mestres em criar *métodos de instrução* que indicavam, passo a passo, as etapas de aprendizagem. A ênfase inicial da aprendizagem, a partir desse período, se deslocou dos *métodos de aprendizagem* para os *métodos instrucionais*. Tornou-se traço definidor de um currículo não apenas seu conteúdo, mas o "método para instruir". Dos séculos XVII ao XIX, em escolas de religiosos protestantes e católicos, instalou-se o *método catequético* que assumiu uma *forma instrucional* no processo de escolarização. Instruía-se pela exposição oral do professor, por realização de leituras de textos escritos, pelo momento dos alunos escreverem ou de como deveriam falar nos espaços escolares, de como ter posturas corporais para serem instruídos...

A história, ao se tornar disciplina nos currículos secundário e primário no século XIX, se constituiu pelo método catequético que prevaleceu nos diversos países católicos, incluindo o Brasil. Conteúdos para o nível secundário de história universal, de história sagrada ou história do Brasil, integrantes do *currículo das humanidades*, eram ensinados por um professor especializado por intermédio de uma leitura (ou explanação oral) e, em seguida, os alunos deveriam responder às perguntas exatamente como estava escrito nos textos. Aprendia-se memorizando uma história cronológica e, pelos compêndios didáticos do século XIX, eram apresentados esquemas instrucionais *mnemônicos*, cuja função era situar no tempo os fatos descritos nos textos. Criou-se a tradição de um saber histórico pautado em nomes e datas de acontecimentos considerados históricos pelos grupos políticos monarquistas, e essa tradição se manteve no processo de consolidação do Estado nacional. Os métodos atendiam a determinados objetivos da história escolar: apresentar a origem e constituição da nação brasileira pelo Estado unificado sob o domínio das elites econômicas agrárias, católicas, monarquistas e escravocratas para alunos provenientes de setores privilegiados da sociedade.

No decorrer do século XX, a história e demais disciplinas passaram a se constituir sob novo paradigma sustentado pelas ciências modernas e iniciaram o combate ao *método catequético*. Os debates metodológicos se apresentavam com maior força, sobretudo, porque a educação escolar passou a incluir novos grupos sociais urbanizados das classes médias e de trabalhadores e, consequentemente, ampliou a escola pública e o período de escolarização. Os métodos buscavam se integrar aos pressupostos da *aprendizagem dos sentidos* por intermédio dos *métodos ativos*. Para o ensino de história, os *métodos ativos* foram simplificados e reduzidos, nas práticas de "apresentar imagens do passado". A introdução de uma iconografia "histórica" nos livros didáticos tornava possível *a aprendizagem pelos olhos* sobre a vida de tempos antigos, uma vez que o problema central para o ensino de história era a aprendizagem de um tempo passado distante das vivências das crianças. O ensino de história proposto era a criação de narrativas fundamentadas no "methodo biographico e anecdotico" que prendessem a atenção dos alunos pelo dom da oratória do professor e pela sua capacidade de "contar em uma linguagem simples o essencial" dos episódios (Serrano, 1917).

Com a introdução dos fundamentos da psicologia da aprendizagem a partir de 1940-50, tiveram início debates sobre introdução de métodos que possibilitassem a compreensão dos conceitos do *tempo e do espaço* históricos para alunos das escolas primárias. As propostas das práticas de ensino centraram-se no desenvolvimento da capacidade de observação do próprio lugar de vivência social e se organizavam em estudos integrados, entre eles, os *estudos do meio* que, entre outras inovações de sociabilidade, possibilitavam métodos interdisciplinares. Tais propostas, no entanto, acabaram por transformar a história e a geografia em estudos sociais nos quais as noções históricas foram, na prática, pouco abordadas e se diluíram em estudos parciais e mecânicos sobre a história local, do estado ou município, limitadas a comemorações de datas cívicas municipais e nacionais.

O ensino de história para o secundário se fez pelo princípio de um conhecimento científico histórico sob o referencial positivista dos fatos, tendo como objeto de estudos o Estado-nação fundado sob a noção do *tempo do progresso* da civilização ocidental. Mantinha-se o *método instrucional* por intermédio das respostas dos alunos a questões sobre *as causas* e *as consequências* dos "grandes fatos históricos" e ampliação do uso dos manuais escolares.

Nas décadas de 1950-60, as mudanças no secundário foram mais significativas pela formação dos professores de história proporcionada pelas faculdades e universidades, lugares em que se ampliavam a pesquisa e a produção historiográfica e, em princípio, seria possível a articulação entre conhecimento científico e conhecimento escolar além de uma maior aproximação entre métodos historiográficos e escolares.

Nos colégios de aplicação, criados para a organização dos estágios dos futuros professores, entre outras escolas criadas nos anos de 1960, efetivaram-se práticas inovadoras quanto às metodologias do ensino de história. Um aspecto inovador das reformulações metodológicas foi a aprendizagem centrada no aluno e pela motivação para estudar história. Nessa perspectiva, foi significativa a mudança do *lugar* do professor e do aluno na aula ao substituir o *método expositivo* pelo *método dialogado*. Essa recolocação do aluno tornou possível a criação de novos métodos de aprendizagem e redimensionava-se o método de ensino dos professores. Criavam-se atividades múltiplas, com crescimento de trabalhos de equipes e inovações de materiais didáticos. A importância do material didático no ensino cresceu em função dos novos métodos de ensino e da ampliação da maneira de se conceber a história escolar. A reconfiguração do conhecimento histórico escolar se fez associada às metodologias historiográficas que então introduziam novas abordagens analíticas sobre as fontes históricas, em especial, as iconográficas e museológicas. O uso de variados documentos como material didático possibilitou a criação de novos acervos didáticos, como de diapositivos, de mapas ilustrados e filmes, conforme relatam professores dessas escolas (Costa, 1959). Os materiais didáticos sofreram mudanças significativas, incluindo os manuais de história nos quais, além da ampliação do número de imagens, apresentavam-se novas formulações de questões para atender aos objetivos de uma formação cognitiva, de constituição identitária, formas de socialização e de estudo. Possibilitava a transformação do *aluno aprendiz* em *aluno estudante*.

As mudanças metodológicas no ensino de história do período não se estenderam ao conjunto das escolas. As dificuldades e impedimentos para implementação das propostas metodológicas se explicam pela precariedade de investimentos do setor público e pelos problemas decorrentes dos objetivos propostos pela disciplina. A história escolar proposta como conhecimento de princípios universais e humanista, exemplo e veículo do senso crítico, possibilitaria formar espíritos autônomos e alunos poderiam realizar julgamentos, fazer escolhas para os projetos futuros. Diante de tais possibilidades, a história ficou sob suspeita pelo seu poder de formação política. A transformação da história e da geografia em estudos sociais, pelo regime ditatorial entre os anos de 1971 a 1985, foi acompanhada do retorno aos *métodos instrucionais* como estudos dirigidos e de instrumentalização dos alunos a responder a testes de múltipla escolha, além da transformação do livro didático em suporte para a efetivação do *método instrucional*.

No decorrer das décadas de 1980 a 1990, no Brasil, o debate metodológico tornou-se central pela ampliação da escolarização que permitiu a inclusão de alunos de diversas condições econômicas e culturais, e pela forte presença das mídias que introduziam nova bagagem de conhecimentos. Os métodos de ensino propostos na atualidade decorrem desse mesmo cenário que demanda alterações também quanto aos conteúdos para a história escolar. Há mudanças de uma história política centrada no Estado para uma história sociocultural e ampliam-se críticas quanto ao ensino de uma história nacional e universal produzida sob paradigmas eurocêntricos e colonizados. As demandas de vários setores sociais se expressam em torno de propostas de estudos sobre história local, regional e de relações internacionais para além da Europa capitalista. Os objetivos do ensino de história pretendem contribuir para a constituição de identidades culturais e sociais diversas e tais intenções proporcionam debates sobre métodos de aprendizagem de histórias dos afrodescendentes, de populações indígenas, de imigrantes, de mulheres, de jovens e de crianças... Indaga-se sobre procedimentos metodológicos para efetivar um conhecimento histórico sistematizado que pressupõe a concorrência de uma história vivida, das histórias apresentadas pelas mídias e construídas sob outra lógica.

Os debates metodológicos da atualidade apontam para a necessidade de analisar os elementos constitutivos da aprendizagem: o poder da palavra – a força da narrativa escrita e das informações dos meios de comunicação com seus "efeitos de realidade"; o poder das coisas – objetos, paisagens, museus; o poder das representações culturais – filmes, peças de teatro, músicas; o poder das atividades escolares socializadas – jogos, pesquisas, trabalhos coletivos, experiências. Trata-se de métodos de ensino que visam uma formação escolar histórica sob a concepção de uma aprendizagem para a autonomia intelectual. Nessa perspectiva têm sido propostos *métodos dialéticos* em vertentes já tradicionais dos estudos das disciplinas científicas (Bachelard 1996), ou o método dialógico de Paulo Freire que articula o conhecimento científico ao conhecimento empírico e fornece outro *status* ao conhecimento prévio dos alunos provenientes de diferentes experiências históricas na configuração do conhecimento escolar (Freire e Shor, 1986).

Em oposição a essas propostas metodológicas se configura um retorno, em escala internacional, ao *método instrucional* sob o princípio do *método catequético*, organizado por um currículo avaliado que fornece um percurso único delimitado por materiais didáticos especializados em treinar alunos para responder aos testes de múltipla escolha. Trata-se de uma nova *virada instrucional* (Hamilton) com sérios comprometimentos para o conhecimento escolar em plena "era da informação", ao buscar efetivar métodos padronizados vinculados a materiais didáticos monopolizados por grandes empresas internacionais. O retorno do método instrucional tem como objetivo transformar o professor em *instrutor* e o aluno deixa de ser estudante para ser um *aprendiz* de conhecimentos técnicos suficientes para o exercício de uma profissão no mundo do capitalismo monopolista internacional.

MUDANÇA E PERMANÊNCIA

Fernando Seffner

MUDANÇA E PERMANÊNCIA são dois processos que atuam em sintonia. Em qualquer conjuntura histórica há esforços de mudança e esforços de permanência atuando, na forma de disputas políticas, a depender dos grupos sociais envolvidos. Dificilmente temos uma situação histórica em que todos os envolvidos estejam igualmente satisfeitos com a repartição do poder, e nenhum grupo esteja fazendo algum movimento para alterar a ordem estabelecida. Por conta disso, usamos o verbete mudança/permanência grafado dessa forma, com o uso da barra, a indicar a atuação simultânea dos dois processos. A disputa política por manter ou alterar uma conjuntura histórica se deve a muitos fatores, mas basta examinarmos com atenção a sociedade em que vivemos para perceber a enorme diversidade de grupos sociais e interesses em jogo, a produzir necessariamente conflitos de toda ordem. Somos homens, mulheres, crianças, idosos, negros, brancos, pardos, indígenas, ricos, pobres, moradores do campo e da cidade, pertencentes a esta ou aquela religião, portadores ou não de necessidades especiais, simpáticos a esta ou aquela corrente política, empresários ou trabalhadores, com tais ou quais valores morais e éticos, com projetos e planos de futuro dos mais diferentes tipos, favoráveis ao consumo de carne ou vegetarianos, fumantes ou inimigos do cigarro, pertencentes a agregados familiares cada vez mais diversos, situados em países diferentes, falando línguas diferentes, no Oriente ou no Ocidente, no Sul ou no Norte do mundo, em conjunturas de crescimento econômico ou de crise, somos de países colonizadores ou de países colonizados, entre muitos outros marcadores sociais da diferença.

A enorme diversidade dos grupos sociais que caracteriza qualquer sociedade humana envolve uma permanente tensão entre permanência (deixar as coisas como estão) ou mudança (modificar o que parece lesivo aos interesses de um grupo ou pessoa). E não devemos imaginar que tais disputas possam um dia chegar ao fim. Aqui nos alinhamos com o pensamento da filósofa política Chantal Mouffe, quando afirma que uma sociedade democrática não é o local onde as divergências foram todas superadas e o consenso de ideias e opiniões se estabeleceu. Ao contrário, a democracia deve ser percebida como marca de uma sociedade onde um grande conjunto de ideias e visões de mundo conflitantes está em permanente discussão, possibilitando a cada indivíduo amplo leque de escolhas. É esse permanente debate entre mudar, permanecer e para onde ir que dá vigor ao pertencimento político em uma sociedade, e faz de cada um de nós sujeitos que exercem seus direitos de escolher em coletividade o destino que nos parece mais adequado. É tarefa importante do ensino de história possibilitar que os alunos reconheçam, nas diferentes conjunturas históricas, os esforços de mudança e permanência que estavam em jogo; os modos como se deram os embates; as ideias, valores e princípios políticos postos em discussão; as regras que presidiam os conflitos; as soluções encontradas para resolver as diferenças entre os grupos sociais; o uso ou não da violência e do conflito armado para solução dos conflitos; as consequências de algumas opções tomadas ao final dos embates para mudança ou permanência. Na vida social o dissenso é mais comum do que o consenso. Momentos de consenso são raros, e logo se estabelecem longos períodos de dissenso. Constitui objetivo ético do ensino de história formar sujeitos que tenham presente um elemento fundamental da noção histórica de *modus vivendi*: a capacidade de construir acordos entre indivíduos e grupos cujas opiniões diferem.

Em todos os momentos de mudança na história há registro de permanências. Ou seja, nem tudo mudou, embora muita coisa possa ter se modificado. E em momentos em que as coisas parecem apenas "permanecer", longos momentos em que parece que "nada está acontecendo", há tentativas ou processos de mudança em andamento, mesmo que não sejam de imediato perceptíveis. Dessa forma, falar em mudança implica sempre reconhecer permanências, e quando afirmamos que algo é assim ou foi assim, certamente temos que admitir que há – ou houve – esforços de mudança. Quando fazemos afirmações como "de 1500 a 1822 o Brasil foi colônia de Portugal", não podemos deixar de reconhecer que ao longo do período tivemos esforços de mudança, como a Inconfidência Mineira. Em 1789, nas Minas Gerais, um grupo se organizou em torno da ideia de constituir ali uma república aos moldes daquela já proclamada nos Estados Unidos. O movimento não teve êxito. Disso resultou a morte por enforcamento do alferes Joaquim José da Silva Xavier, o Tiradentes, em 21 de abril de 1792. Tiradentes foi considerado um fora da lei por muito tempo, e sua vida e a Inconfidência Mineira não eram matéria das aulas de história. Após a proclamação da República no Brasil em 15 de novembro de 1889, a data de sua morte foi transformada em feriado nacional, e sua figura intensamente valorizada, como um precursor da luta pela independência republicana do país. As mudanças nos rumos políticos de um país implicam por vezes mudanças na escrita de seu passado.

Podemos ter outro tipo de situação. Em um dia a professora ensina à sua classe que "a escravidão foi abolida no Brasil pela Lei Áurea em 13 de maio de 1888, e o país foi um dos últimos a realizar tal ato". Ao longo da aula, alunos leem o documento histórico da lei, conhecem a conjuntura política da abolição, analisam dados sobre o número de escravos libertos naquela data, são confrontados com gravuras de época com cenas de trabalho escravo. No dia seguinte, a mesma professora traz para debate em sala de aula a Portaria nº 110, de 24 de janeiro de 2017, do Ministério da Justiça, que institui o Pacto Federativo para Erradicação do Trabalho Escravo no Brasil. No debate que se segue, a classe de alunos e alunas conhece os quatro elementos que no art. 149 do Código Penal Brasileiro caracterizam o chamado "trabalho análogo ao de escravo": trabalhar em condições degradantes; manter uma jornada exaustiva de trabalho que afeta a saúde ou traz risco de vida; exercer o trabalho de modo forçado por conta de ameaças físicas, violências ou isolamento geográfico; ficar sujeito a servidão por dívida, quando o trabalhador contrai débitos com o patrão que não consegue mais saldar. A discussão se anima e alguém lembra que, quando estudaram a Grécia Antiga, uma pessoa podia se tornar escravo por ter sido vencida em uma guerra ou por não ter conseguido pagar uma dívida. A classe de alunos termina o estudo redigindo textos pessoais em que afirma que a escravidão como sistema legalizado de trabalho pela sociedade brasileira foi abolida em 1888, mas que um conjunto de fatores faz com que no Brasil a prática de "trabalho análogo ao de escravo" ainda esteja bastante ativa. Resulta disso que temos tanto a mudança quanto a permanência. Se até 1888 a legislação brasileira aceitava a propriedade de uma pessoa por outra, isso hoje não é mais permitido perante a lei. Mas há parcelas da sociedade brasileira que ainda mantêm viva a possibilidade de não reconhecer ao outro a igualdade em termos de condições de trabalho. Supondo-se que a escola de que estamos dando exemplo esteja localizada no estado do Rio de Janeiro ou no estado de Alagoas, no terceiro dia um grupo de alunos e alunas poderá talvez trazer para debate a história de Zumbi dos Palmares, indicando que o dia 20 de novembro é feriado nesses estados, e é nessa data que o movimento negro reconhece a comemoração da luta pela libertação da escravidão. Deslocou-se aqui um pouco a data que estabelece o marco da mudança do regime escravista entre nós. Deslocou-se também certa noção de escravidão, impactada pelo discurso dos direitos humanos: não se trata apenas de ausência de liberdade, mas de ausência de dignidade, ou de condições dignas de trabalho, que pode indicar entre nós ainda hoje a existência de trabalho análogo ao de escravo. Verificamos que o verbete mudança/permanência será mais bem compreendido em sintonia com outros termos de uso corrente no ensino de história: rupturas, continuidades, residualidades, descontinuidades, contradição, intencionalidade, reconstruções do passado como permanência ou mudança, progredir conservando, reminiscências e tempo histórico, passado, presente e futuro, datas.

Por vezes, em uma aula de história se duvida da força de afirmações como "o Brasil proclamou sua independência em 7 de setembro de 1822". Não faltarão alunos para dizer que "até hoje não somos independentes" ou então "somos ainda um país dependente, um povo colonizado pela cultura norte-americana e europeia". Novamente, será por um estudo cuidadoso dos processos de mudança/permanência que poderemos produzir uma análise mais sofisticada da situação. Também temos como voz corrente, na escola e fora dela, a expressão "que coisa medieval" para se referir a algo atrasado e fora de época. O estudo da Idade Média pensado na pauta de mudança/permanência pode ajudar. O medievo pode ser problematizado nas aulas de história a partir de três conceitos: a *medievalística* (conjunto da pesquisa e da criação conceitual sobre a Idade Média); a *medievalidade* (senso comum divulgado sobre a Idade Média por meio do cinema, jogos, televisão) e as *residualidades medievais* (aquelas permanências na forma de vestígios, práticas, gestos do que um dia pertenceu ao medievo, e aparece nos dias de hoje de modo transformado, com outros objetivos e sentidos). Ao operar com essas categorias para o ensino da Idade Média, se estará efetivamente possibilitando a alunos e alunas uma reflexão sofisticada sobre os mecanismos de mudança/permanência na contemporaneidade. Há modos lúdicos de mostrar às crianças das séries iniciais a atuação dos processos de mudança/permanência no terreno do consumo. Em nossos modos de vestir e no *design* de produtos do dia a dia temos a presença tanto do chamado "retrô" (objetos desenhados hoje, mas claramente inspirados em modelos antigos) como do chamado *vintage* (um objeto antigo que subitamente entra na moda, e compõe a decoração ao lado de outros objetos modernos).

Mudança/permanência no ensino de história é tema em conexão estreita com a discussão do tempo histórico e a questão das datas. Alguém poderia pensar: de que vale aprender datas, se sabemos que as mudanças nunca se deram exatamente naquele dia ou ano, e, mais ainda, junto com as mudanças tivemos o registro de permanências? Vale pensar um pouco na necessidade das datas: "1492, 1792, 1822, 1922. Datas. Mas o que são datas? Datas são pontas de *icebergs*. O navegador que singra a imensidão do mar bendiz a presença dessas pontas emersas, sólidos geométricos, cubos e cilindros de gelo visíveis a olho nu e a grandes distâncias. Sem essas balizas naturais que cintilam até sob a luz noturna das estrelas, como evitar que a nau se espedace de encontro às massas submersas que não se veem?" Pensar o ensino de história como ensino dos processos de mudança/permanência só pode ser feito com atenção às datas. Mas as datas não podem ser vistas apenas como pontas que flutuam. Elas estão ligadas a essas massas submersas, e é sobre elas que cabem indagações e debates nas aulas de história. Por conta disso, ao estudar um evento e uma data, temos que lembrar que "as datas, como os símbolos, dão o que pensar". Sem atenção às datas, o ensino de história naufraga tal qual o Titanic em 15 de abril de 1912!

NARRATIVA HISTÓRICA

Itamar Freitas

GUARDEMOS ESSA DEFINIÇÃO: narrativa é o principal elemento dos modos de representar os atos humanos, a exemplo da história e da poesia. Esse representar, mediado pela narrativa, é inerente ao ser humano e serve para *conhecer* o mundo e *experimentar prazer*. Uma narrativa (intriga) está constituída quando dispomos acontecimentos *indicadores de mudança de sorte* (do sucesso ao fracasso e vice-versa), com o conhecimento ou a ignorância dos seus atores, em um lapso de tempo *apreensível pela memória* e *estruturado em princípio, meio e fim*. Aí estão as lições da *Poética* (350 B.C.E) que tanto incomodam os historiadores cientificistas desde meados do século XIX. Aristóteles preferia a poesia à história. A primeira representava falas e atos possíveis (verossimilhantes ou causais) de determinado grupo de pessoas (era universal). A segunda representava falas e atos de determinada pessoa (era individual). Ambas dependiam da narrativa para mobilizar as emoções do público.

Aqui, não vamos tocar nos incômodos, explorados à exaustão nas últimas quatro décadas. Mantenhamos a definição aristotélica (que não conservava os sentidos de história partilhados por nós) apenas como um tipo operacional. Isso porque é tolice omitir atores, causas e *mudança de sorte*, por exemplo, nas histórias da historiografia brasileira, alemã e francesa, expressos nas transições de um modo de escrita da história para outro, como da escola metódica para a nova história cultural ou do Instituto Histórico e Geográfico Brasileiro para os cursos de pós-graduação em história. É ingênuo ignorar o centenário apelo ao *começo, meio e fim* nas escritas mistas de história da "Humanidade", da "Civilização" ou do "Ocidente" que os autores dos livros didáticos de história têm conservado, seja Hegel, seja Marx a orientar a hegemônica cosmogonia cristã. É um disparate, por fim, acreditar que a extensa Matriz do Exame Nacional do Ensino Médio privilegia a compreensão do passado apenas via estrutura, quando a teleologia – "das cavernas ao terceiro milênio" – dá o tom dos currículos, desde 2009, restringindo o desenvolvimento de habilidades de pesquisa e desprezando a sensata previsão de um *tempo apreensível pela memória* e da possibilidade de *experimentar prazer*. Pensamos ser mais vantajoso observar como alguns pesquisadores de orientação vária têm manuseado as categorias história, desenvolvimento, mente, sujeito e ideologia para justificar o uso da narrativa do ensino de história.

Jörn Rüsen entende a narrativa como principal competência humana de produção de sentido. E produzir sentido é atribuir significado à vida, sob o ponto de vista individual e social, principalmente, diante das mudanças às quais estão submetidas as pessoas durante a existência. Narrar é, pois, "um procedimento mental" que articula "interpretação do passado com um entendimento do presente e as expectativas de futuro". A competência narrativa reúne, assim, quatro habilidades mentais que podem ser didaticamente escandidas: experimentar o passado – perceber a mudança ou a separação entre o antes e o agora; interpretar a mudança – formular uma explicação sobre ela em termos de tradição ou insuficiência da tradição; orientar-se – empregar o saber histórico para fortalecer ou negar a tradição, por exemplo; e motivar-se a agir diante da mudança.

As habilidades necessárias à narrativa realizam as ideias de "humanidade" – a "superação do etnocentrismo pelo humanismo histórico" (consciência histórica genética) – e de "mente" – dinâmico sistema das habilidades de experimentar o passado, interpretar a mudança e orientar-se no tempo (construir identidades individual e coletiva). Para Rüsen, a afirmação dessas habilidades representa um avanço em relação à teoria do desenvolvimento de Jean Piaget, que enfatizava a "consciência moral" (caracterizada pelo aprendizado do respeito à regra). Rüsen incorpora essa tese de Piaget como primeiro nível de uma cadeia, cujo principal (consciência genética) corresponde ao estágio alcançado pelo moderno pensamento histórico. Assim, ensinar história é, em grande medida, viabilizar o aprender a "pensar historicamente", ou seja, racionalizar a vida, para realizar a referida visão de mundo. Os currículos de história, portanto, deveriam prescrever determinada progressão, herdada, ontogeneticamente, da experiência do "pensamento histórico em dimensão universal". Em outros termos, a "consciência histórica" humana, revelada pela história da historiografia, desenvolveu-se entre os níveis tradicional, exemplar e genético. Hipoteticamente, também os indivíduos percorreriam esse curso, devendo, entretanto, ser apressada a instância genética da consciência histórica. Em síntese, o desenvolvimento da competência narrativa teria a função de "elevar" o pensamento histórico dos alunos desde o seu nível elementar (focado no exemplo ou no irrestrito respeito às regras da tradição) ao seu nível mais sofisticado (focado na compreensão e no respeito ao outro).

Atuando no Canadá, Kirian Egan também usa narrativas para aquisição de diferentes modos de "compreensão histórica" herdadas da história da historiografia (mítica, dramática, buscadora de "padrões ou estruturas" e interessada no que "realmente aconteceu"). Como Rüsen, Egan prescreve relação direta entre ontogênese e filogênese (o indivíduo é um resumo abreviado da experiência da espécie) e critica a teoria do desenvolvimento de Jean Piaget que se concentra no desenvolvimento da capacidade de cognição. Egan enfatiza a capacidade de imaginação. Assim, propõe novo entendimento de constituição da psique – migração da imaginação à razão – e de organização do currículo – progressão da compreensão histórica da camada "mítica" à camada de "compreensão dos detalhes". Segundo o autor, diferentes modos de compreensão histórica, aplicados às faixas etárias da escolarização básica, auxiliam na construção de identidades.

Para os anos iniciais, Egan busca fundamentos nos estudos antropológicos sobre culturas dominantemente orais. Uma "ferramenta intelectual" empregada por essas culturas é a narrativa mítica. Ela comunica cosmologias estruturadas em oposições binárias que devem orientar o ensino das crianças: liberdade *versus* opressão, segurança *versus* perigo e conhecimento *versus* ignorância. Narrativas míticas envolvem emocionalmente as crianças e fornecem modelos explicativos (contextualizadores) aos conflitos dos próprios alunos e do seu entorno. Para a etapa que corresponderia aos nossos anos finais – "camada romântica" –, Egan sugere o emprego de narrativas sobre as ações e as respectivas motivações de determinados atores. Nesse nível de ensino, afirma, os estudantes reconhecem "heróis e heroínas" e sentem-se atraídos por experiências exóticas e distantes, como a biografia de Alexandre o Grande. Sentimentos e valores, ainda em oposições binárias, como amor *versus* ódio e coragem *versus* medo, partilhados por esses atores, são empregados pelos alunos em processos de formação identitária.

A construção da identidade individual do aluno, junto à aquisição de responsabilidades sociais, também é potencial beneficiária do emprego de narrativas nos trabalhos do inglês Denis Shemilt. Mas ele prefere explorar o cumprimento de uma terceira finalidade pouco discutida entre os especialistas: a compreensão de histórias totais. Esse tipo de compromisso não se cumpre apenas com estratégias de usar evidência para comparar e julgar relatos, avaliar explicações e determinar o significado de eventos. O caminho sugerido por Shemilt é a construção de um "retrato uniforme do passado", isto é: dotar o aluno de uma compreensão lógica das histórias totais da humanidade ou da civilização. Adequando-se à finalidade, ele inverte (de certo modo) a sequência exame de fontes/estudo do todo. É a elaboração da narrativa histórica que prepara o aluno para o trabalho com as ferramentas da pesquisa histórica e não, necessariamente, o contrário.

Shemilt aconselha a planejar exercícios que desenvolvam a competência narrativa do aluno em progressão crescente de complexidade. Dividida a escolarização básica em quatro períodos, os professores ofereceriam, inicialmente, os exercícios de linha do tempo, empregando acontecimentos genéricos (o tempo dos caçadores-coletores, a industrialização etc.), de forma espaçada e em escala de milhões de anos. No segundo período, mais que oferecer o aprendizado de ordenar e relacionar elementos por anterioridade/posterioridade, Shemilt sugere o trabalho com generalizações e padrões de regularidade na explicação das mudanças, viabilizados pela introdução de experiências paralelas (comparações sincrônicas). No terceiro, a sofisticação é realizada no cruzamento de diferentes dimensões passíveis de generalização para a explicação da mudança: a produção (econômica, tecnológica), situação demográfica, a forma de organização (social e política) e as experiências culturais e intelectuais (religiosas e científicas). Para o último período, as narrativas devem ser avaliadas sob o ponto de vista da evidência e comparadas em suas conclusões. Nessa etapa, é importante que os alunos percebam as diferenças de características entre as narrativas e a necessidade de admitir a existência de narrativas concorrentes.

Nosso último exemplo de uso da narrativa está no texto de Keith Barton e Linda Levstik, que entendem o ensino de história como estratégia para a formação de pessoas atuantes em uma "sociedade pluralista e democrática". Eles duvidam que a narrativa seja uma espécie de universal antropológico, mas comemoram o fato de as crianças empregarem narrativas para dar sentido ao passado já em ambiente familiar. Apesar de abusarem da simplificação da extensão, das causas e da atuação dos personagens e de preencherem lacunas fantasticamente, alunos empregam narrativas de modo semelhante aos historiadores (atribuindo sentidos ao passado), beneficiadas com as narrações dos mais velhos, desenhos animados, filmes, quadrinhos e os relatos cotidianos dos colegas. Assim, na condição de conhecimento tácito, a narrativa é uma "ferramenta cultural" motivadora para o ensino de história. Como produto adquirido anterior à escola, faz render o tempo do professor que pode se engajar na comunicação dos conteúdos substantivos. Considerando o interesse de manter uma "democracia participativa" nos EUA, entretanto, o uso da narrativa apresenta alguns desvios que devem ser controlados, a exemplo da confusão entre o narrado e o acontecido (interditando versões alternativas e concorrentes) e a atribuição das causas a um único indivíduo.

Para combater esses déficits, Barton e Levstik sugerem a construção de narrativas individuais dos alunos nos primeiros anos da escolarização, praticamente excluídas dos livros didáticos, que se ocupam das narrativas nacionais e globais. Contudo, aconselham os professores a desenvolverem a percepção dos alunos para seu protagonismo e, mais importante, o reconhecimento do valor do contexto na viabilização desse protagonismo. A fórmula está sintetizada na frase de Karl Marx: "os homens fazem história, mas não a realizam conforme suas vontades". Para demonstrar relevância desse princípio, Barton e Levstik listam iniciativas de leitura e escrita de narrativas individuais, que exploram as reações ao ódio e à discriminação de pessoas como Anne Frank e Adolph Hitler. Narrativas desse tipo e também narrativas declaradamente ficcionais dão a conhecer as reações humanas em situações-limite e convidam os alunos a imaginarem-se como participantes, por exemplo, da Revolução Americana ou na Guerra Civil. Aí nasce o problema: esse tipo de ênfase nas escolhas, respostas e ações induz os alunos a depositarem na vontade-ação individual, voluntarista, carismática ou heroica os únicos motores da história. O ideal é tirar proveito dessa ferramenta motivadora e ampliar a percepção dos alunos para o valor dos sistemas econômicos, políticos, jurídicos e das crenças religiosas na determinação dessas ações individuais. Esse, entretanto, não parece ser de fácil resolução, já que a perspectiva individualista de ver o mundo (expresso em narrativas pré e extraescolares) é um problema cultural, construído secularmente, inclusive, pelo próprio sistema escolar estadunidense. Na Irlanda do Norte, por exemplo, profundos conflitos religiosos e políticos impactaram a escrita dos livros didáticos a ponto de eles evitarem a individualização das ações históricas. Depois de gerações de exposições estruturais, alunos possuem uma compreensão mais sofisticada dos motores da história, explicam Barton e Levstki.

Por esses exemplos, percebemos que a narrativa no ensino de história é bem-vinda, mas não há (e não pode haver) consenso provisório sobre os seus usos, mesmo quando empregamos o tipo aristotélico como instrumento de comparação e por um óbvio motivo: os teóricos, planejadores e praticantes do ensino de história mobilizam divergentes finalidades e critérios (e de modo não hierarquizado) para justificar a seleção de conteúdos e métodos. Nos quatro autores, explicitamos os parâmetros mais recorrentes: ideologia, sujeito, mente universal (J. Rüsen) ou culturalmente moldada (B. Malinowsk), teoria do desenvolvimento fundamentada na biologia de J. B. Lamarck (cognição de J. Piaget) ou na embriologia de K. E. von Bauer e E. Haeckel (ontogênese/filogênese). Se seguíssemos os exemplos dos neurocientistas, chegaríamos ao mesmo resultado. As hipóteses e/ou demonstrações de que algumas atividades neurais coincidiriam com os pontos de mudança de uma história em narração ou de que os "neurônios espelho" produziriam sensações no leitor semelhantes àquelas experimentadas pelos personagens vistos ou lidos pelo aluno (representação-imitação) nos estimulariam a empregar narrativas na formação escolar. Para a nossa (in)felicidade, os estudos da neurociência (como os da teoria da história, da psicologia e da antropologia) destinados ao melhoramento das atividades educacionais são também demandados e orientados por sistemas morais, políticos e econômicos, ou seja, quem dá a penúltima palavra sobre o valor da narrativa no ensino de história é, ainda, a ideologia de quem planeja.

NOVAS TECNOLOGIAS

Anita Lucchesi
Dilton C. S. Maynard

UM GIRO DE 20 ANOS e o digital tornou-se uma promessa infalível, dentro e fora da academia. A sociedade conectou-se, e a etimologia do termo nunca esteve tão atual quanto agora: deixamos as telonas para mergulharmos nas telinhas, em um universo tecnológico de interfaces cada vez mais sutis e amigáveis em que mesmo botões parecem perder a importância, o *touch* se torna corriqueiro, há comandos de voz, e os operadores de sistemas inteligentes já oferecem aos usuários assistentes que parecem faltar pouco para servir o café e viram piada como a Siri, a voz cibernética dos aparelhos da Apple, dando uma impressão de que é longínquo o passado em que tudo se resumia a sequências de dígitos zero-e-um, zero-e-um dos sistemas binários de *bits* e *bytes*, que apenas os *nerds* ou informáticos treinados saberiam comandar.

No cinema, novelas e seriados essa realidade cuja tônica central é a tecnologia inspira intrigantes enredos. Na China o vício em internet já é considerado um problema de saúde pública entre os jovens, enquanto ao final de 2017 a Organização Mundial de Saúde cogita classificar o vício em jogos digitais como transtorno mental e inseri-lo pela primeira vez na Classificação Internacional de Doenças (CID). Mas antes disso, a temática já se fazia presente com referências suaves no início dos anos 2000, quando, por exemplo, na novela *Malhação*, dirigida majoritariamente ao público infanto-juvenil, o principal espaço de sociabilidade era o Café Gigabyte – que nos lembra outra estrutura datada e surgida com a popularização da World Wide Web, os *cybercafés*, ambientes que começaram a dar sinais de extinção com a massificação dos computadores e dispositivos móveis que hoje permitem navegar na internet de casa, da rua e do trabalho, todos eles à venda, com atraentes descontos à vista ou parcelados em muitas vezes no cartão de crédito ou no carnê, em quase todas as grandes lojas varejistas do mercado. Isso nos informa que, em que pese às inúmeras desigualdades sociais do nosso país, o acesso a essas tecnologias é uma possibilidade real para trabalhadores de diversos estratos econômicos. Em 2014, pela primeira vez, mais da metade dos lares brasileiros passou a ter acesso à internet, e no ano seguinte o telefone celular se consolidou como o principal meio de acesso, alcançando a marca de 92,1% entre os domicílios com internet, segundo dados do Instituto Brasileiro de Geografia e Estatística (IBGE). Também em 2015, seguindo os mesmos dados do IBGE, o percentual de pessoas que acessaram a internet alcançou 57,5% da população de 10 anos ou mais de idade, o que corresponde a 102,1 milhões de pessoas.

Diante disso, nos parece sensato pensar que a escola não pode ficar de fora dessa discussão. E, na realidade, o cotidiano escolar já está bem imerso nisso, uma vez que seu público-alvo, sobretudo aqueles alunos e alunas nascidos do final dos anos 1990 para cá, já cresceu identificado com a geração que Marc Prensky (2012) chamou de nativos digitais. Tudo isso é um processo recente, mas, ainda assim, um processo. E, no entanto, parece que *não mais que de repente* "tudo digital é sexy" – como afirma o historiador holandês Gerben Zaagsma. O mesmo autor lembra que, "enquanto as humanidades parecem *old-fashioned*, chatas e em contínua busca por justificação ou valorização, as humanidades *digitais* nos conjuram imagens de territórios inexplorados e novos horizontes onde recursos financeiros fluem livremente, valor acadêmico é garantido e benefícios sociais são autoevidentes" (Zaagsma, 2013:3). Entretanto, Zaagsma, ao discutir o fazer historiográfico na era digital, demonstra preocupação com este completo fascínio pelo novo e alerta para a necessidade de tentarmos combinar o "novo" e o "velho" numa prática que seja cada vez mais híbrida para não corrermos o risco de, como diríamos aqui no Brasil, "jogar fora o bebê junto com a água do banho".

Nesse sentido, se pensarmos que entre todas as tecnologias digitais podemos destacar a internet como o "embigo do mar de transformações tecnológicas dos últimos tempos" (Lucchesi, 2014:35-46) e que, como já dito antes, "a verdadeira questão não é ser contra ou a favor da Internet. O importante é compreender as suas mudanças qualitativas" (Maynard, 2011:42), gostaríamos de propor alguns pontos de inflexão que podem servir para o engajamento nesse debate de contínuo movimento. Como a discussão da tecnologia seguirá viva, temos plena consciência de que nenhuma ideia aqui levantada poderá ser tomada como cláusula pétrea para quaisquer debates relativos à escrita e ao ensino da história nesta chamada era digital. Contudo, o que propomos, em consonância com o título do verbete, é também um experimento, assim resumindo: a sugestão de que a adoção de uma postura (mais) aberta, lúdica e especulativa em relação à tecnologia pode resultar em efetivos ganhos para o letramento histórico e digital de todos os sujeitos envolvidos na relação de ensino e aprendizagem hoje em dia.

De saída, vale dizer que o momento de transformações que estamos vivendo é tão fluido e muda tão rápido que nem as escolas, nem a academia ainda encontraram as respostas certas sobre como lidar com toda essa novidade de uma maneira certeira em sala de aula. Se, por um lado, isso indica que não existe receita pronta, o que é bom, já que nos deixa espaço para o debate democrático e a diferentes perspectivas e apontamentos de práticas que podem variar de contexto em contexto (para citar apenas um exemplo, imaginemos as diferentes realidades escolares em espaços rurais e urbanos), por outro, essa fluidez também denuncia uma falta de sistematização dos saberes, a bem dizer, uma sensível carência de registros de experiências e estudos empíricos na área. Isso vem mudando no decorrer da última década; entretanto, não deixa de ser um sintoma significativo do método mais compartilhado por todos nesse universo até o momento: o aprender fazendo.

Nada de errado com "aprender fazendo", pelo contrário. O que gostaríamos de chamar a atenção aqui é justamente que, na ausência de grandes parâmetros, esse tem sido o caminho que, em muitos casos, pode ter resultado em frustrações (não nos faltam narrativas daquele colega que tentou fazer um projeto X com suas turmas e, por um entrave tecnológico, viu tudo ir por água abaixo), mas também foi e é o que tem garantido o desenvolvimento dos estudos a respeito, já permitindo, por exemplo, que o presente dicionário seja escrito.

Aliás, é bem aí que entra a tônica central do nosso verbete: a experimentação criativa. Por experimentação entendemos aquela noção básica mesmo de laboratório, a realização de experimentos, como uma prática sistemática, por meio da qual, e pela sua repetição, chegamos às grandes e pequenas descobertas científicas. Quando pensamos, porém, na experimentação criativa no contexto escolar, não estamos querendo propor a redescoberta da roda. Em lugar disso, consideramos que de forma criativa, ao nos proporMos a experimentar as tais ferramentas digitais, nos permitamos brincar com essa roda – e aprender através da experiência, e não apenas com repetições. Pensando no dia a dia das escolas, o que argumentamos aqui é a necessidade de tornar aquele casual improviso no cronograma, ou que aquele dia ou semana bem descritos e detalhados em nossos planejamentos anuais deixem de ser episódicos e se tornem parte da rotina.

A experimentação criativa aí dialoga com a noção de historiografia escolar digital (Costa e Lucchesi, 2016) que sugere a apropriação desse espaço de incertezas criado pelas transformações tecnológicas de forma criativa, considerando que já não é mais possível ignorar o arsenal de inovações e o poder que ele exerce sobre o público escolar. Aqui não se esconde nenhuma ideia de competição entre o "novo" e o "velho", ou a caricata batalha da lousa e giz contra videogames, aplicativos de telefone celular e toda a gama de atrações que a internet oferece. Deixemos o maniqueísmo de lado e pensemos, ao contrário, em uma combinação, ou para voltar à sugestão de Zaagsma, em uma prática que seja mais "híbrida" onde seja possível imaginar a convivência (pacífica e divertida) dos recursos pedagógicos analógicos e digitais. Queiramos ou não, pertencemos todos à tal era digital e nem por isso abandonamos nossos cadernos, lápis e canetas... Tudo isso é, enfim, tecnologia para a qual ao longo do tempo fomos inventando modos criativos de usá-las em nosso cotidiano com os mais variados fins, inclusive aprender e ensinar, através de, nada mais, nada menos, que experimentos, que ninguém precisou chamar assim, é claro. E isso vale tanto para os alunos quanto para os professores.

Assim, é pouco proveitoso que, nos dias de hoje, as diferentes modalidades de especialização, atualização ou aperfeiçoamento de professores no que tange ao uso das tecnologias digitais se restrinjam à teoria, a leituras ou palestras. É necessário que *apreendamos* (no sentido de apreender e aprender) essas novidades por um viés diferente, que a nosso ver passa incontornavelmente pelo popular "botar a mão na massa". Por isso, a proposta da experimentação criativa aqui é que abandonemos as atividades isoladas e promotoras de uma atitude passiva do sujeito interessado em aprender e busquemos caminhos para inserir a interação com as tecnologias digitais no nosso dia a dia, não como fim e/ou algo pontual (exemplo: a visita esporádica ao laboratório de informática da escola), mas como meio e recurso que possa ser de interesse transversal em termos de temáticas dentro de uma disciplina (exemplo: uma pesquisa de história local em que alunos utilizem o gravador de áudio de seus celulares para entrevistar pessoas do bairro e/ou que vivem na sua casa), ou até mesmo para projetos pedagógicos interdisciplinares, tendo em vista a plasticidade da tecnologia e como ela pode ser apropriada de formas diferentes pelas diversas ciências.

Essa postura mais ativa e trans/interdisciplinar é, aliás, uma das marcas das humanidades digitais e da história ou historiografia digital (Lucchesi, 2014). Entretanto, a experimentação criativa que estamos imaginando aqui não é algo estabelecido ainda. Mesmo em um dos grandes centros de estudos relativos à história digital nos Estados Unidos – o Roy Rosenzweig Center for History and New Media (RRCHNM, <https://rrchnm.org>), na George Mason University –, um dos principais promotores de acervos e ferramentas para o ensino da história, tanto em escolas quanto em universidades a autorreflexão sobre o uso dos recursos e as experiências dos usuários vem chegando mais recentemente, já que nos primeiros anos havia mais um afã de produzir ferramentas, websites etc. que partiam de um aporte teórico, entretanto, não necessariamente de uma reflexão sobre a experiência dos próprios desenvolvedores com aqueles produtos e/ou dos usuários imediatos.

Contudo, a academia já tem mostrado uma autocrítica em relação a isso e cada vez mais trabalhos em favor desse hibridismo como o de Zaagsma têm surgido. Saindo do espaço estadunidense, por exemplo, podemos destacar a criação do Centre for Contemporary and Digital History (C²DH, <www.c2dh.uni.lu>) na Universidade do Luxemburgo, que em sua missão, além de buscar um retorno à hermenêutica, também promove amplamente a ideia de *thinkering*, uma junção do verbos do inglês *tinkering* (mexer, fuçar) e *thinking* (pensar), logo articulando o aspecto cognitivo da experiência com as novas tecnologias e a interpretação do digital ao fato de interagir diretamente (tocar, brincar, testar, experimentar...) com as tecnologias digitais. Em diálogo com autores como Michel Serres (com a história dos sentidos) e Erkki Huhtamo (da arqueologia das mídias), Andreas Fickers, diretor-fundador do C²DH, aposta nesse conceito e na tradução dele como abordagem lúdica, sensorial e experimental para a história da ciência e da tecnologia (Fickers, 2015) como grande trunfo para o avanço nos estudos de história digital de um modo mais amplo.

O que propomos aqui, claro, não é que cada professor saia a inventar *softwares* ou se tornar um grande mago da programação, mas acreditamos que criar ambientes em que alunos e professores possam aprender juntos com a tecnologia e desenvolver suas habilidades de modo transversal, sem que o uso da tecnologia digital em sala de aula seja um fim em si mesmo, pode trazer resultados surpreendentes. A janela aberta para essa possibilidade é a própria internet, que oferece um mundaréu de ferramentas gratuitas (linhas do tempo, geradores de histórias em quadrinhos, de *quiz*, de memes, de nuvens de palavras etc. ou mesmo o Google Docs, como bloco de notas colaborativo, por exemplo) que podem ser utilizadas em sala de aula para trabalhar com os mais diferentes conteúdos programáticos, da História Antiga à Revolução Industrial ou à história do Brasil e do mundo contemporâneo. Ora, até mesmo os próprios neologismos e modismos que surgem nas redes sociais (a exemplo do verbo "googlar" ou o advento dos memes) são fenômenos interessantes e podem ser pontos de partida para uma discussão com as turmas sobre como a tecnologia se faz presente em nosso cotidiano. O desafio está posto, a realidade nos convida a experimentar. O que resta aos professores de história? Mãos aos teclados!

PERIODIZAÇÃO

Márcia de Almeida Gonçalves

O ATO DE PERIODIZAR e de elaborar periodizações pressupõe operações cognitivas relacionadas com ordenar, dividir e classificar por meio da nomeação e da identificação de partes constitutivas de uma série. Envolve então diretamente a linguagem matemática, mas não apenas, ao realizar associações com fenômenos os mais variados, instituindo significados para duração desses fenômenos. No ensino/aprendizagem da história, elaborar e utilizar periodizações são operações mobilizadas desde os primeiros contatos com esse conhecimento. Nos anos iniciais do ensino fundamental, as narrativas do saber escolar, enunciadas pelos professores e apropriadas pelos estudantes, apresentam histórias contadas, situando vivências no tempo; ao fazê-lo, mesmo sem intenção prévia e deliberada, estabelecem ordenações temporais, similares a cronologias e a periodizações.

Ao construir uma linha do tempo sobre a história de sua vida, os estudantes indicam e enumeram, por meio de datas, determinados acontecimentos. Ao estabelecer divisões sobre essa linha do tempo, uma periodização é então construída, promovendo exercício de análise que agrupa, por critérios variados, um conjunto de vivências em uma etapa ou período. Essa ação cognitiva, nas palavras de Karl Pomian, da qual toda periodização é derivada, possui dois aspectos: "factual e conceptual, a partir do momento em que acontecimentos, circunstâncias e objetos – numa palavra, fatos – são postos em correspondência com conceitos como idade, período, era ou época" (Pomian, 1993:167).

Há então certa complexidade intrínseca ao ato de periodizar no âmbito do conhecimento histórico, em especial quanto ao domínio de certas competências e saberes prévios por parte dos estudantes. A correlação entre fatos agrupados e reunidos em períodos, idades ou épocas envolve a identificação e a escolha desses fatos, cujo relevância e significado virão a ser redimensionados a partir de suas funções como marcos temporais de uma determinada época convencionada. Institui-se assim uma inteligibilidade para os acontecimentos, a partir de uma seriação e de uma classificação. Essa inteligibilidade localiza e dá sentido aos acontecimentos, interferindo nas orientações e interpretações associadas às relações entre passado, presente e futuro, em conexão com os usos sociais das periodizações das histórias de sujeitos individuais e de coletividades.

O exercício de construir linhas do tempo para histórias da vida, por uma criança/adolescente, nas séries do ensino fundamental, e de reelaborá-las em diversos momentos de sua formação escolar, possibilita perceber a crescente complexificação da ordenação promovida à medida que a criança/adolescente se torna mais velho; seja na mobilização do número e da qualidade de informações, parte delas frutos da aprendizagem escolar, no âmbito dos diversos processos de socialização, seja na mudança subjetiva entre a percepção de seus "espaços de experiência" e de seus "horizontes de expectativa", no curso de sua trajetória individual. Nessa perspectiva, dialoga-se com as abordagens de Reinhart Koselleck; para esse autor, "'experiência' e 'expectativa' são categorias históricas, e pelo grau de generalidade mais elevado, equivalentes às de tempo e espaço". Indicam "a condição humana universal, remetendo a um dado antropológico prévio, sem o qual a história não seria possível", e fundamentam a tese de que "são duas categorias adequadas para nos ocuparmos com o tempo histórico, pois elas entrelaçam passado e futuro", e "enriquecidas em seu conteúdo, dirigem as ações concretas no movimento social e político" (Koselleck, 2006:307-308).

Cabe destacar que, no exercício de construir linhas do tempo para histórias de vida, uma inteligibilidade do vivido pela criança/adolescente se materializa por meio da ordenação do tempo medido em cronologias e periodizações preliminares, necessariamente provisórias. Nesse procedimento, o tempo vivido é apreendido, marcado e interpretado, sendo o caráter provisório dessas linhas do tempo um dos índices do quanto a percepção de vivências do passado está imbricada com o presente e, em certa medida, com as expectativas de futuro.

Como instrumento fundamental da construção e da escrita das histórias de povos e sociedades, as periodizações funcionam como coordenadas temporais, balizadas pelas dimensões política, religiosa e científica dos critérios que as instituíram e instituem, na busca por dar sentido às experiências passadas e, por vezes, no intuito de visualizar previsibilidades. Nessas aplicações, tamanha é a importância das periodizações que elas por vezes são tomadas como as sínteses por excelência da História, com H maiúsculo, de comunidades, povos e sociedades. E a depender dos processos e estratégias de criação, difusão, enraizamento e validação dessas periodizações, em grande parte resultante das institucionalizações historiográficas, elas podem vir a se tornar referências universais, legitimadoras de "histórias únicas", nos termos apresentados pela escritora nigeriana Chimamanda Ngozi Adichie, em conferência proferida no ano de 2009.

Nos livros didáticos de história, em especial os destinados aos anos finais do ensino fundamental e ao ensino médio, na educação básica, as periodizações das histórias de povos e de sociedades figuram como ponto de partida para as histórias a serem ensinadas. A reflexão sobre tais usos deve ser matizada à luz de uma premissa fundamental: o ato de instituir uma periodização possui também história, sendo válido afirmar que, antes de apresentar periodizações prontas e acabadas como nortes dos sentidos da história de coletividades, caberia realizar indagações sobre como e por quais critérios periodizações são feitas de uma forma e não de outra. A premissa é baseada no princípio da historicidade do ato de periodizar e de institucionalizar periodizações; ela também reifica as variações culturais entre as maneiras de periodizar e possibilita, entre outros aspectos, a crítica da "história única".

Há, portanto, uma história para a periodização que estabelece a divisão entre Antiguidade, Idade Média, Período Moderno e Período Contemporâneo, bem como circunstâncias particulares que difundiram a referencialidade dessa periodização. Vinculada, na sua genealogia, às sociedades do Ocidente europeu de matrizes culturais judaico-cristãs, ela veio a ser difundida para outras sociedades e povos, entre eles os afetados pelos processos de conquista e colonização europeia em territórios americanos, africanos e asiáticos, entre os séculos XV e XIX.

Por outro lado, essa periodização quadripartite é o resultado de junções conceituais e factuais não planejadas. Os marcos ainda vigentes – "a queda de Roma", no ano de 476 da era cristã, "a conquista de Constantinopla", em 1453 da era cristã, "a Revolução Francesa", em 1789 – foram sendo reelaborados à luz das configurações da própria escrita da história, nas suas mediações com a política e a cultura. Situa-se, no século XVII, muito provavelmente, a utilização apenas da data de nascimento de Cristo como marco de referência para acontecimentos anteriores e posteriores. Convencionado, no século VI, pelo monge Dionísio, o Exíguo, o dia 25 de dezembro assim foi demarcado a partir de outra referência, qual seja, a de ter ocorrido no ano de 753 a contar da fundação de Roma. Entre os séculos VI e XVII, as duas datas – a da fundação de Roma e do nascimento de Cristo – figuravam conjuntamente como pontos de referência para periodizar (Pomian, 1993:164-165).

O nascimento de Cristo como ano zero e a contabilização de progressões infinitas, ou tomadas como tais, para o "antes" e o "depois" estiveram associados à percepção de uma crescente dilatação do tempo, aspecto em conexão com os dilemas suscitados pela descoberta dos fósseis e pelos debates sobre a história da Terra, sobre as transformações das formas da natureza e da vida. Segundo Paolo Rossi, "os homens da época de Hooke [século XVII] tinham um passado de seis mil anos; os da época de Kant [século XVIII] estavam conscientes de um passado de milhões de anos" (Rossi, 1992:10). A analogia se insere no processo de crescente laicização de determinados conhecimentos, afetados de formas variadas pela configuração das ciências modernas, e pelos embates entre perspectivas de uma história sagrada e de uma história profana.

Exemplificação importante dessas mudanças, em que critérios políticos e religiosos cederam lugar ou passaram a conviver com critérios científicos, manifestaram-se no estabelecimento das periodizações da "Pré-história". Fósseis e objetos, e suas respectivas datações, tornaram-se a base de subdivisões, estabelecidas entre 1819 e 1865, tais como: as Idades da Pedra, do Bronze e do Ferro, Idades da Pedra Lascada e da Pedra Polida, e Paleolítico, Mesolítico e Neolítico (Pomian, 1993:166-167). A proliferação de sociedades e associações dedicadas à arqueologia, no decorrer do século XIX, contribuiu decisivamente para o alargamento da noção de antiguidade e para o redimensionamento de seus significados, em especial no destaque assumido pela egiptologia.

Segundo Reinhart Koselleck, entre meados do século XVIII e meados do século XIX, houve a emergência e difusão de uma concepção moderna de história, por meio da qual a história como conhecimento sobre ações humanas no mundo se temporalizou e se singularizou, fazendo do passado um manancial para investigações, de modo a esclarecer o presente e quiçá iluminar o futuro. Nessas formulações, a Revolução Francesa como evento e como processo, veio ser compreendida na qualidade de marco inaugurador de novos tempos marcados pela incerteza e pela imprevisibilidade (Koselleck, 2006:41-60).

Importante mencionar a alusão ao século XIX como século da história, tendo em vista as mudanças que afetaram esse conhecimento, transmutado em disciplina, com direito ao especialista reconhecido enquanto tal – o historiador –, o método de pesquisa e objetos de estudo circunscritos em sua validade e pertinência, de modo a delegar para a história sua cientificidade. Proliferaram, em paralelo, as histórias nacionais por meio das quais experiências do passado vieram a ser compreendidas por meio do *topos* da "origem das nações", em abordagens mais ou menos carregadas pela ode à ideia de progresso e/ou de evolução, redimensionando o valor do político e da política para tais circunscrições. Nas nações europeias e nos jovens Estados nacionais americanos, a história como disciplina se fez presente em espaços universitários e associações científicas; e, cumpre destacar, adquiriu também lugar entre os conhecimentos a serem ensinados em liceus e outras instituições escolares, com direito às edições de compêndios e livros destinados à formação do povo, em especial da mocidade.

A referencialidade com pretensões universais para a periodização quadripartite da história pôde difundir-se no curso do século XIX, sendo, ao mesmo tempo, acompanhada pela proliferação de periodizações particulares para as muitas histórias nacionais que vieram a ser produzidas e editadas, cada uma delas, em suas especificidades, elegendo acontecimentos políticos como marcos de divisão, por vezes tendo nas tradições religiosas de bases cristãs um lastro igualmente importante. A título de exemplificação, a obra *História geral do Brasil*, de autoria de Francisco Adolfo de Varnhagen, editada entre 1854 e 1857, se insere no conjunto das muitas apostas historiográficas investidas do propósito de dar forma e conteúdo ao passado de uma jovem nação.

Pode-se identificar no que hoje é categorizado como livro didático um meio privilegiado de difusão da periodização quadripartite da história, em especial aquela designada pela expressão "história geral". Talvez nessa condição, os livros didáticos de "história geral", salvaguardadas as diferenças entre suas abordagens e escolhas conceituais e historiográficas, possam ser um ponto de partida para o exercício de análise crítica do uso exclusivo da periodização quadripartite no ensino/aprendizagem do conhecimento histórico.

Outrossim, os estudos culturais e a antropologia contribuíram decisivamente para reflexões sobre a alteridade, indicando o quanto nos mitos e nas cosmologias de determinados povos manifestam-se concepções de tempo por meio de periodizações associadas a narrativas sobre a origem do mundo, de acordo com suas perspectivas de apreensão. Nesses termos pode-se afirmar, de forma provocativa, existirem tantas periodizações da história para quantos povos houver. A comparação entre as diversas formas de periodizar constitui-se em uma das saídas para trabalhar com a diversidade intrínseca entre esses instrumentos, situando a centralidade dessa reflexão entre aquelas que entendem a compreensão e a problematização do tempo histórico como eixo estruturante do ensino/aprendizagem da história.

POLÍTICA CURRICULAR

Cláudia Sapag Ricci

NÃO EXISTE UNANIMIDADE na definição de currículo. Vários pesquisadores, grupos de pesquisa e eventos têm se dedicado a essa temática. Cada definição está, em certa medida, comprometida com contextos, correntes pedagógicas ou teorias de aprendizagem. De forma bastante sintética, é possível associar os pressupostos teóricos sobre a escola com a concepção de currículo. Ao conceber a escola como local de transmissão e memorização de conhecimentos, onde vigora a racionalização, a burocratização com supremacia das atividades-meio (secretaria, direção, setores administrativos) em relação às atividades-fim (o fazer pedagógico) e a centralização, o currículo é compreendido como instrumento de controle do ensino-aprendizagem, definidor de ordenação e metodologia, facilitador da administração e controle escolar. Por outro lado, se a escola é concebida como espaço-tempo de problematizações sobre ser e pertencer ao mundo, de aprendizagens e vivências de princípios éticos e morais, do ensino-aprendizagem de conceitos e ferramentas interpretativas, o currículo é percebido como conjunto de experiências, vivências e atividades na escola convergentes para objetivos educacionais.

Considerando a etimologia, a palavra currículo tem origem em *curriculum-i* que significa pista de corrida. Dessa forma, quando falamos em currículo escolar numa perspectiva processual, podemos nos referir à trajetória de formação dos alunos.

Alguns pesquisadores do campo curricular, como Sacristán, sugerem a compreensão de currículo como ações de ordem política, administrativa, de supervisão, de produção de meios, de criação intelectual e de avaliação, que têm certa autonomia, mas estão interligadas. E destacam três grandes grupos de problemas para sua elaboração: currículo como projeto cultural, em que conteúdos são selecionados; determinações políticas, administrativas e institucionais que modelam a seleção de conteúdos, inclusive os não explicitados (currículo oculto); e uma sequência histórica, o que implica a seleção de conteúdos a partir de um campo social, condicionada por uma realidade mais ampla.

Tais ponderações instigam um conjunto de questões prévias que a formulação de currículos pressupõe. Uma síntese dessas questões pode ser esboçada da seguinte maneira: quais conhecimentos devem ser ensinados? Quais as competências e habilidades que os alunos precisam ter? Quais os critérios de seleção de tais conhecimentos? A quem esse currículo se destina? Que homem se pretende formar?

Essas questões foram e são respondidas a partir dos dilemas sociais de cada época. Na tradição grega, Protágoras elaborou uma primeira estrutura curricular denominada *trivium*, apoiada em três disciplinas: lógica, gramática e retórica. Pouco depois, surgiu o *quadrivium* que incorporava aos estudos aritmética, geometria, música e astronomia, priorizando a matemática. Durante séculos o Ocidente baseou-se nessas estruturas curriculares em sua organização escolar. Segundo Machado, após a queda do Império Romano, a Igreja tinha predomínio sobre a circulação do conhecimento e a censura era a regra. A partir do século XV, com a invenção da imprensa, foram sendo disseminados segredos artesanais. Em Amsterdã, no século XVII, surgem versões acadêmicas sob a forma de livros de bolso. É o período de efervescência das academias, que dariam lugar ao surgimento de inventores e de "homens práticos".

Os conteúdos curriculares começam a sofrer uma radical transformação em que a ênfase na filosofia é substituída pelos conhecimentos técnicos, pragmáticos e matemáticos. O ápice dessa transição foi a criação da primeira escola de engenharia, em 1747, em Paris. A técnica, que era considerada conhecimento prático não muito valorizado na Grécia Antiga, ganha *status* com o surgimento do mundo moderno.

No entanto, somente no final do século XIX e início do século XX, o tema currículo passa a ser alvo de construção de teorias. As teorias curriculares surgem nos EUA e terão em Bobbit e, mais tarde, em Tyler seus principais e pioneiros elaboradores. Esses autores, além de reforçarem a construção de estruturas curriculares racionais, dando ênfase às disciplinas das ciências exatas e naturais, sustentavam que o currículo deveria também moldar o comportamento social dos alunos. Na segunda metade do século XX, tais teorias norte-americanas sofreram críticas em vários países, principalmente os de origem latina, a partir do desenvolvimento de estruturas inter e transdisciplinares e do currículo pós-moderno. O debate se instala a respeito de processos de reorganização curricular, questionando o modelo disciplinar e apresentando a possibilidade de construção de currículos integrados.

Em síntese, houve um deslocamento da ênfase na elaboração curricular que privilegiava aspectos estéticos e éticos da formação humana para os aspectos técnicos e pragmáticos da resolução de problemas. A modernidade, enfim, caminhou para a valorização da razão instrumental, visando objetivos e fins muito definidos, em detrimento da razão crítica analítica, que objetivava a emancipação humana ante os desafios da sobrevivência.

É importante destacar dois conceitos que subsidiam a construção de estruturas curriculares: recursividade e currículo oculto. Por recursividade entende-se o retorno a temas ou conceitos já estudados anteriormente que são trabalhados em um patamar de maior complexidade. Na prática, o professor constrói um novo olhar sobre temas estudados possibilitando a ampliação e o aprofundamento do entendimento dos alunos no trabalho de construção conceitual e desenvolvimento de habilidades, compreendendo, portanto, conceitos e procedimentos de pesquisa.

Por sua vez, o conceito de currículo oculto sugere que a estrutura curricular contém intenções nem sempre explicitadas. Esse é o caso da preocupação com regras de comportamento e disciplina evidenciadas nas propostas curriculares do início do século XX, mas que se constitui em prioridade curricular naquele período. Esse conceito é ainda mais significativo quando estudos recentes da psicopedagogia revelam que a relação do aluno com o conhecimento se faz a partir de sua impressão sobre a expectativa do professor a seu respeito. Na prática, o currículo oculto se expressa na forma como o espaço da sala de aula é utilizado e organizado (em grupos, em assembleias, carteiras enfileiradas), na maneira como os tempos escolares são definidos (aulas de 50 minutos, trabalho de campo, recreio) e na hierarquia das disciplinas escolares.

Nas décadas de 1920 e 1930, surgem elaborações nacionais do pensamento curricular brasileiro. A característica principal, nesse momento, é a tentativa de superação das limitações da antiga tradição pedagógica jesuíta (influência da Igreja Católica) e da tradição enciclopédica (influência francesa).

A emergência do pensamento positivista, nas primeiras décadas da república brasileira, exigia a defesa do ensino laico e a valorização de um currículo centrado na criança, em atividades, projetos e problemas. Pelos mesmos motivos políticos, procurava-se criar um sistema nacional de educação com ênfase na educação básica. É desse período (1932) o Manifesto dos Pioneiros, redigido por Fernando de Azevedo, assinado por mais 25 educadores e/ou escritores, para o governo. A ideia central desse manifesto, diretamente relacionada com o currículo escolar, era que a educação deve ser funcional e ativa, e os currículos devem adaptar-se aos interesses dos alunos, que são o eixo da escola.

As reformas educacionais são políticas de Estado, muitas vezes, consideradas equivocadamente afeitas apenas para redes públicas de ensino. A política curricular de instituições ou redes de ensino privado deve ter os mesmos pressupostos das políticas curriculares nacionais. As realizadas ao longo da década de 1920, em vários estados brasileiros, adotam os princípios da Escola Nova; baseiam-se na iniciativa do aluno; preocupam-se com o que a criança pode realmente aprender; valorizam as tendências espontâneas da criança; os professores sugerem, orientam e coordenam; os métodos, programas e horários são maleáveis; visam às noções utilizáveis; são essencialmente educativos; estão mais próximos do meio natural de vida; buscam o aperfeiçoamento; elevam a natureza moral do aluno; procuram individualizar o ensino, produzindo satisfação; atendem mais ao presente; tratam a criança como criança; propõem uma atividade produtiva; e obtêm a disciplina voluntária.

A influência norte-americana, que já era considerável até os anos 1930, aumenta após o fim da II Grande Guerra Mundial (1939-45) e a eclosão da Revolução Cubana (1959). Em 1956, é assinado um acordo entre Brasil e EUA – Programa de Assistência Brasileiro-Americana ao Ensino Elementar (Pabaee) –, que procurava treinar supervisores e professores, além de produzir e adaptar materiais didáticos. Esse programa introduz a noção de currículo descontextualizado, apoiando-se apenas em procedimentos, métodos e recursos. O fundamento teórico era disciplinar o pensamento e o comportamento das crianças, integrando-as à sociedade e transmitindo a herança cultural.

É nesse contexto que é promulgada a primeira Lei de Diretrizes e Bases da Educação Nacional (Lei nº 4.024/1961), discutida por 13 anos no Congresso Nacional. No ano seguinte, foi introduzida a disciplina Currículos e Programas nos cursos de pedagogia e 10 anos depois surgem os primeiros cursos de mestrado com linhas de pesquisa focadas em currículo. A ênfase era sempre o planejamento, com objetivos e metas a serem alcançados bem definidos. A preocupação com o "como fazer" sugere a ênfase na técnica – e não na construção de conhecimentos, denominado pela literatura especializada como tecnicismo.

A influência norte-americana se exacerba durante o regime militar. Muitos educadores brasileiros foram se especializar em currículo nas universidades de San Diego e Wisconsin, esta última reconhecida pelos seus trabalhos e pesquisas de avaliação educacional quantitativa. Essa concepção curricular, com ênfase na formação para o mercado de trabalho e massificação dos serviços públicos educacionais, orienta a formulação de programas educacionais até o início da redemocratização brasileira nos anos 1980. A transição política favorece uma abordagem mais crítica das questões educacionais. Muitos seminários são realizados no país com forte influência das teorias marxistas, embora as características tradicionais continuassem na prática.

Ao longo dos anos 1980, em especial depois de 1985, ocorreram reformas curriculares em quase todos os estados brasileiros. Apesar de grandes diferenças entre si (tanto no conteúdo quanto na forma como foram construídas), o eixo central era trabalhar a chamada "realidade do aluno". A intenção principal de tais reformas foi superar o tão alardeado "fracasso escolar": aumento da repetência e evasão. Em termos de conteúdo, introduziram questões sociais, tais como a consolidação democrática do país e justiça social. Os autores norte-americanos são deixados de lado, prevalecendo a pedagogia crítico-social dos conteúdos que substitui a até então prioridade, com o método e técnica de transmissão de conhecimento.

Em alguns meios, a proposta curricular se aproxima dos parâmetros da educação popular desenvolvida nos movimentos sociais e sindicatos do Brasil, baseada em Paulo Freire, descolada das propostas oficiais. Nesse sentido, privilegia as relações democráticas na sala de aula e a elaboração de novos conhecimentos na perspectiva de que, nesse espaço, é possível construir e não apenas reproduzir conhecimentos.

O ambiente democrático que se instala nos fóruns educacionais ao longo da década de 1990 e a mudança de paradigma, com a emergência das orientações pós-modernas, propiciaram a multiplicação de teorias sobre currículo, além de fomentarem um intenso debate sobre a construção de conhecimentos e o processo de aprendizagem.

Vale destacar duas abordagens sobre currículo alvo de polêmicas no meio acadêmico e escolar nesse período: multiculturalista e pós-moderna, Na estrutura curricular pós-moderna, o currículo vai sendo construído na medida em que os projetos de trabalho com os alunos revelem questões e temas de estudo. Por esse motivo, alguns autores o denominam currículo aberto. Seus teóricos criticam o racionalismo moderno que se expressa em programas centrados em objetivos finais prefixados. Enfatizam as individualidades. Na prática, sugerem temas contemporâneos e gerais, mas não definem pontos de chegada ou objetivos finais. A partir do tema inicial, as dificuldades ou avanços dos alunos vão definindo os próximos temas e atividades a serem desenvolvidas. Dois autores de destaque dessa vertente são o norte-americano William Doll Jr. e o brasileiro Tomás Tadeu. A estrutura curricular multiculturalista propõe a adoção de temas de referência, principalmente das expressões culturais étnicas, raciais e de gênero. Enfatiza o que seus formuladores denominam identidades locais e produção de novas identidades, ou seja, um currículo que procura criar diálogos entre os valores e culturas distintas existentes na sociedade. As etnias, gênero e orientação sexual são destacados, assim como a necessária articulação entre questões globais e locais. Um currículo multiculturalista deve, assim, incorporar questões das nações indígenas, dos afro-brasileiros, dos homossexuais, das mulheres, entre outros. Um autor de referência é o norte-americano Stuart Hall. Essas duas concepções sobre currículo não substituíram as teorias anteriores, especialmente aquelas que se destacaram ao longo dos anos 1980.

A Constituição Federal, promulgada em 1988, já sinalizava a criação de um currículo nacional, em seu o art. 210. A ideia de uma formação básica é corroborada na Lei de Diretrizes e Bases (LDB) promulgada em 1996 em seu inciso IV do art. 9º, assim como a necessidade de uma "base nacional comum" para nortear os currículos no art. 26.

Com a participação do Conselho Nacional dos Secretários Estaduais de Educação (Consed), da União Nacional dos Dirigentes Municipais de Educação (Undime), da Associação Nacional de Pós-Graduação e Pesquisa em Educação (Anped), além de docentes, dirigentes municipais e estaduais de ensino, pesquisadores e representantes de escolas privadas, foram elaboradas as Diretrizes Curriculares Nacionais que determinam princípios, fundamentos e procedimentos na educação básica.

A partir das Diretrizes Nacionais Curriculares (DCNs), o Ministério da Educação (MEC) encaminhou ao Conselho Nacional de Educação (CNE) o documento Parâmetros Curriculares Nacionais para que fosse aprovado como diretrizes curriculares nacionais. No entanto, isso não ocorreu por ser um documento considerado muito detalhado e pela fragilidade da consulta pública, que ficou restrita a indivíduos ao invés de instituições e pela não divulgação de seus nomes e pareceres. Os PCNs foram publicados – em 1997, os referentes ao 1º, 2º, 3º e 5º anos, em 1998, os do 6º ao 9º anos e, em 2000, os para o ensino médio – como alternativa curricular não obrigatória. É importante destacar que, mesmo de adoção não obrigatória, os PCNs nortearam reformas curriculares municipais e estaduais, assim como o chamado currículo editado, ou seja, livros e materiais didáticos inscritos no Programa Nacional de Livro Didático (PNLD).

Durante a Conferência Nacional de Educação (Conae), realizada em 2010, foi ressaltada a necessidade de uma Base Nacional Comum Curricular como parte do Plano Nacional de Educação. De 2010 a 2012, novas Diretrizes Curriculares Nacionais foram elaboradas indicando, entre outras questões, orientações para o planejamento curricular das escolas e sistemas de ensino. No ano de 2014, foi instituído o Plano Nacional de Educação (PNE) – Lei nº 13.005 –, com vigência de 10 anos. Entre as 20 metas para melhorar a qualidade da educação básica, as metas 2, 3, 7 e 15 tratam da Base Nacional Comum Curricular.

Em 2015, o Ministério da Educação sediou o I Seminário Interinstitucional para a elaboração da Base Nacional Comum Curricular e instituiu por meio da Portaria nº 592 a Comissão de Especialistas para a Elaboração de Proposta da BNCC. A primeira versão é apresentada para consulta pública via plataforma virtual, assim como reuniões com associações científicas, audiências públicas com redes públicas de ensino e entidades do campo educacional. No início do ano seguinte, uma segunda versão da BNCC é apresentada para profissionais da educação, via seminários com professores, gestores e especialistas, e, em meados do mesmo ano, outra versão é elaborada. Essa terceira versão é encaminhada, em abril de 2017, ao Conselho Nacional de Educação (CNE) que desencadeia audiências públicas regionais – realizadas em Manaus/AM (7/7/2017); em Recife/PE (28/7/2017); em Florianópolis/SC (11/8/2017); São Paulo/SP (25/8/2017); e em Brasília/DF (11/9/2017), sob a coordenação do sociólogo César Callegari, presidente da Comissão de Elaboração da Base Nacional Comum Curricular.

Seja nas diferentes teorias, políticas curriculares e currículos em ação, a complexidade parece ser a tônica comum.

PROBLEMATIZAÇÃO

Anita Correia Lima de Almeida

Keila Grinberg

UMA DAS PRINCIPAIS inovações do ensino de história nas escolas nas últimas décadas diz respeito à incorporação da *problematização* dos conteúdos abordados em sala de aula. Esta perspectiva – diretamente inspirada na chamada *história-problema*, tal como cunhada por Lucien Febvre – parte do princípio de que o conhecimento histórico (e, por extensão, os conteúdos) é construído a partir de um problema formulado pelo historiador, que geralmente diz respeito às questões e interesses do tempo presente. É com esse problema em mente que ele investiga o passado, consulta documentos, elabora hipóteses e chega a conclusões. A história-problema é definida em oposição à chamada história factual, unicamente baseada em documentos escritos, que tem por pressuposto a revelação da verdade, aquilo que "realmente aconteceu".

Na educação básica, a adoção de metodologias do ensino baseadas na problematização se revelou útil não apenas para discutir a natureza e o próprio processo de produção do conhecimento histórico, mas também para mostrar como o conhecimento histórico é, necessariamente, fruto de uma investigação. Ou melhor, para incorporar a ideia de que, para de fato aprender, é preciso aprender a pesquisar.

A adoção dessa perspectiva vem se mostrando interessante por várias razões. Em primeiro lugar, por apresentar os conteúdos históricos como plásticos e móveis, construídos a partir de procedimentos metodológicos e, principalmente, a partir das fontes – documentos – disponíveis. Em segundo lugar, por insistir na compreensão da *metodologia* do trabalho científico como fundamental para a apreensão dos conteúdos e conceitos da disciplina; assim, ao dominar o método, os alunos serão capazes de lidar com todos os conteúdos da disciplina, já que aprenderam *como fazer*. Em terceiro lugar, por permitir que professores desenvolvam suas próprias atividades a partir de seus interesses e de conteúdos específicos, levando em consideração as particularidades das regiões e das escolas onde trabalham. Por fim, para o desenvolvimento de um pensamento crítico, que forneça instrumentais para que os alunos consigam transformar o manancial de informações às quais têm acesso nos mais variados meios – entre os quais a escola é apenas um deles – em conhecimento. Elas permitem ao professor trazer para a sala de aula questões presentes no cotidiano de seus alunos e na realidade ao seu redor, fornecendo instrumentos para que seus alunos sejam capazes de observar, analisar, classificar e fazer generalizações, construindo conceitos e adotando novos comportamentos.

Ao insistir na questão do método, porém, não se pretende que o aluno se torne um historiador mirim, mas que aprenda a lidar com questões presentes em seu cotidiano e na realidade ao seu redor. Espera-se que os alunos aprendam a lidar com a metodologia da pesquisa histórica por meio de determinados procedimentos, factíveis de acordo com os objetivos cognitivos específicos para cada nível, do ensino fundamental ao médio. Assim, ao fazer uso da problematização na sala de aula, a meta a ser alcançada pelo professor de história é a capacidade, a ser desenvolvida pelo aluno, de avaliar criticamente o mundo de informações que o cerca.

Nas últimas décadas, algumas iniciativas vêm sendo feitas no sentido de produzir material e atividades investigativas e de fomentar a prática da realização de pesquisas, principalmente com a maior utilização da internet nas escolas. Elas vêm sendo veiculadas na forma de oficinas ou, se forem na internet, de *webquests*, atividades de ensino/aprendizagem desenvolvidas especialmente para ajudar a usar a internet e, sobretudo, a lidar com a grande quantidade de informação disponível na rede. A partir de uma questão inicial, os alunos são orientados a realizar tarefas que consistem em coleta, armazenamento, classificação, organização, análise e sistematização de informações. A partir da seleção das informações apropriadas para resolução desse problema histórico, é possível aprender a elaborar questões históricas (principalmente com o uso de documentos), a formular hipóteses, a criticar e a analisar informações obtidas em diferentes documentos (quem produziu, quando, com que motivações e objetivos etc.), a comparar as informações obtidas, a criticá-las e, finalmente, a tirar conclusões próprias a partir da análise das informações obtidas.

Por exemplo, digamos que um professor proponha uma atividade sobre a II Guerra Mundial e que o problema original seja a maneira como o exército russo resistiu à invasão alemã. Dependendo da idade e da maturidade do grupo, é possível que a questão seja apresentada dessa forma ou, de maneira mais lúdica, por meio de uma tarefa específica: você é um espião russo infiltrado na Alemanha nazista e precisa elaborar um relatório sobre os exércitos alemães sem ser descoberto. Para o aluno realizar a tarefa, ou seja, elaborar seu relatório sobre o exército alemão, ele precisará consultar uma série de sites na internet ou trechos de textos, artigos e livros, de preferência previamente selecionados pelo professor. Um ponto importante é que a proposta não é coletar todas as informações encontradas sobre os russos, ou sobre os alemães, e nem mesmo sobre a II Guerra Mundial, mas apenas aquelas que são importantes para a elaboração do relatório do espião, ou seja, no final das contas, apenas o que estiver relacionado diretamente com o exército alemão no *front* russo. Mas é claro que alguns dados gerais sobre a política e a sociedade europeias da primeira metade do século XX serão indispensáveis para que o espião se mantenha vivo. Então, o aluno será instigado a selecionar, a escolher, a distinguir, no momento em que estiver buscando aquelas informações verdadeiramente relevantes para a realização da sua tarefa. A partir do contato com alguns elementos específicos, o ideal é que a atividade crie no aluno o desejo de saber mais sobre a II Guerra Mundial.

Sem esquecer as dificuldades de elaboração e a colocação em prática de atividades como esta, o ensino de história baseado na problematização remete, finalmente, para uma outra questão fundamental: a do professor como produtor de saber. Para que o aluno seja produtor do saber, é essencial que, antes, seu professor também o seja. Se, cada vez mais, o papel do professor tem sido visto como o de alguém que não é um simples transmissor de conhecimentos produzidos noutros lugares, mas alguém capaz de produzir seu próprio conhecimento, que será usado na sala de aula, então é imprescindível que os professores tenham autonomia para escolher o que e como ensinar. De professores-pesquisadores e professores-autores é feita a matéria-prima da atitude problematizadora.

PROGRAMA NACIONAL DO LIVRO DIDÁTICO (PNLD)

Jandson Soares
Margarida Dias

APESAR DE TODAS as políticas públicas de livro e leitura terem ligações e aspectos parecidos, pois tratam de publicações e formação de leitores, não devem ser vistas como continuidade somente, mas analisadas nas suas especificidades.

No Brasil, as políticas de livros didáticos datam da década de 1930 e tiveram como marco fundador a criação do Instituto Nacional do Livro (INL). Tal iniciativa foi idealizada por Gustavo Capanema, à época, ministro da Educação de Getúlio Vargas, durante o Estado Novo. Segundo Tavares (2014), essa instituição teria como fim contribuir para o desenvolvimento cultural do país por meio do aumento e melhoria da qualidade dos livros editados no Brasil.

Desde então, esse material passou a ser alvo de interesses governamentais, o que desembocou em uma série de iniciativas relacionadas com o livro didático. O PNLD se configurou como a primeira iniciativa pós-Ditadura Civil-Militar brasileira.

O Programa Nacional do Livro Didático foi instituído por meio do Decreto nº 91.542, de 19 de agosto de 1985, como substituto do Programa do Livro Didático para o Ensino Fundamental (Plidef) e apresentou como principais novidades: indicação do livro didático pelos professores; reutilização do livro, implicando a abolição do livro descartável e o aperfeiçoamento das especificações técnicas para sua produção, visando maior durabilidade e possibilitando a implantação de bancos de livros didáticos; extensão da oferta aos alunos de 1ª e 2ª séries das escolas públicas e comunitárias; fim da participação financeira dos estados, passando o controle do processo decisório para a Fundação de Apoio ao Estudante (FAE) e garantindo o critério de escolha do livro pelos professores.

A centralização do programa representou a possibilidade de garantia da integridade do processo de aquisição e distribuição dos livros didáticos, diminuindo as margens de desvio e inviabilização do programa.

A criação do PNLD está relacionada a dois elementos motivadores: a universalização e melhoria do ensino fundamental que deveriam ser viabilizadas por meio da aquisição e distribuição de materiais didáticos qualificados, por meio do Estado brasileiro, aos alunos matriculados em escolas públicas de todo o Brasil.

Essas demandas remetem a um duplo movimento. O primeiro são as pressões populares por inclusão na instituição escolar brasileira, que na década de 1980 se demonstrou incapaz de receber a população em idade estudantil de forma satisfatória. Carecia tanto de estrutura física quanto de mão de obra com formação adequada. O segundo volta-se à dimensão internacional e se caracteriza pelas intervenções do Banco Mundial e do Fundo Monetário Internacional (FMI) nas políticas brasileiras. Essas instituições se valeram das dívidas que o Brasil contraiu nas décadas anteriores para implementarem suas propostas de constituição de um capitalismo neoliberal globalizado.

Assim, essas duas forças viram no livro didático uma ferramenta de correção das distorções educacionais. Serviriam, ao mesmo tempo, para difundir as concepções de mundo apontadas pelas instituições multilaterais, se colocar como um suporte que os professores sem formação superior pudessem recorrer em suas aulas e se configurar como um material de referência para os alunos.

Em termos organizacionais, nesse primeiro momento, essa política pública aderiu às recomendações das instituições multilaterais. Deixou ao mercado o monopólio da produção dos livros didáticos, e ao Estado brasileiro a função de consumidor que ao comprar o livro poderia exigir suas qualidades. O mercado, assim, apareceu como a principal solução dos problemas, retirando a possibilidade de instituições públicas, como universidades, proporem materiais didáticos para tal política.

No fim da década de 1980 e início da década de 1990, os livros didáticos passaram a se tornar alvo de denúncias. Em grande medida, o interesse por esse material esteve associado ao processo de redemocratização brasileira, iniciado a partir de 1985, com o fim da Ditadura Civil-Militar. Era necessário o expurgo dos resquícios educacionais propostos por tal governo; esse movimento ficou conhecido pela literatura especializada como retirada do entulho autoritário.

Essas discussões encontraram um solo fértil nas universidades brasileiras e entidades de classe, que fomentaram encontros, congressos e pesquisas realizadas em programas de pós-graduação, principalmente os de educação. Tais pesquisas foram fundamentais para conhecer os livros didáticos que chegavam à escola e, ao mesmo tempo, gerar uma pressão social em torno desse material, levando o Estado brasileiro a perceber a necessidade da constituição de um mecanismo que o permitisse exercer seu papel de consumidor, exigindo qualidades mínimas para o material a adquirir.

Foi diante dessa situação que, em 1993, iniciou-se o processo de constituição de uma ferramenta de avaliação dos livros didáticos a serem adquiridos por meio do PNLD.

Diante das pressões apresentadas anteriormente, realizou-se, em 1993, a primeira tentativa de avaliação dos livros didáticos a partir do PNLD, o que resultou nas *Definições de critérios para avaliação dos livros didáticos – português, matemática, estudos sociais e ciências/1ª a 4ª*. A obra foi publicada em 1994 pelo Ministério da Educação (MEC) em parceria com as Secretarias de Educação (SECs) e a Organização das Nações Unidas para Educação, Ciência e Cultura (Unesco). Sua produção teve como base de análise os 10 livros didáticos mais adotados, de cada disciplina escolar, em 1991.

A avaliação proposta foi composta por uma equipe multidisciplinar, com linguistas, psicólogos e especialistas de todas as áreas do conhecimento disciplinar escolar, responsável por elaborar os primeiros parâmetros de avaliação de livros didáticos a partir do PNLD. Essas diretrizes também serviriam como parâmetros de produção de livros didáticos, uma vez que os materiais que não atendessem a tais exigências não poderiam ser adquiridos pelo Estado, principal cliente de tais instituições.

Essa avaliação apresentou critérios comuns a todas as áreas para a análise dos materiais didáticos, a saber: projeto gráfico editorial, abordagem do tema, aspectos pedagógico-metodológicos –, flexionados de acordo com cada área do conhecimento, como português, matemática, estudos sociais e ciências.

É necessário apontar que os critérios construídos em 1993, apesar de sido ampliados após as experiências sistemáticas e continuadas de avaliação, ainda são chaves para avaliação e análise da qualidade dos livros didáticos até o presente momento.

Embora a primeira avaliação em 1993 tenha se apresentado como crucial para o início das atividades avaliativas, ela também se mostrou como pouco potencializada, na medida em que considerou-se o que o mercado editorial já havia definido como livro didático em vez de dialogar com pesquisadores e professores para definições sobre as características relevantes para os livros didáticos. Não se propuseram formatos novos, mas se endossou o que já estava consolidado no mercado e na tradição escolar.

Em 2001, o processo avaliativo do PNLD consolidou-se. Tal fato pode ser afirmado por meio de duas ações. A primeira foi a elaboração do documento intitulado "*recomendações para uma política de livros didáticos em 2001*, resultado de um evento organizado pelo Ministério da Educação que tinha como fim o balizamento dos resultados obtidos pelo programa entre 1993 e 2001, e com a participação de gestores de políticas públicas dos livros didáticos, pesquisadores, formadores de professores, editores e autores de livros didáticos.

Reafirmaram os critérios apresentados em 1993, localizaram novos problemas decorrentes do próprio processo avaliativo, como a cristalização de um modelo de livro didático, e, por fim, sugeriram o aprofundamento da avaliação, indicando novos caminhos, a saber, a necessidade de produção de pesquisas, nacionais e transnacionais, que oferecessem subsídios para essa política pública no que tange à questão editorial; a elaboração de editais que fossem mais claros em relação ao que se esperava de um livro didático e de sua qualidade; sugeriram também a descentralização das avaliações para as universidades, com intuito de fomentar as pesquisas sobre esse material e a construção de regras de inscrição que levassem em conta as avaliações anteriores, com a finalidade de otimizar o tempo da avaliação.

A segunda ação foi a organização do processo de avaliação, aquisição e distribuição por meio de edital público, garantindo a possibilidade de ampla concorrência que, por sua vez, permitiu a apresentação de novos materiais para além dos já consolidados pelo mercado, transparência do processo avaliativo, inclusive com a apresentação dos critérios de avaliação.

Desde 2001 já houve seis processos de avaliação e aquisição de livros didáticos para o ensino fundamental – anos iniciais (edições: 2004, 2007, 2010, 2013, 2016, 2019); cinco para os anos finais (2005, 2008, 2011, 2014, 2017); e três para ensino médio (2012, 2015, 2018). É necessário apontar que o PNLD já foi responsável pela aquisição de muitos outros materiais didáticos, como materiais de referência, acervos complementares, materiais para formação continuada de professores, materiais didáticos em suportes digitais.

Ao longo dessa série de edições do PNLD, a avaliação sofreu diversas alterações. Entre elas pode-se citar a inclusão da aquisição de materiais para o ensino médio, anteriormente atendida pelo Programa Nacional do Livro Didático para o Ensino Médio (PNLEM) e dos livros didáticos para educação de jovens e adultos, antes atendidos pelo Programa Nacional do Livro Didático para Alfabetização de Jovens e Adultos (PNLA).

No que diz respeito ao processo de avaliação, além de seguir as recomendações apresentadas no documento de 2003, esse processo pode ser classificado como acumulador de experiências que, ao serem analisadas, possibilitaram o aprimoramento contínuo da avaliação, garantindo clareza e aprimoramento dos parâmetros apresentados nos editais. A avaliação aderiu, principalmente depois de 2010, uma dimensão mais pragmática na exposição dos critérios, ou seja, não bastava dizer o que se esperava dos livros a serem avaliados, mas como as diretrizes poderiam ser executadas pelos autores e editores de livros didáticos.

Em 2010 o PNLD passou por outra alteração em termos organizacionais, por meio do Decreto nº 7.084, de janeiro de 2010, sancionado pelo ministro da Educação Fernando Haddad e pelo presidente Luiz Inácio Lula da Silva. A principal função desse documento foi a constituição desse programa como política de Estado, garantindo, assim, sua perpetuação para além de governos. Para isso, essa lei formalizou os agentes envolvidos e o papel de cada um deles no processo; instituiu as etapas de avaliação e a quem elas competem; e apresentou de onde deveriam ser providos os recursos para sua execução. Critérios que foram construídos ao longo dos processos avaliativos pelas universidades públicas como a formação de uma equipe plural de avaliadores, representativa de todas as regiões do país, com profissionais da educação básica, formadores de professores, especialistas em áreas de conhecimento tornando-se obrigatoriedade em oposição a processos anteriores que concentravam em dois ou três estados do país a totalidade dos pareceristas.

Esse decreto também formalizou as diretrizes que o programa deveria seguir, a saber: I – respeito ao pluralismo de ideias e concepções pedagógicas; II – respeito às diversidades sociais, culturais e regionais; III – respeito à autonomia pedagógica dos estabelecimentos de ensino; IV – respeito à liberdade e apreço à tolerância; e V – garantia de isonomia, transparência e publicidade nos processos de avaliação, seleção e aquisição das obras.

Para além disso, ainda atualizou a definição da abrangência do programa, o qual deveria prover as escolas de educação básica pública das redes federal, estaduais, municipais e do Distrito Federal de obras didáticas, pedagógicas e literárias, bem como de outros materiais de apoio à prática educativa, de forma sistemática, regular e gratuita.

Em termos gerais, todas as proposições do documento dizem respeito à ampliação e defesa da dimensão democrática no âmbito educacional, seja por meio do fortalecimento de valores democráticos ou da ideia de acesso, não apenas ao livro didático, mas a outros materiais de caráter didático.

Desde sua constituição até a atualidade, o PNLD passou por um processo de ampliação de sua abrangência, que pode ser percebida em pelo menos duas frentes. A primeira foi a abrangência de atendimento da população estudantil, deslocando-se do nível fundamental (I e II) para o ensino médio e educação de jovens e adultos (EJA) de toda a extensão territorial. A segunda diz respeito aos tipos de materiais adquiridos pelo programa, acrescentados ao longo do processo, uma vez que ele se iniciou com livros didáticos e atualmente já conta com obras de referência, literatura e materiais digitais. Tal processo demonstra a transformação do que se entende e se configura como material didático e de como ele caminha ao mesmo tempo com as mudanças da escola em sua relação direta com as transformações da sociedade. Ambos os aspectos representam a valorização dos aspectos democráticos da educação, principalmente após o decreto de 2010 que garantiu organização e divisas correspondentes à importância e abrangência do programa.

Em 2017, o Decreto nº 9.099, de 18 de julho de 2017, assinado por José Mendonça Bezerra Filho e Michel Temer, revogou o decreto de 2010 e instituiu um novo título ao programa, que passou a se chamar "Programa Nacional do Livro e do Material Didático", sendo de sua alçada avaliar e disponibilizar obras didáticas, pedagógicas, literárias, entre outros materiais de apoio à prática educativa, segundo o novo instrumento legal. Essa definição seria similar à proposta no decreto de 2010 se não fosse pela última expressão, que deixa em aberto o que poderia ser considerado outro material para a prática educativa. Ao não constituir uma definição fechada, o programa abriu espaço para a entrada de qualquer material que se apresente como relevante para a sala de aula.

Esse decreto acrescentou a aquisição de materiais de gestão escolar, de reforço e correção de fluxo, o que representou mais uma expansão do PNLD. Ao mesmo tempo, caminhou inversamente ao enfatizar a possibilidade de uma desagregação dos estados e municípios que não desejem participar do programa. Tal decisão acaba por ferir o princípio de universalidade com que o programa se pensava, constituindo-se, a longo prazo, e levado às consequências máximas, em uma desobrigação paulatina do governo federal, marca dos governos neoliberais.

PROGRESSÃO DO CONHECIMENTO HISTÓRICO

Flávia Caimi

BOA PARTE DAS APRENDIZAGENS que fazemos na nossa vida cotidiana tem caráter espontâneo, incidental, requer pouco empenho consciente, uma vez que ocorre em interação com os objetos e com os outros sujeitos, pela observação, imitação, repetição, enfim, pela experiência direta. Todavia, quando o propósito da aprendizagem se vincula a processos formais de educação, essa espontaneidade, ainda que continue presente, já não é mais suficiente. Isso porque as práticas escolarizadas de ensinar-aprender se caracterizam pela ocorrência em contextos institucionais específicos, que exigem disposição favorável e esforço consciente por parte do aprendiz, além de ação intencional, sistemática e planejada por parte dos agentes educativos. Se entendemos a docência como uma tarefa que vai além de informar aos alunos o que sabemos sobre determinado assunto, o desafio é possibilitar, como orienta Carlino (2017), sua participação em práticas de leitura, de escrita e pensamento de um determinado campo, de modo que possam reconstruir seu sistema de noções e métodos. É nessa dimensão que podemos situar o tema da progressão do conhecimento histórico e suas condições de possibilidade nos processos escolares de ensinar-aprender história.

No Brasil, o debate sobre a progressão do conhecimento histórico não vem recebendo a atenção que se julga compatível com a importância da questão. Isso ocorre também com o tema da aprendizagem da história escolar, âmbito no qual se situa o tema da progressão. Tal cenário se deve a inúmeras razões, como: 1) a trajetória relativamente recente da pesquisa no campo do ensino de história no Brasil; 2) a dissociação entre pesquisadores do campo historiográfico e pesquisadores do campo escolar, os primeiros geralmente vinculados à ciência histórica e os segundos mais afetos à área da educação; 3) a associação dos pesquisadores do campo educacional com os aportes da psicologia cognitiva, muitas vezes sem dialogar com a epistemologia da história, o que reforça o divórcio teórico entre os dois grupos de pesquisadores; 4) a negação, por parte de muitos pesquisadores do campo do ensino de história, do potencial da psicologia cognitiva como elemento de contribuição para compreender a construção do conhecimento histórico; 5) a própria dificuldade de realizar pesquisas acerca da aprendizagem histórica, que exige muito tempo de dedicação, procedimentos metodológicos rigorosos para adentrar nos meandros da construção do pensamento histórico, a presença do pesquisador no contexto escolar junto aos alunos e professores, para acompanhar suas experiências e apropriações.

Há que se destacar, ainda, uma forte tradição de se entender o ensino e a aprendizagem da história na escola como um simples processo de transmissão de conteúdo, em detrimento de uma perspectiva que considere relevante a compreensão conceitual do conhecimento histórico. Essa tradição faz com que as crianças e jovens tomem o passado como dado, ao invés de serem instigados a se perguntar como nós sabemos sobre o passado e de serem preparados para formular perguntas e elaborar respostas cada vez mais complexas acerca dele.

No esforço de situar o tema da progressão do conhecimento histórico, referimos especialmente os estudos de autores como Lee e Ashby (2000), Lee e Shemilt (2003), Freeman (2011) e Carretero et al. (2013). Mesmo nos países em que a discussão do tema parece estar mais sistematizada, como o Reino Unido, por exemplo, não se tem posições unívocas e precisas sobre critérios de progressão, potencialidades e limites desse conceito, nem mesmo em relação à sua conceituação.

A progressão na aprendizagem da história, segundo Freeman (2011), se caracteriza por três elementos intrinsecamente relacionados – conhecimentos, conceitos e habilidades –, que formam um bloco de construção em torno do qual os alunos progridem no domínio da cognição histórica. O *conhecimento* diz respeito à profundidade e à complexidade dos conteúdos históricos (ou conceitos substantivos); os *conceitos* apontam como os alunos desenvolvem e aplicam seu entendimento conceitual da história como um processo, por exemplo, temporalidade, causalidade, multicausalidade, mudança, interpretação; por fim, tem-se as *habilidades* necessárias para mobilizar conhecimentos e conceitos no entendimento de diferentes temas e épocas, como o inquérito, a utilização e análise de fontes, a narrativa e a comunicação.

Um importante aspecto do debate é o que se refere à confusão conceitual entre progresso e progressão. Compreender os modos de progressão é bem mais complexo que mensurar o progresso quantitativo que os jovens manifestam em relação à apropriação de conteúdos substantivos. O progresso pode ser validamente representado como sendo a diferença de intervalo entre dois pontos, por exemplo, o que o aluno sabia antes e o que sabe agora, mensurável pela quantidade maior de informações que é capaz de lembrar, por meio de diversos instrumentos avaliativos, como testes orais, provas, exercícios em geral. Não é eficiente, todavia, para tratar da complexidade que o tema da progressão enseja.

A noção de progressão não se limita a registrar a apropriação de conteúdos substantivos da história (Ditadura Militar, Revolução Francesa, Independência do Brasil), e sim volta-se predominantemente para os chamados conceitos de segunda ordem, como causalidade, empatia, mudança, cuja apropriação se dá pela mobilização de noções como evidência, explicação, interpretação, relato, narrativa, entre outras. Nessa perspectiva, sem prescindir do conhecimento histórico em si (conteúdos substantivos), busca-se na potência da noção de progressão a possibilidade de compreender como se constroem e desenvolvem as ideias dos alunos acerca do passado, como essas ideias se transformam no decorrer dos processos de aprendizagem escolar, das séries, ciclos e níveis da escolarização.

A progressão pode dar conta de definir padrões gerais de mudança a respeito dos modos como os estudantes se apropriam de ideias históricas cada vez mais poderosas e, com isso, ajudá-los a desenvolver uma mente histórica disciplinada. Essa mente disciplinada implica o domínio dos conceitos históricos, o que não pode ser alcançado sem o esforço por realizar uma profunda compreensão do passado, estimulando os estudantes para a investigação rigorosa.

Grosso modo, a progressão pode ser caracterizada por diferentes competências, como capacidade de fazer ligações e conexões dentro e entre períodos históricos; aprofundamento gradativo do domínio de conteúdos substantivos; maior compreensão e proficiência no uso de instrumentos de análise histórica, os chamados conceitos de segunda ordem; crescente capacidade de aplicar conhecimentos e mobilizar estratégias de compreensão conceitual em diversos textos e contextos históricos; ampliação do domínio da narrativa histórica, com o aprimoramento gradual da habilidade de comunicar o conhecimento por meio de linguagem adequada e pertinente ao campo.

A dificuldade no tratamento do tema aumenta consideravelmente quando se pretende definir modelos de progressão do conhecimento histórico para aplicar em situações de contexto. Lee e Shemilt (2003) são contundentes ao afirmar a impossibilidade de se constituírem modelos de progressão com a ambição de que sirvam a todos os alunos e de que atinjam todos os conceitos. Isso porque os modelos costumam ser prescritivos, normativos e hierárquicos; partem do pressuposto de que todos os alunos estão operando do mais simples para o mais complexo; desconsideram que os jovens possuem conhecimentos prévios relativamente distintos, ainda que tenham a mesma idade e frequentem a mesma classe; são concebidos em níveis, como se fossem uma sequência em forma de escada, semelhante a degraus que cada aluno deve galgar.

De tal forma, mesmo que um modelo defina as ideias históricas que se podem encontrar em um grupo razoavelmente grande de jovens e que ajudem a identificar prováveis tipos de mudanças conceituais entre eles, não é possível estabelecer um padrão rigoroso de desenvolvimento. Lee e Shemilt (2003) usam uma interessante metáfora para ilustrar essa situação, dizendo que as ideias dos alunos, representadas nos modelos de progressão, são como os caminhos feitos por ovelhas ao movimentar-se pela montanha. Ainda que se movam através do terreno de uma forma mais ou menos regular, um cão pastor pode mudar sua rota.

Como alternativa aos modelos padronizados de progressão adotados nos sistemas escolares do Reino Unido, Lee e Shemilt (2003) propõem esquemas mais flexíveis de progressão baseados em investigação junto aos alunos, ainda que esses esquemas não ofereçam descritores que possam abranger a totalidade do conhecimento e das suas ideias históricas. Modelos baseados em investigação, para esses autores, podem fornecer bússolas empiricamente fundamentadas para ajudar a reconhecer como os alunos se apropriam daquilo que lhes é ensinado, para identificar o que já sabem e o que precisam ainda saber, para orientar a intervenção docente e informar o planejamento, nos diferentes contextos.

Mais do que oferecer respostas definitivas para a organização curricular, modelos de progressão baseados em investigação das ideias históricas dos alunos podem ajudar os professores a fazer as perguntas mais acertadas em relação aos seus processos cognitivos. São perguntas do tipo: o que os alunos já alcançaram na etapa (série, unidade, conteúdo, conceito) anterior e como isso afeta o tom da intervenção na etapa seguinte? O que se pode esperar dos saberes prévios desta turma ou série? Que ideias e conceitos da história dependem de um entendimento seguro de outras ideias e conceitos, advindos de outras áreas? Como antecipar eventuais dificuldades dos alunos e reforçar as ideias e conceitos que precisam ser construídos para a continuidade da aprendizagem? A proposta empreendida comporta desafio suficiente para a média dos alunos desta série? Como as unidades podem ser sequenciadas para que o trabalho atual estabeleça as bases para o trabalho posterior?

Mesmo os modelos de progressão com base na investigação comportam limitações, uma vez que são vulneráveis a erros e abusos de muitos tipos, entre os quais: 1) a limitação na capacidade de capturar especificidades cognitivas relacionadas com a criatividade, o discernimento, a perspicácia dos sujeitos; 2) a limitação no foco, pois se podem funcionar relativamente bem para grupos, não são normativos universais que explicam igualmente a progressão de cada aluno; 3) a limitação de alcance, uma vez que elucidam melhor as características da progressão em longo prazo, e têm capacidade mais restrita para explicar os processos de curto e médio prazo.

Por essas razões, Lee e Shemilt (2003) afirmam que modelos de progressão baseados em investigação podem fornecer um andaime para o ensino e a aprendizagem da história, mas, se mal utilizado, esse andaime pode se transformar numa gaiola. Nesse sentido, são modelos necessariamente provisórios, que oferecem uma imagem do desenvolvimento das concepções prévias dos alunos, uma base para pensar sobre os recursos cognitivos e as ferramentas conceituais que eles precisam mobilizar para dar sentido ao passado, e, o mais importante, fornecem aos professores um ponto de partida para explorar e desenvolver as ideias históricas dos estudantes.

TESTEMUNHOS

Marieta de Moraes Ferreira

A DENOMINAÇÃO TESTEMUNHO comporta várias definições. De acordo com o *Dicionário Aurélio*, testemunho é a declaração feita pela testemunha, pessoa que estava presente ou viu algum acontecimento; essa palavra pode também ser vista como comprovação, registro que se faz com o intuito de fundamentar algo, de comprovar a veracidade de algo. A definição dos testemunhos históricos tem uma abrangência maior e a comprovação pode advir de documentos escritos ou diferenciados vestígios do passado tais como monumentos, imagens etc. que podem atestar acontecimentos ocorridos.

A relação dos historiadores com o uso de testemunhos diretos variou ao longo dos tempos, podendo ser vistos de forma muito valorizada ou sendo objeto de verdadeira interdição. A historiografia da Antiguidade e dos historiadores tais como Heródoto e Tucídides nos seus relatos históricos lançaram mão fartamente dos testemunhos diretos. Especialmente Tucídides, em sua obra clássica sobre a guerra do Peloponeso, esteve presente nos campos de batalha e escreveu seu relato como base no seu testemunho pessoal. Esse tipo de método de escrita estava articulado com uma visão que encarava a história recente, história do tempo presente, como legítima e relevante.

Os testemunhos de fora da história

No entanto, no século XIX, com a afirmação da história como uma disciplina científica, esses princípios foram alterados e a história recente, então chamada de contemporânea, e conjuntamente o uso de testemunhos tornaram-se um tema problemático. O ponto de partida para entender esse processo é a constatação do triunfo de uma determinada definição de história que promovia uma ruptura entre o passado e o presente, atribuía à história a interpretação do *passado* e sustentava que só os indivíduos possuidores de uma formação especializada poderiam executar corretamente essa tarefa.

A afirmação dessa concepção da história como uma disciplina que possuía um método de estudo de textos que lhe era próprio, que tinha uma prática regular de decifrar documentos, implicou a concepção da objetividade como uma tomada de distância em relação aos problemas do presente e ao uso de testemunhos. Assim, só o recuo no tempo poderia garantir uma distância crítica. Se se acreditava que a competência do historiador devia-se ao fato de que somente ele podia interpretar os traços materiais do passado, seu trabalho não podia começar verdadeiramente senão quando não mais existissem testemunhos vivos dos mundos estudados. Para que os traços pudessem ser interpretados, era necessário que tivessem sido arquivados. Os historiadores de profissão deveriam, portanto, rejeitar os estudos sobre o mundo contemporâneo, uma vez que nesse campo seria impossível garantir a objetividade dos estudos. O desprezo dos historiadores universitários pela história recente explica também o porquê da desqualificação dos testemunhos diretos.

Depois de ter desfrutado de amplo prestígio, a concepção de história baseada nos pressupostos da *méthode historique* formulados pelos historiadores na segunda metade do século XIX entrou em processo de declínio. A fundação na França da revista *Annales*, em 1929, e da École Pratique des Hautes Études, em 1948, iria dar impulso a um profundo movimento de transformação no campo da história. Essa nova concepção defendia que o econômico e o social deveriam ocupar um lugar privilegiado e sustentava que as estruturas duráveis são mais reais e determinantes do que os acidentes de conjuntura. Ao valorizar o estudo das estruturas, dos processos de longa duração, a nova história atribuiu às fontes seriais e às técnicas de quantificação uma importância fundamental. Em contrapartida, ao desvalorizar a análise do papel do indivíduo, das conjunturas, dos aspectos culturais e políticos, também desqualificou o uso dos relatos pessoais, das histórias de vida, das autobiografias. Condenava-se sua subjetividade, levantavam-se dúvidas sobre as visões distorcidas que apresentavam, enfatizava-se a dificuldade de se obter relatos fidedignos. Não é preciso dizer que os historiadores identificados com a tradição dos *Annales* excluíram a possibilidade de valorização dos testemunhos.

Inovações historiográficas e a recuperação do papel dos testemunhos

Entretanto, na última década do século XX registraram-se transformações importantes nos diferentes campos da pesquisa histórica. Revalorizou-se a análise qualitativa e resgatou-se a importância das experiências individuais, ou seja, deslocou-se o interesse das estruturas para as redes, dos sistemas de posições para as situações vividas, das normas coletivas para as situações singulares. Paralelamente, ganhou novo impulso a história cultural, ocorreu um renascimento do estudo do político e incorporou-se o estudo do contemporâneo.

Essa perspectiva colocou em evidência a construção dos atores de sua própria identidade e reequacionou as relações entre passado e presente, reconhecendo que o passado é construído segundo as necessidades do presente e chamando a atenção para os usos políticos do passado.

Essa abordagem possibilitou uma abertura para a aceitação do valor dos testemunhos diretos, ao neutralizar as tradicionais críticas e reconhecer que a subjetividade, as distorções dos depoimentos e a falta de veracidade a eles imputada podem ser encaradas de uma nova maneira, não como uma desqualificação, mas como uma fonte adicional para a pesquisa (Pollak, 1993). Todas essas mudanças criaram um espaço novo para o estudo dos períodos recentes e a incorporação dos testemunhos, abalando as antigas resistências.

A era dos testemunhos

Ao longo da década de 1970, especialmente nos EUA, as lutas pelos direitos civis, travadas pelas minorias de negros, mulheres, imigrantes etc., seriam as principais responsáveis pela valorização dos testemunhos e da afirmação da história oral, que procurava dar voz aos excluídos, recuperar as trajetórias dos grupos dominados, tirar do esquecimento o que a história oficial sufocara durante tanto tempo. A história oral se afirmava, assim, como instrumento de construção de identidade de grupos e de transformação social – uma história oral militante, onde os testemunhos tinham um lugar central.

Na Europa nos anos 1980, se firmou uma verdadeira *obsessão pela memória*, multiplicando as comemorações e invocando permanentemente o dever de memória. O medo diante da possibilidade de uma amnésia nos tempos pós-modernos gerou justo o oposto, levando ao desenvolvimento de uma cultura memorialista ou uma *inflação de memórias*. O grande tema que inaugurou esse *boom* memorialístico foi o Holocausto e noções como memória, identidade, testemunhos e genocídio passaram a permear as discussões dos especialistas e inúmeros projetos começaram a ser realizados, por diferentes instituições, que visam registrar, por meio da coleta de relatos orais, as experiências vivenciadas pelas populações envolvidas em grandes traumas.

Nesta virada para o século XXI, no entanto, têm ressurgido de maneira crescente críticas ao uso de testemunhos como fontes históricas. Esse posicionamento é em grande parte uma reação ao comprometimento das sociedades contemporâneas com o chamado "dever de memória". De acordo com Olivier Lalieu, em seu artigo *"L'invention du devoir de mémoire"*, essa expressão foi criada para designar uma espécie de culto aos mortos, vítimas de atos de repressão e de traumas políticos, culto esse que produz desdobramentos e obrigações nos domínios históricos, jurídicos, financeiros e políticos. Nesse contexto, o ato de testemunhar ganha um novo significado, e as vítimas ou seus descendentes transformam-se em agentes fundamentais para o exercício do dever de memória, entendido agora não apenas em sua dimensão de culto aos mortos, de dever de lembrança e homenagem, mas também como direito de reclamar justiça e conquistar resultados concretos nos domínios político, judicial e financeiro. De fato, o desenvolvimento em diferentes países e grupos sociais de políticas memoriais envolvendo eventos traumáticos, como forma de lutar contra o esquecimento de indivíduos vitimados pela opressão, tem implicado cada vez mais a ideia de responsabilidade oficial de governos e sociedades no sofrimento vivido pelas vítimas e tem propiciado a reivindicação de medidas compensatórias, não só para reparar as injustiças, mas para impedir possíveis repetições futuras de processos de violência e discriminação. Iniciados a partir do Holocausto na Europa, projetos de memória dessa natureza têm encontrado ressonância nos últimos tempos em diferentes sociedades, como na África do Sul, nos países da América Latina egressos das ditaduras militares, ou ainda no Leste Europeu após a queda dos regimes comunistas.

Entretanto, o abuso das políticas memoriais, para usar as palavras de Todorov, teria transformado as lembranças em armas políticas e garantido uma sacralização para os testemunhos, o que conduz à valorização de uma representação do passado a partir essencialmente de destinos individuais. A afirmação dessas práticas políticas tem provocado intensos debates e críticas nas comunidades dos historiadores e tem levado ao questionamento dos instrumentos legais utilizados pelos Estados na gestão de passados e nos processos de sacralização de memórias. Nesse sentido, a história da África do Sul e da Bósnia, as ditaduras na América Latina são casos contemporâneos que têm recebido grande atenção, pois representam embates pela memória e oferecem ao historiador do tempo presente a oportunidade de pensar sobre como os relatos orais estão sendo utilizados nos projetos testemunhais. Como a memória está sendo reelaborada? Quais questões essa profusão de memórias coloca para a escrita da história? Como o ensino de história pode pensar seu lugar nesses constantes embates de memória? A ideia é partir dessas situações para refletir sobre as articulações entre a memória e a história. De maneira geral, o grande público tem uma maior sintonia com as narrativas memoriais do que a escrita e o ensino da história feitos por especialistas, o que gera dificuldades para nosso campo disciplinar e coloca uma questão importante: o que distingue as vozes da memória dos resultados de um trabalho que pode ser realizado a partir dessas vozes?

Essa questão não pode ser respondida a partir de uma oposição simplista entre a memória e a história. Tal reducionismo tende a associar a memória ao falso e a história à verdade. Esse é um tema que vem sendo discutido pela historiografia e, para os nossos propósitos, cabe apontar algumas reflexões propiciadas pelo trabalho com os testemunhos.

Uma consideração importante diz respeito às relações entre as memórias trazidas pelos testemunhos e a utilização política desse passado rememorado. Paul Ricoeur chama a atenção para uma relação entre o exagero na exortação da memória e uma desvalorização do papel do professor e do historiador. O reconhecimento atrela-se, portanto, mais facilmente às verdades testemunhais, enquanto as críticas oferecidas pelo ensino de história podem enfrentar um julgamento público desfavorável se propuserem leituras diferenciadas sobre as narrativas socialmente aceitas. A liberdade fica restrita quando se trabalha com acontecimentos que já foram julgados publicamente, uma vez que, enquanto o juízo judicial é definitivo, o do historiador é revisionista.

A história se reescreve permanentemente, mas não aleatoriamente. A *operação histórica* envolve a "combinação de um lugar social, de práticas científicas e de uma escrita", como afirma Michel de Certeau. Esse *domínio* pode ser visto como fruto dessa combinação que forjou ao longo dos anos métodos e critérios de análise. A partir da análise histórica pode-se, inclusive, relativizar as memórias, ou melhor, questionar a função desse passado rememorado. O compromisso do historiador em particular e do ensino de história em geral com o presente no exercício do seu ofício não deveria estar associado a uma militância em prol de uma memória social específica. Através dos instrumentos da história, poder-se-ia propor uma mudança de perspectiva do dever de memória para o trabalho com a memória. O historiador não tem o monopólio sobre a memória, mas ele detém os instrumentos para lidar com a pluralidade e a fragmentação da memória.

TRANSPOSIÇÃO DIDÁTICA

Ana Maria Monteiro

O CONCEITO DE TRANSPOSIÇÃO didática, enunciado, pela primeira vez, por Verret em sua tese *Les temps des études*, defendida em 1975 na França, foi, posteriormente, desenvolvido por Chevallard e Joshua (1982) que o utilizaram, na área do ensino da matemática, para examinar as transformações sofridas pela noção matemática de distância entre o momento de sua elaboração por Fréchet, em 1906, e o momento de sua introdução nos programas de geometria franceses, em 1971. De acordo com Chevallard (1997), seu ponto de partida é o interesse em inscrever a "didática das matemáticas" como um objeto passível de conhecimento científico. Para isso, ele opera com o conceito de "sistema didático" – relação ternária que liga um docente, os alunos e um saber. Esse conceito permite trazer para análise o terceiro termo – o saber, geralmente esquecido (ou não considerado por ser dado, naturalizado), para ser objeto de investigação.

O conceito de transposição didática é definido pelo autor como aquele que remete à "passagem do 'saber sábio' ao 'saber ensinado' e, portanto, à distância eventual, obrigatória que os separa, dá testemunho desse questionamento necessário, ao mesmo tempo em que se converte em sua primeira ferramenta" (Chevallard, 1997:16).

Chevallard afirma categoricamente a diferença entre o "saber sábio" (*savoir savant*) e o "saber ensinado". Para que o ensino seja possível, o elemento de saber deverá ter sofrido certas "deformações" que o tornarão apto a ser ensinado. O termo "deformações" é utilizado pelo autor para indicar a ocorrência de mudanças, transformações nos saberes, sem denotar o aspecto pejorativo que esse significante assume na língua portuguesa.

O saber-tal-como-é-ensinado, o "saber ensinado", *é necessariamente distinto* (grifo adicionado) do saber-inicialmente-designado-como-aquele-que--deve-ser-ensinado, o "saber a ensinar". O conceito de transposição didática permite, então, que o campo científico da didática se constitua, pois, além de definir uma ruptura, ele cria um instrumento de inteligibilidade que possibilita a realização das investigações, abrindo caminho para que comece a ser desvendada a caixa-preta em que tem estado inserido o ensino.

O autor nomeia os vários saberes que se constituem no processo de transposição didática no sentido mais amplo, *sensu lato*: "saber sábio", "saber a ensinar", "saber ensinado", "saber aprendido". Identificar as mudanças, que são de ordem conceitual, abre caminhos para melhor conhecer o processo em análise que reconheça a pluralidade de saberes e o papel das diferentes subjetividades e interesses envolvidos no processo.

De acordo com o autor, o saber ensinado é naturalizado, um saber sem história, "como algo que não é de nenhum tempo, nem de nenhum lugar, e não se legitimando mediante o recurso à autoridade de um autor, qualquer que seja". É um saber que aparece na escola exilado de suas origens. Essa naturalização é possível, para Chevallard, porque o sistema didático é aberto e compatível com seu contexto, tanto no que se refere ao saber acadêmico quanto à cultura onde se insere e com a qual a escola se relaciona, o que lhe proporciona flexibilidade e força como fundador de valores.

Chevallard chama a atenção para o fato de que a transposição didática não é realizada pelos professores por si mesmos. Ela tem início quando técnicos, representantes de associações, professores militantes, que compõem a noosfera, definem, a partir do saber sábio e por meio de um trabalho de seleção e estruturação didática, o "saber a ensinar", definição essa que será refeita em outros momentos, quando surgir a necessidade de sua renovação ou atualização.

> Um conteúdo de saber que foi designado como "saber a ensinar" sofre, a partir de então, um conjunto de transformações adaptativas que vão torná-lo apto para ocupar um lugar entre os "objetos de ensino". Ao trabalho que transforma um objeto de saber a ensinar em um objeto de ensino denominamos transposição didática. [Chevallard,1997: 45]

A definição do saber a ensinar apresenta, portanto, os caminhos possíveis para a elaboração do saber como um objeto de ensino. Os professores trabalham na transposição didática, não fazem a transposição didática. "Quando o professor intervém para escrever a variante local do texto do saber que ele chama seu curso, a transposição didática já começou há muito tempo" (Chevallard, 1997: 20).

Assim, de acordo com esse autor, a transposição didática, *lato sensu*, se inicia com a definição dos saberes a ensinar, a partir do "saber sábio", realizada pela noosfera. A transposição didática interna, *stricto sensu*, realizada pelos professores, dá continuidade ao processo elaborando algumas das versões possíveis do saber ensinado.

A importância atribuída ao "saber sábio" por Chevallard no processo de transposição tem sido um dos alvos preferenciais das críticas que esse autor tem recebido. Essa perspectiva negaria ou reduziria o papel de outros saberes de referência ou traduziria uma visão ainda muito hierarquizada na análise da relação entre os saberes "sábio" e "ensinado".

Para o autor, no entanto, o contraste com o saber "sábio" é fundamental pois permite que se desvele a ficção da unidade do saber ensinado com aquele (o "saber sábio"), possibilitando a articulação da análise epistemológica com a análise didática. É a análise do conceito no "saber sábio" comparada com a análise do mesmo conceito utilizado no "saber ensinado" que pode revelar a especificidade da construção didática realizada.

Para que os saberes possam ser objeto de ensino escolar, Chevallard, citando Verret (1975), afirma que vários processos ocorrem: a *dessincretização*, ou seja, "por exigência da explicitação discursiva, a 'textualização' do saber conduz primeiramente à delimitação de saberes 'parciais', cada um dos quais se expressando em um discurso (ficticiamente) autônomo" (Chevallard, 1997:69); a *despersonalização*, ou seja, "a dissociação entre o pensamento, enquanto expressão de uma subjetividade, e suas produções discursivas: o sujeito é expulso de suas produções, o saber é submetido a uma transformação no sentido de despersonalização" (Chevallard, 1997:71); a *programabilidade*, ou seja, a definição racional de sequências que permitam uma aquisição progressiva de conhecimento e cuja definição se legitima por "uma ficção que nos faz acreditar que a aprendizagem é 'isomorfa' em relação ao processo de ensino e cujo modelo ordenador é o texto do saber em sua dinâmica temporal" (Chevallard, 1997:73); a *publicidade*, que exige uma definição explícita, em compreensão e extensão, do saber a transmitir, e que deixa implícitos os pré-requisitos; o *controle social das aprendizagens*, controle regulado de acordo com procedimentos de verificação que autorizem a certificação de conhecimentos adquiridos (Verret, 1975:146-147 apud Chevallard, 1997:67, 68).

Esses processos de explicitação do texto do saber, inerentes à transposição didática, implicam uma descontextualização face às problemáticas do campo científico. O saber é "desenraizado da rede de problemáticas e problemas que lhe outorgam seu sentido completo" (Chevallard, 1997:71). Sua recontextualização no campo educacional decorre de constrangimentos próprios à cultura escolar e, segundo Chevallard, gera saberes originais que precisam da interlocução com o saber "sábio", por meio de análise epistemológica, para poderem ser desvelados.

A reelaboração de saberes resulta, também, daquilo que Chevallard chama de necessidade de compatibilização dos saberes tanto com os saberes "sábios" quanto, também, com as demandas da sociedade em geral. Os saberes "envelhecem", se gastam, porque se distanciam sobremaneira dos novos saberes produzidos no campo acadêmico – "desgaste biológico"; ou porque "não passam mais" – os alunos não se interessam, apresentam dificuldades de aprendizagem; ou porque não atendem a novos pactos de poder instituídos; ou já são de pleno domínio do senso comum, perdendo legitimidade para o ensino escolar – "desgaste moral". Para restabelecer sua legitimidade, um novo fluxo de saber "sábio" se impõe e a dinâmica da transposição didática se restabelece para reelaborar novos saberes a ensinar e ensinados.

O conceito de transposição didática tem recebido muitas críticas, entre elas, a de que o termo nega o que se propõe a explicar: se os saberes são distintos, se o conceito propõe denunciar uma ruptura, o termo transposição parece indicar uma mudança de lugar sem mudança conceitual. Em outro texto, o próprio autor esclarece a origem da palavra transposição utilizada: "refere-se ao sentido musical do termo, que designaria a passagem de formas melódicas de um tom ao outro, processo de 'transformação adaptativa' a um novo contexto" (Chevallard, 1997:45), o que nos parece coerente com sua teorização.

Outra questão suscitada por esse trabalho refere-se ao fato da possível utilização para a investigação e análise de outras áreas de conhecimento que não a matemática, como pesquisas em ensino de história (Gabriel, 2003; Leite, 2007; Monteiro, 2007).

Outra restrição refere-se ao fato de que o autor, talvez por operar no campo da matemática, que constitui um corpo de conhecimentos muito bem delimitados e sistematizados, refere-se exclusivamente ao saber acadêmico como única referência para a elaboração do saber ensinado. Ao tratar da compatibilidade desse saber com o entorno, ao processo de desgaste ou envelhecimento, o autor situa a origem do problema na relação com o contexto acadêmico e/ou com a sociedade. Mas para atualizar o saber escolar, a fonte por ele apresentada é sempre o saber "sábio" que vai possibilitar uma nova transposição didática e uma nova reelaboração, cuja fonte de origem é o saber acadêmico.

Monteiro (2007) focalizou, em sua tese de doutoramento, e em pesquisas posteriores, a potencialidade do conceito de transposição didática na investigação dos saberes escolares e docentes na prática de ensino de história. A autora tem defendido a potencialidade desse conceito que permite considerar a diferença entre o saber "sábio" e o "ensinado", mas suas pesquisas têm possibilitado compreender que o "saber ensinado" é uma produção da/na cultura escolar, um híbrido cultural que se constitui de diferentes saberes: dos docentes, dos alunos, da cultura escolar e institucional, daqueles que circulam na sociedade e também de fluxos dos conhecimentos científicos – "saberes sábios" que possibilitam a atualização e revisão crítica necessárias para a superação de versões pautadas exclusivamente no "senso comum".

Gabriel (2003), operando com o conceito de transposição didática, tem desenvolvido novas possibilidades de investigação ao articular as contribuições da teoria social do discurso com as proposições de Chevallard para analisar a dinâmica relacional do conhecimento científico – "saber sábio" – na constituição do conhecimento escolar. Para essa autora, o "conteúdo" seria o elemento garantidor da recontextualização didática do conhecimento científico que fixa o sentido de escolar (Gabriel e Moraes, 2014:32).

Outra crítica atribuída a Chevallard é a de que ele não considera em sua análise a dimensão educativa, a questão axiológica, elemento estruturante fundamental para que se possa compreender o processo de constituição do saber escolar. O contexto sociopolítico-cultural configura um quadro dentro do qual opções são realizadas para a constituição dos saberes a ensinar e ensinado, no âmbito do que Forquin designa como a "razão pedagógica". Ao se referir às demandas do entorno ou ao desgaste do saber ensinado face às inovações, mudanças e demandas sociais, ele nos remete ao saber "sábio" para corrigi-las e atualizá-lo. Percebe-se um posicionamento que busca manter a análise e seus referenciais dentro de um enquadramento científico, e que encontra dificuldades para reconhecer o enraizamento sociopolítico--cultural da construção dos saberes acadêmico e escolar.

Apesar de receber muitas críticas, as contribuições da teorização de Chevallard têm sido muito importantes e abriram perspectivas instigantes para as pesquisas sobre a constituição do saber escolar, considerando sua especificidade epistemológica, compreensão esta atualmente já consensual na área educacional. Faz-se necessária, no entanto, a realização de mais estudos nas diferentes áreas de conhecimento para que possamos ampliar nossa compreensão sobre os processos relacionados com o ensino na busca da atualização e reinvenção da escola ante as demandas da contemporaneidade.

REFERÊNCIAS

ALBERTI, Verena. O ensino de história na Inglaterra: conceitos e práticas. In: FERREIRA, Marieta de Moraes (Org.) *Memória e identidade nacional*. Rio de Janeiro: FGV Ed. 2010. p. 81-100.

ALMEIDA, Anita Correia Lima de; GRINBERG, Keila. As WebQuests e o ensino de história. In: GONTIJO, Rebeca; MAGALHÃES, Marcelo de Souza; ROCHA, Helenice Aparecida Bastos. *A escrita da história escolar:* memória e historiografia. Rio de Janeiro: FGV Ed., 2009.

___; ___. *Detetives do passado*: escravidão no século 19. Rio de Janeiro: Núcleo de Documentação, História e Memória-Numem/Unirio, 2009. Disponível em: <www.nume-munirio.org/detetivesdopassado/>.

ANTIQUEIRA, Moisés. Modelos causais e a escrita da história. *História da Historiografia*, Ouro Preto, n. 14, p. 11-26, abr. 2014.

AQUINO, Julio Groppa (Coord.). *Diferenças e preconceito na escola*: alternativas teóricas e práticas. São Paulo: Summus, 1998.

ARENDT, Hannah. *As origens do totalitarismo*. São Paulo: Companhia das Letras, 2012 [1951].

___. *Da revolução*. São Paulo: Ática, 1990 [1963].

ARISTÓTELES. *Poética*. 3. ed. Lisboa: Fundação Calouste Gulbenkian, 2008.

AUSUBEL, David P.; NOVAK, Joseph D.; HANESIAN, Helen. *Psicologia educacional*. Tradução de Eva Nick et al. Rio de Janeiro: Interamericana, 1980.

AZEVEDO, Fernando de et al. *Manifesto dos pioneiros da Educação Nova (1932) e dos educadores 1959*. Recife: Fundação Joaquim Nabuco; Massangana, 2010. Disponível em: <www.dominiopublico.gov.br/download/texto/me4707.pdf>. Acesso em: 10 nov. 2017.

AZEVEDO, Francisco Ferreira dos Santos. *Thesaurus essencial*: dicionário analógico. Rio de Janeiro: Lexikon, 2013.

BÂ, Amadou Hampâté. A tradição viva. In: KI-ZERBO, J. (Org.). *História geral da África I*: metodologia e pré-história da África. 2. ed. rev. Brasília: Unesco, 2010.

BACHELARD, G. *A formação do espírito científico*. Rio de Janeiro: Contraponto, 1996.

BANN, Stephen. *The clothing of Clio*: a study of the representation of history in nineteenth-century Britain and France. Cambridge: Cambridge University Press, 1984.

BANN, Stephen. *The inventions of history*: essays on the representation of the past. Manchester: Manchester University Press, 1990.

BARBOSA, Vilma L. *História local*: contribuições para pensar, fazer e ensinar. João Pessoa: Ed. UFPB, 2015. v. 1.

BARROS, José D'Assunção. *História, espaço, geografia*. Rio de Janeiro: Vozes, 2017.

BARTON, Keith C.; LEVSTIK, Linda S. *Teaching history for the common good*. Mahwah: Lawrence Erlbaum Associates, 2004.

BASTOS, Lucia Maria Bastos Pereira das et al. (Org.). *Estudos de historiografia brasileira*. Rio de Janeiro: FGV Ed., 2011.

BÉDARIDA, François. Temps présent et présence de l'histoire. In: INSTITUT: d'Histoire du Temps Présent. *Ecrire l'histoire du temps présent*. Paris: CNRS, 1993.

BENTIVOGLIO, Julio. Cultura política e historiografia alemã no século XIX: a Escola Histórica Prussiana e a Historische Zeitschrift. *Revista de Teoria da História*, a. 1, n. 3, jun. 2010.

BERGMANN, Klaus et al. (Org.). *Handbuch der Geschichtsdidaktik*. Seelze-Velber: Kallmeyer, 1997.

BLOCH, Marc. *Apologia da história ou o ofício de historiador*. Rio de Janeiro: Zahar, 2001.

BITTENCOURT, Circe. *Ensino de história*: fundamentos e métodos. São Paulo: Cortez, 2004.

____. *Livro didático e conhecimento histórico*: uma história do saber escolar. Tese (doutorado em história) – Faculdade de Filosofia, Letras e Ciências Humanas, Universidade de São Paulo, São Paulo, 1993.

____. Propostas curriculares de história: continuidades e transformações. In: BARRETO, Elba Siqueira de Sá (Org.). *Os currículos do ensino fundamental para as escolas brasileiras*. São Paulo: Autores Associados; Fundação Carlos Chagas, 1998. p.127-162.

BOBBITT, Frankin. *The curriculum*. Boston: Houghton Mifflin Company, 1918.

BOSI, Alfredo. O tempo e os tempos. In: NOVAES, Adauto (Org.). *Tempo e história*. São Paulo: Companhia das Letras, 1992.

BOURDIEU, Pierre; PASSERON, Jean-Claude; CHAMBOREDON, Jean-Claude. *A profissão de sociólogo*. Petrópolis: Vozes, 1999.

BRAUDEL, Fernand. *Escritos sobre a história*. Lisboa: Perspectivas, 1992.

BRUNER, Jerome S. *O processo da educação*. Tradução de Lólio Lourenço de Oliveira. 7. ed. São Paulo: Companhia Editora Nacional, 1978.

BURKE, Peter (Org.). *A escrita da história*. São Paulo: Ed. Unesp, 1992.

____. História como memória social. In: ____. *Variedades de história cultural*. Rio de Janeiro: Civilização Brasileira. 2000. p. 67-89.

CAIMI, Flavia Eloisa. Fontes históricas na sala de aula: uma possibilidade de produção de conhecimento histórico escolar? *Anos 90*, Porto Alegre, v. 15, n. 28, p.129-150, dez. 2008.

____. História convencional, integrada, temática: uma opção necessária ou um falso debate? In: ANPUH – SIMPÓSIO NACIONAL DE HISTÓRIA, XXV, 2009, Fortaleza, 2009. p. 4.

CAINELLI, Marlene. A escrita da história e os conteúdos ensinados na disciplina de história no ensino fundamental. *Revista Educação e Filosofia*, Uberlândia, v. 26, n. 51, p. 163-184, jan./jun. 2012.

CARLINO, Paula. *Escrever, ler e aprender na universidade*: uma introdução à alfabetização acadêmica. Petrópolis, RJ: Vozes, 2017.

CARR, E. H. *Que é história?* Rio de Janeiro: Paz e terra, 1982.

CARRETERO, Mario et al. La construcción del conocimiento histórico. *Propuesta Educativa*, v. 39, n. 1, p. 13-23, 2013.

CERRI, Luís Fernando. Recortes e organizações de conteúdos históricos para a educação básica. *Antíteses*, v. 2, n. 3, p. 131-152, 2009.

CERTEAU, Michel de. *A invenção do cotidiano*: artes de fazer. Petrópolis: Vozes, 1994. p. 259-273.

____. A operação historiográfica. In: ____. *Escrita da história*. Rio de Janeiro: Forense Universitária, 1982.

____. *Cultura no plural*. Campinas: Papirus, 1995.

____. *A escrita da história*. Rio de Janeiro: Forense Universitária, 2002.

CHARTIER, Roger. *A aventura do livro*: do leitor ao navegador. São Paulo: Unesp, 2009.

____. *A história cultural entre práticas e representações*. Lisboa: Difel, 1989.

____. *A história ou a leitura do tempo*. Belo Horizonte: Autêntica, 2009.

CHERVEL, André. História das disciplinas escolares: reflexões sobre um campo de pesquisa. *Teoria &Pesquisa*, Porto Alegre, n. 2, p.177-229, 1990.

CHEVALLARD, Yves. *La transposición didáctica*: del saber sabio al saber enseñado. Buenos Aires: Aique Grupo Editor, 1997.

____; JOSHUA, M. A. Un exemple d'analyse de la transposition didactique – la notion de distance. *Recherches en Didactique des Mathematiques*, n. 3, v. 2, p. 157-239, 1982.

CHOPPIN, Alain. Le manuel scolaire, une fausse evidence historique. *Histoire de l'Éducation*, [Paris], n. 117, p. 6-56, 2008. Disponível em: <HTTP://histoire-education.revues.org/565>. Acesso em: 10 abr. 2014.

CIAVATTA, Maria; RAMOS, Marise. A "era das diretrizes": a disputa pelo projeto de educação dos mais pobres. *Revista Brasileira de Educação*, Rio de Janeiro, v. 17, n. 49, jan./abr. 2012.

COHEN, Daniel J., ROSENZWEIG, Roy. *Digital history*: a guide to gathering, preserving, and presenting the past on the web. Philadelphia: University of Pennsylvania Press, 2006.

COSTA, Emilia Viotti da. O material didático no ensino de história. *Revista de Pedagogia*, São Paulo, n. 5, p. 57-72, jul./dez. 1959.

COSTA, Marcella Albaine Farias da; LUCCHESI, Anita. Historiografia escolar digital: dúvidas, possibilidades e experimentação. In: MAYNARD, Dilton Cândido Santos; SOUZA, Josefa Eliana (Org.). *História, sociedade, pensamento educacional*: experiências e perspectivas. Rio de Janeiro: Autografia Edição e Comunicação, 2016. v. 1, p. 336-366.

CUESTA FERNÁNDEZ, Raimundo. *El código disciplinar de la historia*. Tradiciones, discursos y prácticas sociales de la educación histórica en España (siglos XVIII-XX). Tese (doutorado) – Facultad de Educación, Salamanca, 1997a.

____. *Sociogénesis de una disciplina escolar*: la história. Barcelona: Pomares-Corredor, 1997b.

____. El código disciplinar de la historia escolar en España: algunas ideas para la explicación de la sociogénesis de una materia de enseñanza. *Encounters on Education*, v. 3, p. 2- 41, outono 2002.

DE DECCA, Edgar. *1930, o silêncio dos vencidos*: memória, história e revolução. São Paulo: Brasiliense, 2004 [1981].

DOLL JR., William E. *Currículo*: uma perspectiva pós-moderna. Porto Alegre: Artmed, 2002.

DOSSE, François. *A história*. Bauru, SP: Edusc, 2003.

____. *A história em migalhas*. Dos *Annales* à Nova História. São Paulo: Ensaio; Campinas: Ed. Unicamp, 1992.

____. *O renascimento do acontecimento*. São Paulo: Ed. Unesp, 2012.

EGAN, Kieran. Layers of historical understanding. *Theory et Research in Social Education*, v. 17, n. 4, p. 280-294, 1989.

FEBVRE, Lucien. *Combates pela história*. Lisboa: Presença, s.d.

____. *O problema da incredulidade no século XVI*: a religião de Rabelais. São Paulo: Companhia das Letras, 2009.

FERREIRA, Marieta de Moraes História do tempo presente, história oral e ensino de história. In: RODEGHERO, Carla et al. (Org.). *História oral e práticas universitárias*. Porto Alegre. Editora da UFRGS, 2016.

____; AMADO, Janaína (Org.). *Usos e abusos da história oral*. Rio de Janeiro: FGV. Ed., 1996.

FERRO, Marcelo. *Os impactos do novo Enem na prática docente do professor de história do ensino médio no estado do Rio de Janeiro*. Dissertação (mestrado profissional em ensino de história) – Universidade Estadual do Rio de Janeiro, Rio de Janeiro, 2017.

FICKERS, Andreas. Hands-on! A plea for doing experimental media archeology / Hands--on! Plädoyer für eine experimentelle Medienarchäologie. *Technikgeschichte*, v. 82, n. 1, p. 67-85, 2015. Disponível em: <http://orbilu.uni.lu/handle/10993/21281>.

FONSECA, Selva Guimarães. *Caminhos da história ensinada* (São Paulo e Minas Gerais 1970 e 1980). São Paulo: Papirus, 2007.

FREEMAN, Jerome. Progression and coherence in history: how to plan across the key stages. Primary history. *Historical Association*, p. 33-34, primavera 2011.

FREIRE, Paulo; SHOR, Ira. *Medo e ousadia*: o cotidiano do professor. Rio de Janeiro: Paz e Terra, 1986.

___. *Pedagogia da esperança*: um reencontro com a pedagogia do oprimido. Rio de Janeiro: Paz e Terra, 1992.

___; SHOR, Ira. *Medo e ousadia*: o cotidiano do professor. Rio de Janeiro: Paz e Terra, 1986.

FREITAS, Itamar (Org.). *História regional para a escolarização básica no Brasil*: o êxito didático em questão (2006/2009). São Cristóvão: Ed. UFS, 2009a.

___. Livro didático de história: definições, prescrições, representações e prescrições de uso. In: OLIVEIRA, Margarida M. Dias de; OLIVEIRA, Almir Felix B. *Livros didáticos de história*: pesquisa, ensino e novas utilizações. Natal: UFRN, 2009b.

___; OLIVEIRA, Maria Margarida Dias de. *A qualidade do livro didático de história no Brasil, na França e nos Estados Unidos da América*. Rio de Janeiro: FGV Ed., 2016.

FREITAS, Marcos Cezar de (Org.). *Desigualdade social e diversidade cultural na infância e na juventude*. São Paulo: Cortez, 2006.

GABRIEL, Carmen Teresa. *Um objeto de ensino chamado história*: a disciplina de história nas tramas da didatização. Tese (doutorado) – Programa de Pós-Graduação em Educação, Pontifícia Universidade Católica do Rio de Janeiro. Rio de Janeiro, 2003.

___. Currículo de história como espaço autobiográfico. In: BRAGANÇA, Inês Ferreira de Souza; ABRAHÃO, Maria Helena Mena Barreto; FERREIRA, Maria Santos (Org.). *Perspectivas epistêmico-metodológicas da pesquisa (auto)biográfica*. Curtiba: CRV, 2016. v. 1, p. 235-254.

___; MORAES, Luciene Maciel Stumbo. Conhecimento escolar e conteúdo: possibilidades de articulação nas tramas da didatização. In: ___; ___ (Org.). *Currículo e conhecimento*: diferentes perspectivas teóricas e abordagens metodológicas. Petrópolis, RJ: DP, 2014. p. 23-42.

GERSCHENKRON, Alexander. On the concept of continuity in history. *Proceedings of the American Philosophical Society*, v. 106, n. 3, 29 jun. 1962.

GRAÇA FILHO, Alfonso de A. *História, região e globalização*. Belo Horionte: Autêntica, 2009.

GREVER, Maria; ADRIAANSEN, Robbert-Jan. Historical culture: a concept revisited. In: CARRETERO, Mario; BERGER, Stefan; GREVER, Maria. *Palgrave handbooks of research in historical culture and education*. Londres: Palgrave Macmillan, 2017. p. 73-89.

GRUNBERG, Evelina. *Manual de atividades práticas de educação patrimonial*. Brasília, DF: Iphan, 2007.

GUENÉE, Bernard. *Histoire et culture historique dans l'Occident Médiévale*. Paris: Aubier Montaigne, 1980.

GUIMARÃES, Manoel Salgado. *Historiografia e nação no Brasil, 1838-1857*. Rio de Janeiro: Eduerj, 2011.

HALBWACHS, Maurice, Memoria individual y memoria colectiva. *Reis*, v. 69, p. 209-219, 1993.

HALL, Stuart. *A identidade cultural na pós-modernidade*. Rio de Janeiro: DP&A, 2011.

HAMILTON, David. Notas de lugar nenhum. *Revista Brasileira de História da Educação*, São Paulo, n. 1, p. 45-71, 2001.

HARTOG, François (Org). *A história de Homero a santo Agostinho*. Belo Horizonte: Editora UFMG, 2001.

HORTA, Maria de Lourdes Parreira; GRUNBERG, Evelina; MONTEIRO, Adriane Queiroz. *Guia básico de educação patrimonial*. Brasília: Iphan; Museu Imperial, 1999.

JACOBMEYER, Wolfgang. *Das Deutsche Schulgeschichtsbuch 1700-1945*. Die erte Epoche seiner Gattungsgeschichte im Spiegel der Vorworte. Münster: Verlag, 2011.

JANOTTI, Maria de Lourdes Mônaco. História, política e ensino. In BITTENCOURT, Circe (Org.). *O saber histórico na sala de aula*. 6. ed. São Paulo: Contexto, 2002. p. 42-53.

JELIN, Elizabeth. La memoria, una bisagra entre pasado y presente. Clepsidra. *Revista Interdisciplinaria de Estudios sobre Memoria*, n. 2, p. 146-157, out. 2014.

JENKINS, Keith. *A história repensada*. São Paulo: Contexto, 2004.

JULIA, Dominique. A cultura escolar como objeto histórico. *Revista Brasileira de História da Educação*, Campinas, v. 1, n. 1, p. 9-44, jan./jun. 2001. Disponível em: <https://moodle.fct.unl.pt/pluginfile.php/122509/mod_resource/content/0/Leituras/Dominique_Julia.pdf>. Acesso em: 7 fev. 2012.

KNAUSS, Paulo. O desafio da ciência: modelos científicos no ensino de história. *Caderno Cedes*, Campinas, v. 25, n. 67, p. 279-295, set./dez. 2005. Disponível em: <www.scielo.br/pdf/ccedes/v25n67/a02v2567.pdf>.

KOSELLECK, Reinhart. *Futuro passado*. Contribuições à semântica dos tempos históricos. Tradução de Wilma Patrícia Maas e Carlos Almeida Pereira. Rio de Janeiro: Contraponto; Ed. PUC-Rio, 2006.

____. *O conceito de história*. Belo Horizonte: Autêntica, 2013.

KUHN, Thomas. *A estrutura das revoluções científicas*. 12. ed. São Paulo: Perspectiva, 2013 [1962]. (Debates).

LALIEU, Olivier, L'invention du devoir de memóire. Vingtième Siècle. *Revue d'Histoire*, Paris, n. 69, 2001.

LAGOA, Ana et al. *Oficinas de história*: projeto curricular de ciências sociais e de história. Belo Horizonte: Dimensão, 2000.

LANGLOIS, Charles-Victor; Charles, SEIGNOBOS. *Introducción a los estúdios históricos*. Salamanca: Universidad de Alicante, 2003.

LE GOFF, Jacques. Documento/monumento. ENCICLOPÉDIA Einaudi. s.l.: Imprensa Nacional/Casa da Moeda, 1984. p. 95-106. v. 29: Memória/história.

____. *História e memória*. Campinas: Ed. Unicamp, 1990.

____. *A história nova*. Tradução de Eduardo Brandão. 5. ed. São Paulo: Martins Fontes, 2005.

LEE, Peter. Ensino de história: algumas reflexões do Reino Unido. Entrevista concedida a Cristiani Bereta da Silva. *Tempo e Argumento*, Florianópolis, v. 4, n. 2, p. 216-250, jul./dez. 2012. Disponível em: <www.revistas.udesc.br/index.php/tempo/article/view/2175180304022012216/2166>. Acesso em: 9 ago. 2017.

___; ASHBY, Rosalyn. Progression in historical understanding among students ages 7-14. In: PETER, N. Stearns; SEIXAS, Peter; WINEBURG, San. *Knowing, teaching e learning history*: national e international perspectives. Nova York: New York University, 2000. p. 199-222.

___; SHEMILT, Denis. A scaffold, not a cage: progression and progression models in history. *Teaching History*, Londres, n. 113, p. 13-24, 2003.

LEITE, Miriam Soares. *Recontextualização e transposição didática*. Introdução à leitura de Basil Bernstein e Yves Chevallard. Araraquara, SP: Junqueira & Marin, 2007.

LUCCHESI, Anita. *Digital history* e *storiografia digitale*: estudo comparado sobre a escrita da história no tempo presente (2001-2011). Dissertação (mestrado em história comparada) – Programa de Pós-Graduação em História Comparada, Universidade Federal do Rio de Janeiro, Rio de Janeiro, 2014.

MACEDO, José Rivair. Sobre a Idade Média residual no Brasil. In: ___. *A Idade Média portuguesa e o Brasil*: reminiscências, transformações, ressignificações. Porto Alegre: Vidráguas, 2011.

MACHADO, Nilson José. *Educação*: cidadania, projetos e valores. São Paulo: Escrituras, 2016.

MARTINS, Estevão de Resende. Cultura, história, cultura histórica. *ArtCultura*, Uberlândia, v. 14, n. 15, p. 63-82, jul./dez. 2012.

___. *Teoria e filosofia da história*. Contribuições para o ensino da história. Curitiba: W. A., 2017.

MARX, Karl. *O 18 Brumário de Luís Bonaparte*. São Paulo: Boitempo Editorial, 2011 [1852].

MAYER, Ulrich et al. (Org.). *Wörterbuch Geschichtsdidaktik*. Schwalbach: Wochenschau, 2014.

MAYNARD, Dilton Cândido Santos. *Escritos sobre história e internet*. Rio de Janeiro: Luminária Academia, 2011.

MAZZARINO, Santo. *Il pensiero storico clássico*. Roma: Biblioteca Storica Laterza, 2011.

MIGNOLO, Walter. *Histórias locais/projetos globais*: colonialidade, saberes subalternos e pensamento liminar. Belo Horizonte: Editora UFMG, 2003.

___. A colonialidade de cabo a rabo: o hemisfério ocidental no horizonte conceitual da modernidade. In: LANDER, Edgardo (Org.). *A colonialidade do saber*: eurocentrismo e ciências sociais. Perspectivas latino-americanas. Ciudad Autónoma de Buenos Aires: Clacso, Consejo Latinoamericano de Ciencias Sociales, set. 2005. p. 71-103. (Colección Sur Sur).

MIRANDA, Sandra Regina; LUCA, Tânia Regina de. O livro didático de história hoje: um panorama a partir do PNLD. *Revista Brasileira de História*, São Paulo, v. 24, n. 48, 2004.

MOEHLECKE, Sabrina. O ensino médio e as novas diretrizes curriculares nacionais: entre recorrências e novas inquietações. *Revista Brasileira de Educação*, Rio de Janeiro, v. 17, n. 49, jan./abr. 2012.

MOMIGLIANO, Arnaldo. *As raízes clássicas da historiografia moderna*. Bauru: Edusc, 2004.

MONIOT, Henri. Didactique de l'histoire. In: Burguière, A. (Org.). *Dictionnaire des sciences historiques*. Paris: PUF, 1986. p.194-197.

MONTEIRO, Ana Maria Ferreira da Costa. *Ensino de história*: entre saberes e práticas. Tese (doutorado) – Departamento de Educação, Pontifícia Universidade Católica, Rio de Janeiro, 2002.

____. A história ensinada: algumas configurações do saber escolar. *História & Ensino*, Londrina, v. 9, 11, p. 9-35, out. 2003. Disponível em: <www.uel.br/revistas/uel/index.php/histensino/article/viewFile/12075/10607>.

____. Ensino de história: lugar de fronteira. In: ARIAS NETO, José Miguel (Org.). *História*: guerra e paz. Londrina: ANPUH, 2007a. p. 71-97.

____. *Professores de história*: entre saberes e práticas. Rio de Janeiro: Mauad X, 2007b.

____; PENNA, Fernando Araújo. Ensino de história: saberes em lugar de fronteira. *Revista Educação e Realidade*, v. 36, p. 191-211, 2011.

MORAIS, Marcos Vinícius. História integrada. In: PINSKY, Carla Basanezi (Org.). *Novos temas nas aulas de história*. São Paulo: Contexto, 2009. p. 201-217.

MOUFFE, Chantal. *Sobre o político*. São Paulo: WMF Martins Fontes, 2015.

MUNAKATA, Kazumi. O livro didático: alguns temas de pesquisa. *Revista Brasileira de História da Educação*, Campinas, v. 12, n. 3 (30), p. 179-197, set./dez. 2012.

NEVES, Joana. O retorno do fato. In: LE GOFF, Jacques; NORA, Pierre (Org.). *História*: novos problemas. Rio de Janeiro: Francisco Alves, 1995. p. 183-193.

____. História local e construção da identidade social. In.: *Saeculum* – Revista de História, n. 3, p. 13-27, jan./dez. 1997.

____. Entre o criticado e o legitimado: ANPUH, AGB e os Parâmetros Curriculares Nacionais. In: OLIVEIRA, Margarida M. Dias de (Org.). *Contra o consenso*: LDB, DCN, PCN e reformas no ensino. João Pessoa: Sal da Terra, 2000.

NORA, Pierre. O retorno do fato. In: LE GOFF, Jacques; NORA, Pierre (Org.). *História*: novos problemas. Rio de Janeiro: Francisco Alves, 1995. p. 183-193.

____. Memória: da liberdade à tirania. *Musas. Revista Brasileira de Museus e Museologia*, Rio de Janeiro, n. 4, p. 6-10, 2009.

OAKESHOTT, Michael. *Sobre a história*. Rio de Janeiro: Topbooks, 2003.

OLIVEIRA, Almir Félix Batista de. *O patrimônio cultural e os livros didáticos de história ou de como se constrói o sentimento de pertencimento (Brasil – 2000-2015)*. Tese (doutorado) – Pontifícia Universidade Católica, São Paulo, 2016.

___; FREITAS, Itamar. Desafios da formação inicial para a docência em história. *Revista História Hoje*, v. 2, n. 3, p. 131-147, 2013.

___; STAMATTO Maria Inês Sucupira. *O livro didático de história*: políticas educacionais, pesquisas e ensino. Natal: EDUFRN, 2007.

OLIVEIRA, Sandra Regina Ferreira; ZAMBONI, Ernesta. O estudo do município nas séries iniciais: refletindo sobre as relações entre a história local, história do local e a teoria dos círculos concêntricos. In: ZAMBONI, Ernesta et al. *Memórias e histórias da escola*. Campinas, SP: Mercado das Letras, 2008.

PAGÈS, J.; SANTISTEBAN, A. ¿Qué sabemos sobre la enseñanza y el aprendizaje de la historia en España? 20 años de investigación. In: PLÀ, S.; PAGÈS, J. (Coord.). *La investigación en enseñanza de historia en América Latina*. México: Bonilla Artigas; EPN, 2014.

PANDEL, Hans-Jürgen. Dimensionen des Geschichtsbewusstseins – Ein Versuch, seine Struktur für Empirie und Pragmatik diskutierbar zu machen. *Geschichtsdidaktik*, v. 12, n. 2, p. 130-142, 1987.

PASQUINO, Gianfranco. Revolução. In: BOBBIO, N.; MATEUCCI, N.; PASQUINO, G. (Org.). *Dicionário de política*. 11. ed. Brasília: Ed. UNB, 1998 [1983].

PEREIRA, Nilton Mullet. A invenção do medievo: narrativas sobre a Idade Média nos livros didáticos de história. In: ROCHA, Helenice; REZNIK, Luís; MAGALHÃES, Marcelo de Souza (Org.). *Livros didáticos de história*: entre políticas e narrativas. Rio de Janeiro, FGV Ed. 2017.

___; SEFFNER, Fernando. Não é monumento. Documentos históricos podem levar a equívocos em sala de aula quando encarados como prova dos fatos. *Revista de História da Biblioteca Nacional*, 19 nov. 2010.

PIAGET, Jean. *A construção do real na criança*. Rio de Janeiro: Zahar, 1988.

___. Psicologia da criança e ensino da história. In: ___. *Sobre a pedagogia*: textos inéditos. São Paulo: Casa do Psicólogo, 1998.

PINSKY, Carla (Org.). *Fontes históricas*. São Paulo: Contexto, 2005.

POLLAK, Michael. Memória, esquecimento, silêncio. *Estudos Históricos*, Rio de Janeiro, v. 2, n. 3, p. 3-15, 1989.

___. Memória e identidade social. *Estudos Históricos*, Rio de Janeiro, v. 5, n. 10, p. 200-215, 1992.

___. L'historien et le sociologue: le tournant épistémologique des années 1960 aux années 1980. In: INSTITUT D'HISTOIRE DU TEMPS PRÉSENT. *Ecrire l'histoire du temps présent*. Paris, CNRS, 1993.

POMIAN, Karl. Periodização. In: ENCICLOPÉDIA Einaudi. Lisboa: Imprensa Nacional/Casa da Moeda, 1993. p. 164-213. v. 29: Tempo/temporalidade.

POMIAN, Krzysztof. Tempo/Temporalidade In: ENCICLOPÉDIA Einaudi. Lisboa: Imprensa Nacional/Casa da Moeda, 1993. p. 164-213. v. 29: Tempo/temporalidade.

POZO, J. *Teorias cognitivas da aprendizagem*. Porto Alegre: Artes Médicas, 1998.

PRENSKY, Marc. *Aprendizagem baseada em jogos digitais*. São Paulo: Senac São Paulo, 2012.

PROST, A. *Doze lições sobre a história*. Belo Horizonte: Autêntica, 2014.

QUIJANO, Aníbal. Colonialidade do poder, Eurocentrismo e América Latina. In: LANDER, Edgardo (Org.). *A colonialidade do saber*: eurocentrismo e ciências sociais. Perspectivas latino-americanas. Ciudad Autónoma de Buenos Aires: Clacso, Consejo Latinoamericano de Ciencias Sociales, set. 2005. (Colección Sur Sur).

RANCIÈRE, Jacques. O conceito de anacronismo e a verdade do historiador. In: SALOMON, Marlon (Org.). *História, verdade e tempo*. Chapecó, SC: Argos, 2011. p. 21-49.

RANKE, Leopold. O conceito de história universal. In: MARTINS, Estevão de Rezende (Org.). *A história pensada*: teoria e método na historiografia europeia do século XIX. São Paulo: Contexto, 2010.

REVEL, Jacques. *A invenção da sociedade*. Lisboa: Difel, 1990.

RIBEIRO, R. R.; SANTOS, A. J. S. O caráter acontecimental da Lei 10.639/03: o desafio de (re)escrever narrativas sobre a história africana e afro-brasileira sob um novo contexto epistemológico e histórico. In: COELHO, W. N. B.; FARIAS, C. A.; SOARES, N. J. B. (Org.). *A diversidade em discussão*: inclusão, ações afirmativas, formação e práticas docentes. São Paulo: ELF, 2016. p. 51-92.

RICOEUR, Paul. *História e verdade*. Rio de Janeiro: Forense, 1968.

____. *Historia, Antropologia y Fuentes Orales*, n. 30, 3. época, 2003.

____. *A memória, a história, o esquecimento*. Campinas: Unicamp, 2007.

____. *La mémoire, l'histoire, l'oubli*. Paris: Le Seuil, 2000a.

____. L'écriture de l'histoire et la représentation du passé. *Annales*. Histoire, Sciences Sociales, Paris, a. 55, n. 4, p. 731-747, 2000b.

ROCHA, Helenice; CAIMI, Flavia Eloisa. A(s) história(s) contada(s) no livro didático hoje: entre o nacional e o mundial. *Revista Brasileira de História*, v. 34, n. 68, p. 125-147, 2014.

ROSSI, Paolo. *Os sinais do tempo*. História da terra e história das nações de Hooke a Vico. Tradução de Julia Mainardi. São Paulo: Companhia das Letras, 1992.

RÜSEN, Jorn. *Razão histórica*: teoria da história: fundamentos da ciência histórica. Brasília: Ed. UnB, 2001.

____. *História viva*. Teoria da história III: formas e funções do conhecimento histórico. Brasília: Ed. UnB, 2007a.

____. *Reconstrução do passado*. Teoria da história II: os princípios da pesquisa histórica. Brasília: Editora Universidade de Brasília, 2007b.

____. ¿Qué es la cultura histórica?: reflexiones sobre una nueva manera de abordar la historia. [2009]. Disponível em: <www.culturahistorica.es/ruesen/cultura_historica.pdf>. Acesso em: 17 ago. 2017.

____. *Jörn Rüsen e o ensino de história*. Curitiba: UFPR, 2011.

____. *Tiempo en ruptura*. Mexico: Universidad Autónoma Metropolitana, 2014.
____. *Teoria da história*. Uma teoria da história como ciência. Curitiba: Ed. UFPR, 2015.
____. Didática da história: passado, presente e perspectivas a partir do caso alemão. *Práxis Educativa*, Ponta Grossa, v. 1, n. 2, p. 7-16, jul./dez. 2006. Disponível em: <www.revistas2.uepg.br/index.php/praxiseducativa/article/view/279/285>. Acesso em: 9 ago. 2017.
SACRISTÁN, J. Gimeno. *O currículo*: uma reflexão sobre a prática. Porto Alegre: Artmed, 1998.
SAHLINS, Marshall. *Ilhas de história*. Rio de Janeiro: Jorge Zahar, 2003 [1987].
SANTOMÉ, Jurjo Torres. *A educação em tempos de neoliberalismo*. Porto Alegre: Artmed, 2003.
SANTOS, Milton. *Da totalidade do lugar*. São Paulo: Ed. USP, 2008.
SANTOS, Sales Augusto dos (org.). *Ações afirmativas e combate ao racismo nas Américas*. Brasília: Ministério da Educação, Secretaria de Educação Continuada, Alfabetização e Diversidade, 2005.
SCHMIDT, Maria Auxiliadora M. S. História do ensino de história no Brasil: uma proposta de periodização. *Revista História da Educação*, Porto Alegre, v. 16 n. 37, p. 73-91, maio/ago. 2012.
____; BARCA, Isabel. *Aprender história*. Perspectivas da educação histórica. Ijuí: Ed. Unijuí, 2009.
SEIXAS, Peter (Org.). *Theorizing historical consciousness*. Toronto: Toronto University Press, 2004.
SILVA, M. A. da (Coord.). *República em migalhas*: história regional e local. São Paulo: Marco Zero; Anpuh, 1990.
SILVA, Tomaz Tadeu da. *Documentos de identidade*: uma introdução às teorias do currículo. Belo Horizonte: Autêntica, 1999.
____ (Org.). *Identidade e diferença*: a perspectiva dos estudos culturais. Petrópolis: Vozes, 2012.
SIMIAND, François. *Método histórico e ciência social*. Bauru, SP: Edusc, 2003.
SHEMILT, Denis. The Caliph's coin – the currency of narrative frameworks in history teaching. In: STEARNS, Peter N.; SEIXAS, Peter; WINEBURG, Sam (Ed.). *Knowing, teaching, and learnig history* – national and international perspectives. Nova York: New York University Press, 2000. p. 83-101.
SOARES, Jandson Bernardo. *Espaço escolar e livro didático de história no Brasil*: a institucionalização de um modelo a partir do Programa Nacional do Livro Didático (1994 a 2014). Dissertação (mestrado) – Centro de Ciências Humanas, Letras e Artes, Programa de Pós-Graduação em História, Universidade Federal do Rio Grande do Norte, Natal, 2017.
SPITZER, Carlos. *Dicionário analógico da língua portuguesa*. Porto Alegre: Livraria do Globo, 1936.

TAVARES, Célia Cristina da Silva. História e informática. In: CARDOSO, Ciro F.; VAINFAS, Ronaldo (Org.). *Novos domínios da história*. Rio de Janeiro: Elsevier, 2012. p. 301-317.

TAVARES, Mariana Rodrigues. Editando a nação e escrevendo sua história: o Instituto Nacional do Livro e as disputas editoriais entre 1937-1991. *Aedos*, n. 15, v. 6, jul./dez. 2014.

TODOROV, Tzvetan. *A conquista da América*: a questão do outro. São Paulo: Martins Fontes, 1993.

TOLEDO, Maria Aparecida Leopoldina. História local, historiografia e ensino: sobre as relações entre teoria e metodologia no ensino de história. *Antíteses*, v. 3, n. 6, p. 743-758, jul./dez. 2010.

TOMMASI, Livia de; WARDE, Miriam; HADDAD, Sérgio (Org.). *O Banco Mundial e as políticas educacionais*. 5. ed. São Paulo: Cortez, 2007.

TUTIAUX-GUILLON, Nicole. O paradoxo francês: cultura histórica significativa e didática da história incerta. *Educação e Realidade*, Porto Alegre, v. 36, n. 1, p. 15-37, jan./abr. 2011. Disponível em: <http://seer.ufrgs.br/index.php/educacaoerealidade/article/view/15162/11578>. Acesso em: 8 ago. 2017.

TYLER, Ralph W. *Princípios básicos de currículo e ensino*. 4. ed. Porto Alegre: Globo, 1977.

VANSINA, Jan. A tradição oral e sua metodologia. In: KI-ZERBO, J. (Org.). *História geral da África I*, Metodologia e pré-história da África. 2. ed. rev. Brasília: Unesco, 2010.

VENGOA, Hugo Fazio. La historia global y su conveniencia para el estúdio del passado y del presente. *Historia Crítica*, ed. esp., p. 300-319, 2009.

VERRET, M. *Les temps des études*. Lille: Atelier de Reproduction des Thèses, 1975.

VEYNE, Paul. *O inventário das diferenças*. São Paulo: Brasiliense, 1983.

____. *Como se escreve a história*. Brasília: Ed. UnB, 1998.

VICENTE, M. M. O acontecimento histórico e o acontecimento comunicacional. In: ____. *História e comunicação na ordem internacional* [online]. São Paulo: Ed. Unesp; Cultura Acadêmica, 2009.

VYGOTSKY, L. *Pensamento e linguagem*. Tradução de Jefferson Luiz Camargo. 2. ed. São Paulo: Martins Fontes, 1998.

WALSH, Catherine. Introducción. Lo pedagógico y lo decolonial: entretejiendo caminos. In: ____. *Pedagogías decoloniales*: prácticas insurgentes de resistir, (re)existir y (re)vivir. Tomo I. Serie Pensamiento Decolonial. Quito: Ecuador, 2013.

ZAAGSMA, Gerben. On digital history. *BMGN – Low Countries Historical Review*, v. 128, n. 4, p. 3-29, 2013. Disponível em: <http://gerbenzaagsma.org/publication/digital-history>.

Fontes

BRASIL. Constituição da República Federativa do Brasil. Disponível em: <www.planalto.gov.br/ccivil_03/Constituicao>.

BRASIL. Decreto nº 50.489/1961. Dispõe sobre o financiamento e a redução dos custos de obras didáticas e dá outras providências. *DOU*, 25 abr. 1961. p. 3843.

BRASIL. Decreto nº 53.887/1964. Dispõe sobre edição de livros didáticos e revoga o Decreto n. 53.583, de 21 de fevereiro de 1964. *DOU*, 14 abr. 1964. p. 3314.

BRASIL. Decreto nº 58.653/1966. Institui no Ministério da Educação e Cultura o Conselho do Livro Técnico e Didático. *DOU*, 20 jun. 1966. p. 6603.

BRASIL. Decreto nº 68.728/1971. Provê sobre a política do livro técnico e do livro didático e dá outras providências. *DOU*, 11 jun. 1971. p. 4456-4457.

BRASIL. Decreto-Lei nº 93, de 21 de dezembro de 1937. Cria o Instituto Nacional do Livro. *DOU*, 27 dez. 1937. Seção 1.

BRASIL. *LDB – Lei de Diretrizes e Bases da Educação*. Lei. 9.394/96. Disponível em: <http://portal.mec.gov.br/index.php?option=com_docman&view=download&alias=13448-diretrizes-curiculares-nacionais-2013-pdf&Itemid=30192>.

BRASIL. Lei nº 5.692, de 11 de agosto de 1971. Fixa diretrizes e bases para o ensino de 1º e 2º graus e dá outras providências. *DOU*, 12 ago. 1971. Seção 1, p. 6377.

BRASIL. Lei nº 9.394, de 20 de dezembro de 1996. Estabelece as diretrizes e bases da educação nacional. *DOU*, 23 dez. 1996.

BRASIL. Ministério da Educação. *Diretrizes curriculares nacionais gerais da educação básica*. Brasília: MEC; SEB; Dicei, 2013.

BRASIL. Ministério da Educação. *Guia de livros didáticos PNLD 2015* – história – ensino médio. Brasília: Ministério da Educação, Secretaria de Educação Básica, 2014.

BRASIL. Ministério da Educação. *Guia de livros didáticos PNLD 2018* – história – ensino médio. Brasília: Ministério da Educação, Secretaria de Educação Básica, 2017.

BRASIL. Ministério da Educação. *Guia de livros didáticos PNLD 2017* – história – ensino fundamental anos finais. Brasília: Ministério da Educação, Secretaria de Educação Básica, 2015.

BRASIL. *Resolução CNE/CEB nº 2, de 7 de abril de 1998*.

BRASIL. Secretaria de Educação Fundamental. *Parâmetros curriculares nacionais*: ensino médio – parte IV. Brasília: MEC, 1999.

BRASIL. Secretaria de Educação Fundamental. *Parâmetros curriculares nacionais*: história, geografia/Secretaria de Educação Fundamental. Brasília: MEC/SEF, 1997.

BRASIL. Secretaria de Educação Fundamental. *Parâmetros curriculares nacionais*: introdução aos parâmetros curriculares nacionais/Secretaria de Educação Fundamental. Brasília: MEC/SEF, 1997. Disponível em: <http://portal.mec.gov.br/seb/arquivos/pdf/livro01.pdf>.

BRASIL. Secretaria de Educação Fundamental. *Parâmetros curriculares nacionais*: terceiro e quarto ciclos do ensino fundamental – história e geografia. Brasília: MEC/SEF, 1998.

GUIA de livros didáticos: PNLD 2004: História – 1ª a 4ª séries. Brasília: Ministério da Educação, Secretaria de Educação Básica, 2003.

GUIA de livros didáticos: PNLD 2010: história. Brasília: Ministério da Educação, Secretaria de Educação Básica, 2009.

GUIA de livros didáticos: PNLD 2013: apresentação. Brasília: Ministério da Educação, Secretaria de Educação Básica, 2012.

MACHADO, Ubiratan. *Pequeno guia histórico das livrarias brasileiras*. São Paulo: Ateliê, 2008.

SERRANO, Jonathas. Methodologia de história na aula primária. Rio de Janeiro: Francisco Alves, 1917.

Acervos consultados

Banco de Dados de Livros Escolares brasileiros/Livres/USP. Disponível em: <http://www2.fe.usp.br:8080/livres/>.

Memorial do Programa Nacional do Livro Didático/UFRN. Disponível em: <http://memorialpnld.com.br/>.

SOBRE AS COORDENADORAS

Margarida Maria Dias de Oliveira possui graduação em história pela Universidade Federal da Paraíba (1988), mestrado em sociologia pela Universidade Federal da Paraíba (1994) e doutorado em história pela Universidade Federal de Pernambuco (2003). Atualmente é professora do Departamento de História da Universidade Federal do Rio Grande do Norte (UFRN).

Marieta de Moraes Ferreira possui doutorado em história pela Universidade Federal Fluminense (1991), pós-doutorado pela École des Hautes Études en Sciences Sociales (1997) e pós-doutorado pela Universidade de São Paulo (2011). Professora titular do Instituto de História da UFRJ, foi coordenadora nacional do Mestrado Profissional em Ensino de História (ProfHistória). Atualmente é coordenadora do programa FGV Ensino Médio.

SOBRE AS AUTORAS E OS AUTORES

Almir Félix Batista de Oliveira possui graduação em administração pela Universidade Federal da Paraíba (1996), especialização em gestão da qualidade e produtividade (1996), mestrado em história pela Universidade Federal de Pernambuco (2002) e doutorado em história pela Pontifícia Universidade Católica de São Paulo (2016). Atualmente desenvolve estágio pós-doutoral no Programa de Pós-Graduação em Turismo da UFRN.

Ana Maria Ferreira da Costa Monteiro é professora associada da Universidade Federal do Rio de Janeiro, doutora em educação e mestre em história, bolsista de produtividade em pesquisa do CNPq, é integrante do Programa de Pós-Graduação em Educação da UFRJ no qual orienta pesquisas de mestrado e doutorado, e do Mestrado Profissional em Ensino de História (ProfHistória).

Anita Correia Lima de Almeida é doutora em história social pela Universidade Federal do Rio de Janeiro (2001) e professora associada do Departamento de História da Universidade Federal do Estado do Rio de Janeiro (Unirio). Participou do Pronex/CNPq/Faperj: Dimensões e fronteiras do Estado brasileiro no século XIX. Seus principais campos de interesse são os estudos sobre cidade e História e história dos desastres e vida urbana nos séculos XVIII e XIX.

Anita Lucchesi é doutoranda em história digital e história pública pela Universidade de Luxemburgo, junto à Faculté des Lettres, des Sciences Humaines, des Arts et des Sciences de l'Éducation, na unidade de pesquisa Identités, Politiques, Sociétés, Espaces (FLSHASE/Ipse/Institute of History), onde integra o Laboratório de História Digital. É mestre em história comparada pela Universidade Federal do Rio de Janeiro. Participou do programa de intercâmbio na Università degli Studi di Firenze (Itália, 2008).

Aryana Lima Costa possui graduação em história (licenciatura plena e bacharelado) pela Universidade Federal do Rio Grande do Norte (2007), mestrado em história pela Universidade Federal da Paraíba (2010) e doutorado pela UFRJ (2018). Atualmente é professora da Universidade do Estado do Rio Grande do Norte.

Carla Beatriz Meinerz possui graduação (licenciatura e bacharelado) em história pela Universidade Federal do Rio Grande do Sul (1991 e 1995), mestrado em educação pela UFRGS (1999) e doutorado em educação pela UFRGS (2005). Atualmente é docente do Departamento de Ensino e Currículo e do Programa de Pós-Graduação em Educação da Faculdade de Educação da Universidade Federal do Rio Grande do Sul.

Carmem Zeli de Vargas Gil possui graduação em história pela Faculdade Cenecista de Osório (1988), mestrado em educação pela Universidade Federal do Rio Grande do Sul (2003) e doutorado em educação pela UFRGS (2009). Estágio pós-doutoral na UBA/Argentina (2015). Atualmente é professora da Faculdade de Educação da Universidade Federal do Rio Grande do Sul.

Carmen Teresa Gabriel Le Ravallec concluiu o doutorado em educação pela Pontifícia Universidade Católica do Rio de Janeiro (PUC-Rio) em 2003. Possui pós-graduação em estudos do desenvolvimento pelo Institut d'Études du Développement (Iued) (1982, Genebra) e mestrado em educação pela Pontifícia Universidade Católica do Rio de Janeiro (1999). Realizou pós-doutorado na Université des Sciences Humaines de Lille 3 (França) onde atuou como *professeur-chercheur* (2014-15).

Circe Maria Fernandes Bittencourt possui graduação em história pela Faculdade de Filosofia, Letras e Ciências Humanas (USP, 1967), pós-graduação em metodologia e teoria de história pela USP (1969), mestrado em história social pela USP (1988) e doutorado em história social pela USP (1993). Atualmente é professora da pós-graduação da Faculdade de Educação (USP) e da Pontifícia Universidade Católica (PUC-SP).

Cláudia Regina Fonseca Miguel Sapag Ricci possui graduação em história pela Unesp (1984), mestrado em história pela Pontifícia Universidade Católica de São Paulo (1992) e doutorado em história social pela Universidade de São Paulo (2003). Pós-doutorado em educação pela Universidade do Minho (Braga/Portugal). Atualmente é professora associada da Universidade Federal de Minas Gerais.

Cristiani Bereta da Silva é graduada em história pela UFSC (1998) com doutorado em história pela mesma universidade (2003). Realizou estágio pós-doutoral na Unicamp, em 2011, e na Universidade de Alcalá (Espanha), em 2015. Professora associada do Departamento de História da Udesc, atuando também no Programa de Pós-Graduação em História e no Mestrado Profissional em Ensino de História (ProfHistória).

Cristina Meneguello possui graduação e mestrado em história pela Unicamp. Realizou doutorado-sanduíche na Universidade de Manchester (Reino Unido) obtendo o título de doutora na Unicamp (2000). Realizou estágio de pós-doutoramento na Universidade de Veneza (Iuav) (Itália, 2005) e na Universidade de Coimbra (Coimbra, 2008). É docente do Departamento de História da Unicamp desde 1998.

Dilton Cândido Santos Maynard possui graduação em licenciatura plena em história pela UFS (1999), mestrado em sociologia pela Universidade Federal de Sergipe (2002), doutorado em história pela Universidade Federal de Pernambuco (2008) e pós-doutorado em história pela UFRJ (2013). Professor colaborador no Programa de Pós-Graduação em História Comparada da UFRJ e do Programa de Pós-Graduação em Educação da UFS.

Estevão Chaves de Rezende Martins possui graduação em filosofia pela Faculdade de Filosofia, Ciências e Letras N. S. Medianeira (1971) e doutorado em filosofia e história pela Universitaet Muenchen (Ludwig-Maximilian) (1976). Professor (desde 1977) titular (desde 2008) da UnB, em exercício até 2017. Realizou pós-doutorados em teoria e filosofia da história e em história das ideias na Alemanha, na Áustria e na França.

Fernando Seffner é graduado em geologia e em história pela UFRGS, fez mestrado em sociologia e doutorado no Programa de Pós-Graduação em Educação da UFRGS (2003). Professor associado IV da Faculdade de Educação da UFRGS, Departamento de Ensino e Currículo. Docente e orientador junto ao Programa de Pós-Graduação em Educação e no Mestrado Profissional em Ensino de História (ProfHistória), pela UFRGS.

Flávia Eloisa Caimi possui graduação em história pela Universidade de Passo Fundo (1986), especialização em supervisão escolar (1990) e em história regional (1997) pela Universidade de Passo Fundo, mestrado em educação pela Universidade de Passo Fundo (1999), doutorado em educação pela UFRGS (2006). Realizou estágio pós-doutoral na Flacso (Argentina,2014). É professora titular da Universidade de Passo Fundo.

Helenice Aparecida Bastos Rocha possui graduação em história, mestrado e doutorado em educação pela Universidade Federal Fluminense (1995, 2000, 2006). Atualmente é professora adjunta no Departamento de Ciências Humanas da Universidade do Estado do Rio de Janeiro, atuando na graduação e na pós-graduação em história e em ensino de História (ProfHistória).

Itamar Freitas é licenciado em história pela UFS (1996), especialista em organização de arquivos pela USP (1997), mestrado em história social pela UFRJ (2000), doutorado em educação pela PUC-SP (2006) e pós-doutorado no Programa de Pós-Graduação em História da UnB (2014). É professor do Departamento de Educação, do Programa de Pós-Graduação em Educação, do Mestrado Profissional em História (UFS).

Jandson Bernardo Soares possui licenciatura (2012), bacharelado (2016) e mestrado em história (2017) pela UFRN. Atuou como bolsista de pesquisa (Pibic e CNPq) na área de ensino de história e desenvolveu trabalhos no Memorial do Programa Nacional do Livro Didático. Atualmente é membro da linha de pesquisa História e Espaços do Ensino, vinculada ao Grupo de Pesquisa Espaços, Poder e Práticas Sociais.

Juliana Teixeira Souza cursou bacharelado, licenciatura e mestrado em história na Universidade Federal do Rio de Janeiro e doutorado em história social na Unicamp. É professora no curso de história da Universidade Federal do Rio Grande do Norte, atuando na graduação e pós-graduação.

Keila Grinberg é doutora em história do Brasil (UFF, 2000, com estágio na Universidade de Maryland at College Park (1998-99) e professora do Departamento de História da Unirio, com pós-doutorado pela Universidade de Michigan (2011-12). É professora do Programa de Pós-Graduação em História da Unirio e do Programa de Pós-Graduação em Ensino de História (ProfHistória), do qual foi vice-coordenadora da rede nacional (2014-17).

Luís César Castrillon Mendes possui graduação em licenciatura em história pela Unemat (2006), mestrado em história pela UFMT (2011) e doutorado em história pela mesma instituição (2016). Atualmente é colaborador do Programa de Pós-Graduação em Estudos de Linguagem da Universidade Federal de Mato Grosso e professor adjunto I da Universidade Federal da Grande Dourados.

Luis Fernando Cerri possui graduação em história (1992), mestrado (1996) e doutorado (2000) em educação pela Universidade Estadual de Campinas. Atualmente é professor associado no Departamento de História da Universidade Estadual de Ponta Grossa. Atua no mestrado acadêmico de história e no mestrado profissional (ProfHistória) da UEPG.

Márcia de Almeida Gonçalves possui licenciatura em história pela Universidade do Estado do Rio de Janeiro (1987), mestrado em história pela Universidade Federal Fluminense (1995), e doutorado em história social pela Universidade de São Paulo (2003). Professora associada na Uerj, atuando nas áreas de história do Brasil e teoria da história.

Marcus Ajuruam de Oliveira Dezemone é doutor em história pela UFF (2008). Possui mestrado, bacharelado e licenciatura em história pela mesma instituição. É professor adjunto de história do Brasil República da UFF e professor adjunto de história do Brasil da Uerj, atuando no Programa de Pós-Graduação em História Social na UFF e no Mestrado Profissional em Ensino de História (ProfHistória) da Uerj.

Maria Telvira da Conceição é licenciada em história pela Uece (1996) e mestre em educação brasileira pela UFC (2001). Doutora em história social pelo Programa de História Social da PUC-SP com doutorado-sanduíche na Universidade Pedagógica de Maputo-Moçambique. É professora efetiva da Urca no Departamento de História na área de prática de ensino e do Mestrado Profissional em Ensino de História (Prof--História).

Mariana Gonçalves Guglielmo é graduada em história pela Universidade Federal Fluminense em 2008, onde terminou seu mestrado em 2011. Atualmente é pesquisadora do FGV Ensino Médio, trabalhando com ensino de história.

Marta Margarida de Andrade Lima é professora adjunta da UFRPE, na Unidade Acadêmica de Garanhuns. Possui licenciatura em história pela Unicap; mestrado em educação pela UFPB; doutorado em educação pela Unicamp; professora do Mestrado Profissional em Ensino de História (ProfHistória) da UFPE.

Mauro Cezar Coelho possui graduação em bacharelado e licenciatura em história pela UFF (1994), mestrado em história social da cultura pela Pontifícia Universidade Católica do Rio de Janeiro (1996) e doutorado em história social pela Universidade de São Paulo (2006). Professor adjunto da Universidade Federal do Pará, onde atua na Faculdade de História e no Programa de História Social da Amazônia.

Nathalia Helena Alem é graduada em história pela UFMG. Possui mestrado em educação pela UFS e doutorado em educação pela UFMG. Desde 1996 é professora do Instituto Federal de Educação, Ciência e Tecnologia da Bahia/Campus de Eunápolis, onde ministra aulas nos níveis médio, superior e em cursos de especialização.

Nilton Mullet Pereira é licenciado em história pela UFRGS (1992), mestre em educação pela UFRGS (1998) e doutor em educação pela UFRGS (2004). Pós-doutorado em história medieval pela UFRGS. Atualmente é professor adjunto da UFRGS, da área de ensino de história. Investigador visitante na Universidade de Alcalá, em janeiro de 2009 e dezembro de 2010, realizando pesquisa no acervo da Biblioteca Nacional de Espanha.

Oldimar Cardoso é bacharel e licenciado em história, mestre e doutor em educação pela USP (1992-2007). Foi docente e pesquisador da Cátedra de Didática da História da Universidade de Augsburgo (2008-12), é autor de livros didáticos de história pelas editoras Ática e Escala (2003-16) e foi professor de história na escola básica (1992-2003). É *fellow* da Fundação Alexander von Humboldt (desde 2008) e do Instituto Georg Eckert (desde 2009).

Paulo Knauss de Mendonça possui graduação em história pela UFF (1987), mestrado em história pela UFRJ (1990) e doutorado em história pela UFF (1998), tendo realizado pós-doutorado na Universidade de Estrasburgo (França, 2006). É professor do Departamento de História e membro do Laboratório de História Oral e Imagem da UFF e exerce o cargo de diretor do Museu Histórico Nacional (MHN).

Rebeca Gontijo Teixeira é professora adjunta do Departamento de História e Relações Internacionais e do Programa de Pós-Graduação em História da UFRRJ. É bacharel e licenciada em história (1996), mestre (2001) e doutora (2006) pela UFF. Exerceu atividades de pesquisa e docência no Departamento de História e no Programa de Pós-Graduação em História Política da Uerj (2007-08).

Renilson Rosa Ribeiro é bacharel e licenciado em história pela Unicamp, onde também obteve o título de mestre e doutor em história cultural. É professor associado do Departamento de História, do Programa de Pós-Graduação em História, Programa de Pós-Graduação em Estudos da Linguagem e do Mestrado Profissional em Ensino de História (ProfHistória) da UFMT. Realizou estágio pós-doutoral em educação na USP (2016-17).

Sandra Regina Ferreira de Oliveira possui graduação em história pela UEL (1991), mestrado em educação pela Unesp (2000), doutorado em educação pela Unicamp (2006) e pós-doutorado em educação, conhecimento e sociedade pela Facultad Latinoamericana de Ciencias Sociales (Flacso, Buenos Aires, 2013). Professora associada da Universidade Estadual de Londrina. Professora no Programa de Pós-Graduação em Educação.

Temístocles Américo Corrêa Cezar é graduado em história pela UFRGS (1988), mestre em ciência política pela UFRGS (1994) e doutor em história pela École des Hautes Études en Sciences Sociales de Paris (2002). Professor do Departamento de História da UFRGS desde 1994. Professor convidado (*directeur d'*études invité) na École des Hautes Études en Sciences Sociales de Paris (2005 e 2011).

Verena Alberti é licenciada e bacharel em história pela UFF (1983), mestre em antropologia social pelo Museu Nacional da UFRJ (1988), doutora em teoria da literatura pela Universitat Gesamthochschule Siegen (Alemanha, 1993) e pós-doutorado em ensino de história pelo Institute of Education da University of London (2009). É professora adjunta da Faculdade de Educação da Uerj.

Wesley Garcia Ribeiro Silva é doutor em história pela Universidade Federal Fluminense (2015), mestre (2010) e graduado (2007) em história pela Universidade Federal do Rio Grande do Norte. É professor adjunto da Faculdade de História da Universidade Federal do Pará (Campus Ananindeua), sendo coordenador do Laboratório de Ensino de História.

Impressão e Acabamento:
GRÁFICA E EDITORA CRUZADO.